公認心理師 ベーシック講座

金沢吉展［編著］

健康・医療心理学

JN046952

講談社

執筆者一覧 （執筆順）

金沢吉展　明治学院大学心理学部（編著者：序章，1章，4章，5章）

山﨑洋子　東京家政大学人文学部教育福祉学科（2章，3章）

大森美香　お茶の水女子大学基幹研究院・東北大学大学院文学研究科（2章，3章）

石原俊一　文教大学人間科学部（6章）

上　薫　琉球大学病院脳神経外科（7章）

川島義高　明治大学文学部（8章，10章）

浦野真理　東京女子医科大学病院ゲノム診療科（9章）

原田隆之　筑波大学人間系（11章）

大庭　輝　弘前大学大学院保健学研究科（12章）

佐藤眞一　大阪大学名誉教授・大阪府社会福祉事業団（12章）

境　泉洋　宮崎大学教育学部（13章）

森光玲雄　諏訪赤十字病院（14章第1節）

秋山恵子　日本赤十字社医療センター（14章第2節）

大山寧寧　日本赤十字社医療センター（14章第3節）

以下のURLに，本書の正誤表等の情報を随時アップしています。
https://www.kspub.co.jp/book/detail/5223772.html

まえがき

　日本の心理専門職にとって初の国家資格法である公認心理師法は2015年9月に成立し，2017年9月に施行された。これによって，心理学の教育には大きな変化がもたらされた。それは，文部科学省・厚生労働省により，到達目標を明確に示したアウトカム・ベースの教育カリキュラムが定められたことである。また，公認心理師試験の出題範囲が示され，さらに，大項目・中項目・小項目から成る出題基準が提示されたことも日本の心理学に大きなインパクトを与えた。これまで大学教育は，義務教育とは異なり，学問の自由を背景として，教員の専門を講義することが認められてきたのであるが，国家資格となったことにより，大学で開設すべき科目が定められただけではなく，各科目に含まれる事項と出題対象となるキーワードも示され，各授業の内容まで規定されるようになった。

　日本の心理専門職にとって，国家資格化は長年にわたる悲願であった。しかし公認心理師カリキュラムにより，これまでとは異なる新しい科目が設けられただけではなく，授業内容まで定められたことにより，大学教育において少なからず混乱が生じているように思われる。公認心理師カリキュラムが，これまでの心理学教育とは異なり，国家資格として求められる業務内容と国家試験を念頭に置いたカリキュラムとなっていることも，大学教育における戸惑いの背景にある。

　こうした状況において，授業を担当する教員にとって，しっかりとした内容のテキストが求められている。本書は，そうしたニーズに応え，大学における「健康・医療心理学」テキストのスタンダードとなるべく編集された。執筆者は，各章の内容を専門とする第一人者の先生方にお願いした。図表も多く掲載し，読者の方々にとって読みやすくわかりやすい内容とした。

　一方，公認心理師は，単なる国家資格ではないことにも留意する必要がある。自身の利益のために働くのではなく，人々の命を支え，社会に貢献する専門職である。また，公認心理師には，後進を育成し，分野の進歩発展に寄与する姿勢も求められる。心理学のみならず，医学などの関連分野は日進月歩であり，公認心理師には，そうした新たな知見を吸収しながら

業務を行うだけではなく，自ら新たな知見を生み出す努力も必要である。

　本書は，公認心理師試験の出題基準を踏まえた内容で構成されているが，単に受験に役立つ参考書として作られているわけではない。本書の執筆・編集は，新型コロナウイルス（COVID-19）感染が世界中に広がり，多くの人々の命が奪われる最中に行われた。この時代に公認心理師を目指す読者の方々には，単に国家資格を取得することを目標とするのではなく，人々の命を支え育み，自ら新たな知見を作り出し，人々がより幸福に生きることのできる社会を作るために邁進するような心理専門職を目指していただきたい。本書は，そのような理想に向かって進む公認心理師にとって，基盤となるテキストでありたい。

　末筆ながら，本書の出版に当たっては，株式会社講談社サイエンティフィク第一出版部の三浦洋一郎氏に大変お世話になった。本書を刊行までこぎ着けることができたのは三浦氏のご尽力の賜物である。ここに記して感謝を申し上げる次第である。

2021年2月

金沢 吉展

目次

健康・医療心理学とは

序章

　「健康・医療心理学」は，公認心理師カリキュラムのために新たに設定された科目である（厚生労働省，2017）。この科目名から想像されることの一つは，「健康心理学」と「医療心理学」を合体した科目ということである。科目の位置づけとしては，大学における必要な科目のうち，心理学発展科目，その中の実践心理学に分類されている。この実践心理学は，「健康・医療心理学」のほかに「福祉心理学」「教育・学校心理学」等の科目が含まれており，公認心理師が働くいわゆる5領域（医療・保健，福祉，教育，司法・犯罪，産業・労働）に対応した科目群であるといえよう。

　この報告書において，「健康・医療心理学」の内容として挙げられているのは次の4つである（厚生労働省，2017，p.15）。
　1．ストレスと心身の疾病との関係
　2．医療現場における心理社会的課題及び必要な支援
　3．保健活動が行われている現場における心理社会的課題及び必要な支援
　4．災害時等に必要な心理に関する支援

　上記の内容から，「健康・医療心理学」は，公認心理師の領域の一つである医療・保健領域を扱う科目であることがわかる。そして，上記1〜4のそれぞれについて説明できることが学生側の到達目標となっている（厚生労働省，2017，p.7）。

　そこで本書では，本章において健康・医療心理学の概略について述べた後，第1部においてストレスと心身の健康を取り上げ，続く第2部ではさまざまな医療現場において求められる心理的支援について説明する。第3部では保健の場における心理的支援を論じ，最後の第4部では災害時に必要となる心理的支援について扱うこととする。読者には，本書を通じて，公認心理師に必要な知識を得，広く国民の健康に寄与することのできる公認心理師となっていただくことを期待する。

上記のように，「健康・医療心理学」は公認心理師カリキュラムの1科目として設定された科目であり，必ずしも心理学の領域として位置づけられているものではない。公認心理師カリキュラムにはほかにも同様の科目があり，例えば，基礎心理学科目群には「社会・集団・家族心理学」が含まれているが，「社会・集団・家族心理学」という心理学の分野は存在しない。また，このカリキュラムの中には「産業・組織心理学」のように，従来認められた心理学の分野がそのまま科目となって位置づけられているものもあるが，その科目の内容が必ずしも従来の心理学の分野としての内容であるとは限らない。

このように，公認心理師は新たに作られた資格であり，従来の心理学の分野を基にしたカリキュラムというよりも，公認心理師という資格を基にして導き出された科目といってよいであろう。

健康心理学という分野はすでに心理学に存在している。そこで本節では，健康心理学について概略を説明したい。

アメリカ心理学会（APA: American Psychological Association）の第38部会として健康心理学部会が1978年に誕生した。これが健康心理学の正式なスタートとされる。健康心理学が分野としてスタートした当時，その定義は「健康の増進と維持，疾病の予防と治療，健康・疾病・機能障害に関する原因・診断の究明，およびヘルスケア・システム（健康管理組織）と健康政策策定の分析と改善等に対する心理学領域の特定の教育的・科学的・専門的貢献の総体」であった（Robison, 1981）。現在では「健康とウェルビーイングの増進，および，疾病と障がい[1]の予防と対処から構成される，健康の心理学という科学（the science of the psychology of health）」と定義されている（Society for Health Psychology, 2015）。

---

1 「障害」の記載についてはさまざまな見解がある。日本の法律では「障害」の文字が用いられており，政府の施策においてもこの文字が使用されている。しかし「害」の文字がもたらすニュアンスから，「障害」を用いることについては異論もある。地方自治体の中には，「障がい」あるいは「障碍」と表記するところもある。このようにさまざまな見解があることから，本書では，表記を統一するのではなく，各章の執筆者による記載を尊重することとした。

文字通り，健康に関する心理学という分野であるが，上記の定義からも想像されるように，心理学の中でも健康，とりわけ身体的な疾患・問題に関わる領域ということができ，大きく分けて，臨床的な関心と予防・健康増進に対する関心から構成されている。そして，この分野の研究に基づく実践，人々への教育，そしてそれらを通じて社会への貢献を行うことが健康心理学という分野であるといえる。臨床的な関心とは，主として，身体的な問題への対処や患者へのケアに関する関心であり，臨床健康心理学とよばれることもある。一方，予防・健康増進への関心は，健康の維持増進や予防への関心であり，健康教育，コミュニティワーク，さらに最近ではポジティブ心理学とよばれるテーマにも関心が広がっている。

　「心の科学」である心理学が，なぜ身体の疾患に関心を向け，新たな分野を立ち上げたのだろうか。その背景には主として次の4つの要因があるとされている（Matarazzo, 1980, 1982；島井，1997）。まず，人々を苦しめる疾病構造の変化が挙げられる。かつては私たちの命を奪ったのは，コレラ，赤痢，天然痘等の感染症であった。しかし医学の進歩によって多くの感染症に対する治療が確立されたが，それにもかかわらず私たちの命は多くの疾患に脅かされている。もちろん，新型コロナウイルス感染症のように，今日において治療の難しい感染症も存在するが，今日私たちを悩ませている疾患の多くは，感染症ではなく，がんや心臓病といった生活習慣病（かつては慢性疾患とよばれていた）である。こうした，「感染症から生活習慣病へ」という疾病構造の変化がまず挙げられる。例えば，日本で亡くなる方々の死因をみると，第1位が悪性新生物（がん），次いで心疾患，そして老衰，脳血管疾患と続く（図1）。老衰を除く三つは生活習慣病であり，グラフをみても，がんと心疾患が増加していることがわかる（図2）。

　次に，生活の質と疾病予防の重視が挙げられる。生活習慣病は，その発症や症状の維持に対して，食事，運動，喫煙，ストレス等の生活習慣が大きく関わっている疾患である。したがって，生活習慣を変えることによって予防が可能となる疾患であるといえる。加えて，人々は，よりよい生活，満足や生きがいを感じられる生活を求めるようになってきた。物質的な豊かさが満たされるようになると，生きがい等のより高い価値を求めるようになるのはマズロー（Maslow, 1943）がその欲求階層説においても指摘していることである。クオリティオブライフ（QOL）が重視されるようになったのには，こうした背景がある。

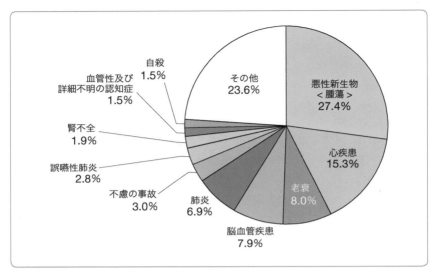

図1　主な死因別死亡数の割合（平成30年）（厚生労働省，2018）

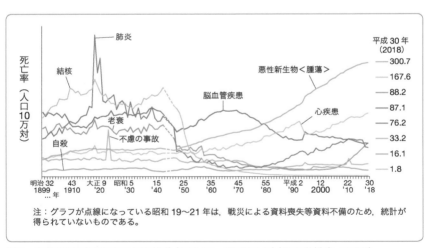

図2　主要死因別死亡率の年次推移（明治32～平成30年）（厚生労働省，2018）

　また，ライフスタイルやパーソナリティなどの行動的要素の重要性が認識されるようになったことや，心理学をはじめとする行動科学の進歩ならびに病因などに関する行動科学の貢献も重要である。この例としてしばしば引用されるのが，ブレスロウ（Breslow, L.）ら（Breslow & Enstrom,

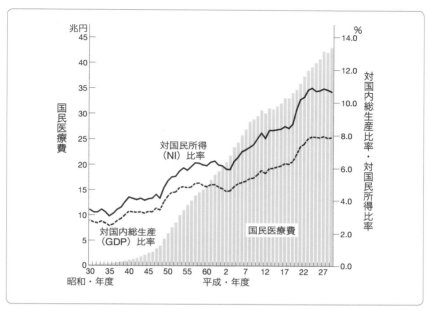

図3 国民医療費・対国内総生産・対国民所得比率の年次推移（厚生労働省，2019）

1980）によってアメリカのカリフォルニア州で行われた調査である（第3章3.1節A参照）。この研究によって，十分な睡眠や毎日の朝食といった7つの生活習慣が高血圧や心臓疾患のような慢性疾患につながっていることがわかったのである。したがって，従来は身体的な問題と捉えられていた慢性疾患が，生活習慣と密接に関わっていることが指摘されたのである。

　こうした知見を基に，日本においては厚生労働省の重要施策として「健康日本21」が提唱され，生活習慣の改善，生活習慣病予防，環境整備等が重視されるようになった。現在では「健康日本21（第二次）」（厚生労働省，2012a，2012b）としてこの施策が続けられている。

　最後に，医療費の高騰が挙げられる。日本全体の医療費をみると，平成29年度の国民医療費は43兆710億円であり，前年度の42兆1,381億円に比べ9,329億円，2.2％の増加となっている。この増加は右肩上がりであり，減少の兆しがみえない。国民医療費の国内総生産（GDP）に対する比率は7.87％（前年度7.85％），国民所得（NI）に対する比率は10.66％（同10.77％）となっている（**図3**：厚生労働省，2019）。2019年度の国の一般会計予算歳出総額が101兆4,571億円（財務省，2019）であることを考

えると，国民医療費がいかに巨額であるかがわかる。また，医療費の内訳について，傷病分類別にみると，「循環器系の疾患」6兆782億円（全体の19.7％）が最多を占め，次いで「新生物（腫瘍）」が4兆3,766億円（同14.2％），となっており，この両者で医科診療医療費（国民医療費から歯科診療医療費と薬局調剤医療費を除いた額）全体の約34％を占める（厚生労働省，2019）。循環器系疾患も腫瘍（がん）も生活習慣病であり，治療や療養に長期間を要することを考えると，生活習慣を変容することによってこれらの疾患を予防することが社会全体に求められている課題であることがわかる。行動の科学である心理学にとって，こうした生活習慣の変容，すなわち行動を変えることは，当然ながら取り組むべき課題であるといえる。

第3節 医療心理学

欧米において，かつては医療心理学（medical psychology）という領域が提唱されたことがあった。これは，身体疾患に関する心理社会的な事柄についての研究が進んだことによって，心理学による貢献が求められたことを背景としている。疾患の受容，手術への適応，小児科における子どもたちへの関わり，医療場面における行動療法の適用など，さまざまな事柄が医療心理学の扱う課題として指摘された（Asken, 1975）。医療心理学は，身体的健康，疾患，それらの治療について，個人，集団，およびシステムのレベルにおいて関係する心理学的要因を研究する分野であると定義された。そして医療心理学は，心身医学，somatopsychology（身体的な疾患や障がいが及ぼす心理的な影響を研究する分野），行動医学，およびヘルスケアに関する研究という4つの領域からなるとされた（Asken, 1979）。

健康心理学がアメリカ心理学会の部会として正式に認められ，心理学における分野名として正式に認可された。それにより，医療心理学は健康心理学に含まれるものとして捉えられ（Matarazzo, 1980, 1982），現在ではこの用語は海外ではあまり用いられていない。

日本国内においては医療心理学という用語が書籍において用いられたり（例えば，金沢，1995；丸山，2006；小此木，1979），学会のシンポジウム等において，心理職が取り組むべき課題として取り上げられたりしてきた（例えば，鈴木ら，2010；鈴木ら，2011）が，現在，心理学における正式な分野として認知されているとは言い難い。

APAの健康心理学部会の創設に尽力したマタラゾ（Matarazzo, J. D.）は，健康心理学誕生の背景の一つとして，医学における生物心理社会モデルへの関心を挙げている。マタラゾ（Matarazzo, 1980）によれば，医学，とりわけ精神医学や心身医学の専門家の中から，伝統的な生物学的モデルでは限界があり，患者の心理社会的な要因についても目を向けるべきとの主張が行われていた（Engel, 1977; Knowles, 1977; Leigh & Reiser, 1977; Lipowski, 1977）。そして，人々の健康に関わる事象について，生物的要因のみならず，心理社会的な要因も考慮することが必要であるとの認識が多くの分野に広がり，それによってアメリカ合衆国政府の国立精神衛生研究所（National Institute of Mental Health: NIMH）による，身体的疾患に関する心理社会的要因についての研究資金援助につながっていったことが記されている。こうした研究援助も健康心理学誕生につながっていった。

今日，日本の新しい資格である公認心理師の実践および教育については，生物心理社会モデルが採用されているが，このモデルは公認心理師のために作られたモデルではない。上記のように，すでに50年近い歴史があり，心理学においても健康心理学を中心として，すでに用いられてきた歴史があることを記銘すべきであろう。

上記のように，生物心理社会モデルを提唱した医学の専門家たちが，患者の状態を生物次元のみに還元してしまわないよう警鐘を鳴らしたが，公認心理師においては，クライエント（患者）の状態を心理的次元のみに還元しないよう注意する必要がある。公認心理師においては，クライエントの状態をまず生物的システム（脳，神経，遺伝，細胞など）で捉え，次に心理システム（認知，感情，パーソナリティ，知的能力など），さらに社会システム（家族，学校，職場などの環境）の要因を考えて，それらがどのように関連して現在のクライエントの状態を生み出しているかをアセスメントし，このような複眼的視点で他職種とも連携を行っていくことが求められているのである（日本心理研修センター，2018）。

公認心理師に限らず，医療領域において心理職に求められることは何であろうか。医師・看護師を対象とした調査結果を総合すると，心理職に求められる事柄として以下を挙げることができる（**表1**）。

一方，医療領域に勤務する心理職を対象として行われた調査（金沢，2014）からは，医療チームや医療組織への対応，クライエント・家族への対応，社会人として

表1　医療職が心理職に求める業務内容

患者への心理的援助
患者の家族への援助
医療職への心理的援助
医療職へのコンサルテーション
医療チーム内連携
研究

（藤本，2009；福永，2005；岩満ら，2009を基に作成）

の基本的な対応が求められていることが示されている。さらに，実際に医療において仕事を行ってみて，自身に不足している知識・スキルとして挙げられたのは，心理職としての専門的知識・スキルのみならず，精神医学を含めた医学的知識や，医療の実際に関する知識・理解（医療場面において用いられる用語や他職種に関する知識など），そして社会一般的な知識・対応であった。がん医療における心理職の実際の業務内容を分析した研究からも，心理職による業務の果たす重要な機能として，問題解決的カウンセリング，患者家族への心理的援助，スタッフへのコンサルテーションが挙げられている（吉津ら，2012）。

以上を基に考えると，心理師として，臨床心理面接や心理検査，神経心理学的検査など，心理学に関わる専門的な知識やスキルを身につけることは当然であるが，それだけでは不十分なことがわかる。精神医学や身体医学といった医学に関する知識，治療に用いられる薬剤や，手術など疾患の治療や検査に関する知識，医療組織に関する知識，保険や他職種の業務に関する知識など，幅広い知識やスキルが求められることがわかる。それを踏まえたうえで，他職種と関わりながら，医療チームへの貢献，患者への援助，患者の家族への援助が求められているのである。そして，一人の社会人として，常識ある行動が基盤となっていることはいうまでもない。

　上述のように，医療・保健領域において公認心理師と関わる職種は多いのであるが，この領域，とりわけ身体医療の分野において心理学と関係する分野をいくつか挙げておきたい。

　心身医学は，かつてはストレスと密接に関わる身体疾患が主な対象であった。しかし現在では，以下をねらいとした総合的・学際的な枠組みとして定義されている（Fava & Sonino, 2010）。

　・疾病に関する個々人のかかりやすさや，疾病にかかった場合の経過と結果に影響を与える心理社会的な要因についてのアセスメントを行う
　・臨床実践における全人的な視点を考慮する
　・医学的疾患の予防，治療，およびリハビリテーションに際して心理学的な治療を統合する

　つまり，すべての疾患について，身体面だけではなく全人的な視点から取り組む分野といえる。

　行動医学も，健康や疾病に関する学際的な分野であり，生物的，心理社会的，行動的な視点から研究を行い，その知見を総合して，予防，診断，治療，およびリハビリテーションを行う分野である（Society of Behavioral Medicine, 2020）。この分野は基本的な考え方として学習理論に基づいており，主として行動療法や認知行動療法を用いることが特徴である。

　コンサルテーション・リエゾン精神医学とは，身体疾患を有する患者の精神科的側面について，精神科医が診断や助言，治療を行うコンサルテーションと，身体科の医療チームに精神科医が加わり，そのチームにおいて，精神科的な問題を早期発見したり予防したり，医療者に対するサポートを行うリエゾン活動を指す（内富，2011）。

　上記はいずれも医学の分野であるが，心理職も関わることの多い分野である。

第7節 || 本書の構成

　本書は，前述の生物心理社会モデルを基盤におき，公認心理師カリキュラムにおいて求められている4つの事項（1．ストレスと心身の疾病との関係，2．医療現場における心理社会的課題及び必要な支援，3．保健活動が行わ

れている現場における心理社会的課題及び必要な支援，4．災害時等に必要な心理に関する支援）を網羅する内容とした。さらに，公認心理師試験のブループリントも可能な限り参照し，試験にも十分に対応できる内容としている。

　本書の第1部においては，健康心理学における基本的な概念や用語を取り上げ，健康や疾病とのつながりについて説明を行っている。第2部から第4部においては，当該章がテーマとしている事柄（疾病や状況など）について説明したうえで，心理職としての関わりについて論じている。その際，生物心理社会モデルに基づき，医学的・生物学的な事柄についても説明を行っている。心理学を学ぶ学生のほとんどが，いわゆる文系の学生であることから，医学的・生物学的な事柄については馴染みが薄いかもしれない。しかし公認心理師は人々の健康に直接関わる職種であり，人の命に関わる仕事である。幅広い内容がカバーされているが，人の命に関わる領域である。人々や社会全体への貢献を目指して真摯に学習に取り組んでいただきたい。

〈引用文献〉

Asken, M. J. (1975). Medical psychology: Psychology's neglected child. *Professional Psychology*, 6(2), 155-160.

Asken, M. J. (1979). Medical psychology: Toward definition, clarification, and organization. *Professional Psychology*, 10(1), 66-73.

Breslow, L. & Enstrom, J. E. (1980). Persistence of health habits and their relationship to mortality, *Preventive Medicine*, 9, 469-483.

Engel, G. L. (1977). The need for a new medical model: A challenge for biomedicine. *Science*, 196, 129-136.

Fava, G. A. & Sonino, N. (2010). Psychosomatic medicine. *International Journal of Clinical Practice*, 64, 1155-1161.

藤本佳子（2009）．看護師のストレス状況と臨床心理士の活用による支援の可能性に関する研究．日本看護科学会誌，29(4), 60-68.

福永幹彦（2005）．心療内科医の立場から．心身医学，45, 663-673.

岩満優美・平井　啓・大庭　章・塩崎麻里子他（2009）．緩和ケアチームが求める心理士の役割に関する研究─フォーカスグループインタビューを用いて─．Palliative Care Research, 4(2), 228-234.

金沢吉展（1995）．医療心理学入門．誠信書房．

金沢吉展（2014）．医療領域における心理職に求められる知識・スキル・態度に関する研究．明治学院大学心理学紀要，24, 21-35.

Knowles, J. (1977). The Responsibility of the Individual. *Daedalus*, 106(1), 57-80. Retrieved August 16, 2020, from www.jstor.org/stable/20024456

厚生労働省（2012a）．厚生労働省告示第四百三十号．
　　https://www.mhlw.go.jp/bunya/kenkou/dl/kenkounippon21_01.pdf

厚生労働省（2012b）．国民の健康の増進の総合的な推進を図るための基本的な方針の全部改正について．

https://www.mhlw.go.jp/bunya/kenkou/dl/kenkounippon21_03.pdf

厚生労働省（2017）．公認心理師カリキュラム等検討会報告書, p.7, 15.
https://www.mhlw.go.jp/file/05-Shingikai-12201000-Shakaiengokyokushougaiho-kenfukushibu-Kikakuka/0000169346.pdf

厚生労働省（2018）．平成30年人口動態統計.
https://www.mhlw.go.jp/toukei/saikin/hw/jinkou/houkoku18/dl/all.pdf

厚生労働省（2019）．平成29年度 国民医療費の概況.
https://www.mhlw.go.jp/toukei/saikin/hw/k-iryohi/17/dl/data.pdf

Leigh, H. & Reiser, M. F. (1977). Major Trends in Psychosomatic Medicine: The Psychiatrist's Evolving Role in Medicine. *Annals of Internal Medicine*, 87, 233-239.

Lipowski, Z. J. (1977). Psychosomatic medicine in the seventies: An overview. *The American journal of psychiatry*, 134, 233-44.

丸山久美子（2006）．医療心理学特論―生と死の心理学―. ブレーン出版.

Maslow, A. H. (1943). A theory of human motivation. *Psychological Review*, 50 (4), 370-96.

Matarazzo, J. D. (1980). Behavioral health and behavioral medicine: Frontiers for a new health psychology. *American Psychologist*, 35, 807-817.

Matarazzo, J. D. (1982). Health's Challenge to Academic, Scientific, and Professional Psychology. *American Psychologist*, 37, 1-14.

日本心理研修センター（監修）（2018）．公認心理師現任者講習会テキスト［2019年版］. 金剛出版.

小此木啓吾（編）（1979）．医療心理学読本. 日本評論社.

Robison, J. T. (Sum 1981). A Note from the Secretary. *The Health Psychologist*, 3 (2).
https://doi.org/10.1037/e412352005-012

島井哲志（1997）．健康心理学. 培風館.

Society for Health Psychology (2015). Society for Health Psychology Bylaws (Revision: August 8, 2015)
https://societyforhealthpsychology.org/about/who-we-are/sfhp-bylaws/

Society of Behavioral Medicine (2020). What Is Behavioral Medicine?
https://www.sbm.org/about/behavioral-medicine

鈴木伸一・神村栄一・小林奈穂美・松永美希（2011）．医療心理学の新展開―うつ病の心理社会的支援の最前線―. 日本心理学会大会発表論文集. 75 (0), WS028-WS028.

鈴木伸一・尾形明子・田上明日香・金 外淑（2010）．医療心理学の新展開―医療と社会生活との橋渡しとしての医療心理学―. 日本心理学会大会発表論文集. 74 (0), WS119-WS119.

内富庸介（2011）．コンサルテーション・リエゾン精神医学研究の将来展望. 学術の動向, 42-45.

吉津紀久子・東井申雄・平井 啓（2012）．がん医療において心理士に求められる役割について：大阪大学医学部附属病院心のケアチームの臨床実践データから. 心身医学, 52, 405-412.

財務省（2019）．日本の財政関係資料.
https://www.mof.go.jp/budget/fiscal_condition/related_data/201910_00.pdf

第1部 ┃ ストレスと心身の健康

第 1 章 ┃ ストレス

1.1節 ┃ ストレスとは

　ストレスという言葉は誰でも聞いたことがあるであろう。しかしこの言葉が正しく理解されているとは限らない。

　Oxford English Dictionaryによれば，ストレス（stress）の語源は中世ラテン語の*distringĕre*（無理に何かをさせる，差し押さえる）という言葉であった。それが中世英語においてdistresse（締め付ける，圧迫する）となり，その後に語頭のdiが省略されてstressとなった（Simpson & Weiner, 1989）。つまり，元々は何かに無理やり力を加えることが中心的な意味であり，今日の心理学において用いている意味とは異なっていたのである。

これまでのストレス研究

i）セリエの汎適応症候群

　ストレスについて，カナダの医学者・生理学者であるハンス・セリエ（Selye, H.）の功績は大きい。セリエは，動物に対してホルマリンや性ホルモンを注入したり，寒冷刺激，熱刺激，X線，外傷などの刺激を与える動物実験を行った。その結果，刺激の種類は異なったとしても，動物には，胸腺やリンパ節の萎縮，胃腸の出血・潰瘍，副腎皮質肥大といった症状がみられた。彼はこれらの症状を称して汎

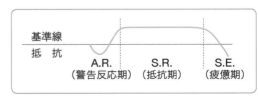

図1.1　汎適応症候群
（セリエ, H（1956/1962），p.93）

適応症候群（GAS：General Adaptation Syndrome, **図1.1**）とよんだのである。そしてこれらの症状をもたらす刺激がストレッサーとされた（Selye, 1950；セリエ，1956/1962）。

GASは次の3期からなる。

①警告反応期：ネガティブな刺激に対抗するために，生体が強く反応する。とりわけ，副腎皮質ホルモンを中心とした内分泌ホルモンの分泌が盛んになる。それが続くと，内分泌ホルモンが枯渇してしまう。全身の抵抗力が正常以下に減少する。

②抵抗期：刺激が続くと，副腎皮質ホルモンの分泌量が元に戻り，血液中の内分泌ホルモン濃度が元に戻る。ストレッサーに対する抵抗が高いレベルで維持される。

③疲憊期：刺激提示が続くと，内分泌ホルモン分泌が枯渇し，生体は適応力を失っていく。その結果，抵抗力は正常以下に落ちてしまう。ストレッサーへの抵抗が長期にわたって継続することによって生じる最後の段階であり，最悪の場合は生体の死がもたらされる。

ii）ホームズとレイのライフイベント理論

セリエが生理的視点からの研究であったのに対して，ホームズとレイ（Holmes & Rahe, 1967）やドーレンウェンドら（Dohrenwend & Dohrenwend, 1974）は，環境要因や社会生活上の出来事に注目した。すなわち，社会的な視点からのアプローチである。彼らは，配偶者の死や結婚，退職などのライフイベントの有無や程度が，その後の身体症状や健康状態をある程度予測すると主張した（ライフイベント理論）。そして，人々が経験するさまざまな出来事を，その出来事への適応に必要と思われる労力・時間の程度によって数値化（例えば，配偶者の死＝100　離婚＝73　結婚＝50など）した社会的再適応評価尺度（Holmes & Rahe, 1967）を作成した。この点数はLCU得点（Life Change Unit value）とよばれている（第2章2.1節参照）。ドーレンウェンドらによれば，一定期間中のLCU得点の合計点が，その後の健康状態と関連するとされている。

セリエの汎適応症候群とホームズとレイのライフイベント理論，これら二つの考え方の共通点は，ストレス・イコール・病理という考え方であったこと，また，人間は常に刺激に対して反応する受け身の存在であるといった，かなり単純な見方がなされていたことである（Appley & Trumbull,

1986a）。しかしこうした考え方では，ストレスに関する多様な個人差を説明することができない。現在では，ストレスが複雑な現象であり，その理解には多面的なアプローチが必要であるといわれている。

1.2節 ## ラザルスとフォルクマンによる相互作用モデル

　ストレスに関する現在の中心的な考え方は，ラザルスとフォルクマンによる相互作用モデル（Lazarus & Folkman, 1984a/1991：**図1.2**）である。ストレスは，個人とその環境との間のやりとりを基にした相互作用プロセスであり，病理につながることもあるが，逆に，好ましい結果につながることもある。また，このモデルでは，個人は刺激に対する単なる反応体ではなく，知覚や認知を通して環境との間のストレスプロセスに積極的に参加していること，また，ストレスを万人一様のものと捉えず，個人差を重視していることも特徴的である。

A. ストレッサー

　ストレスのプロセスは，ストレッサーによって引き起こされる。ストレッサーとは，個人が感じる要求とそれに対してその人がもっている（あるいは，もっていると感ずる）コーピング（対処, p.17参照）の能力との間のギャップである（Matheny et al., 1986; Trumbull & Appley, 1986）。要求の程度が客観的にどのぐらいであるかは重要ではなく，同じ刺激でもその個

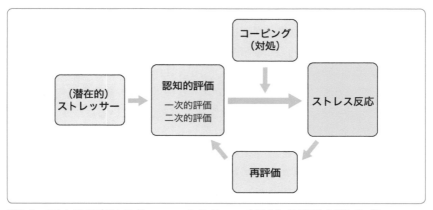

図1.2　ストレスのプロセス（Lazarus & Folkman（1984a/1991）を基に作成）

人の認知的評価によって，ストレッサーになるかどうかが決まる。したがって，最初の時点においての「ストレッサー」は潜在的ストレッサーという方が正確である。

　一般には，ストレッサーとして，要求がコーピングよりも勝ると感じられる場合が想像されるであろうが，逆に，要求が下回る場合には，緊張感の欠如や退屈感，さらには欲求不満につながってしまう。つまり，ストレッサーの程度が高すぎるのも問題だが，低すぎるのも問題である。人間が健康かつ生産的に暮らすためには，ある程度のストレッサーが必要である。そして，どの程度のストレッサーがその人にふさわしいのかは，客観的に一様に決められるものではなく，その人個人の認知的評価による。

　潜在的なストレッサー（ストレッサーになりうるもの）には，実に多くのものがある。試験での悪い成績，気温の急激な変化，家族の死，職場の上司からの営業上のノルマ等の外的なものもあれば，高い達成欲求，ホルモンの変化，自分の感情をコントロールしようとする努力といった内的なものもある。こうしたストレッサーの一部は，多くの人が経験する発達段階の変化に関連したもの（例えば，入学，結婚，子育て，配偶者の死）もあるが，一方，普通の人が経験しないような例外的な出来事（災害の被害者となる，法に触れて裁きを受ける）の場合もある（Moos, 1986）。日常生活の中で起こる些細な出来事のうち，友人が待ち合わせの時間に来なかったり，仕事の休み時間が不足したりといった，生活上の一定のパターンに変化を起こさせないものの，イライラしたり困ったりするような日常生活の中の混乱をよぶような些細な出来事（日常的苛立ち事，デイリーハッスルズ）もストレッサーとなりうる（Kohn & Macdonald, 1992）。

B. 評価

　こうした潜在的ストレッサーがその人の認知的評価を受けて初めて，ストレッサーになるかどうかが決まる。この認知的評価のあり方は，個人間でも異なるし，同一個人内でも時と場合によって違いがある。その違いはなぜ生じるかについて，ラザルスとフォルクマンは，認知的評価に影響を及ぼす個人的要因（コミットメント，統制感，実存的信念）と環境的要因（新規性，不確実性，時間的要因，出来事のタイミング）を示し，これらが相互に複雑に絡み合いながら認知的評価を規定していると考えている。そして，評価について，一次的評価と二次的評価の2種類を提示している。さらに，環境か

表1.1 ストレスフル（一次的評価）

ストレスフル	自分がもっているコーピング能力よりも，外的あるいは内的な要求の方が勝っていると判断する場合	害・喪失：すでに何らかの損害を受けている場合（例：病気，家族の死，解雇）
		脅威：まだ害や喪失は生じてはいないものの，それが起こりそうな場合・予想される場合
		挑戦：自分にとって何らかの利益や成長につながる可能性のある場合

（Lazarus & Folkman（1984a/1991）を基に作成）

ら得られた新しい情報や，自身のストレス反応から得られた情報に基づいてなされる評価である再評価も加えて，次のように論じている（Lazarus & Folkman, 1984a/1991）。

①**一次的評価**：自分が危険にさらされているのか，何が危険（危機）に瀕しているのか（例えば，自分の立場，財産，会社でのポスト等），どのような要求に自分が直面しているのか等について判断・評価を行うプロセスである。一次的評価はさらに無関係（刺激や要求が，自分にとって何の関わりも意味もない場合），無害・肯定的（その要求に対処した結果，自分の幸福や向上につながる，あるいは，つながりそうだと判断される場合），およびストレスフル（**表1.1**）の3つに分けられる。

②**二次的評価**：自分のおかれている状況に対してどのようなことができるか，それによって自分が期待したことを成し遂げられるかを判断する作業である。自分自身がもっている，あるいは自分の周囲にあって使うことのできる，あるいは，何らかの形で頼ることのできるコーピングの資源といったものに，どのようなものがあり，どれだけの効果があり，そして，自分がその行動をうまく行う（利用する）ことができるかどうかを総合的に判断する作業である。

③**再評価**：環境からの新しい情報や，自分自身の反応から得た情報に基づいて修正された評価である。自分が行ったコーピングの結果として生じた事柄に対してまた認知的評価を行い，対処しなくてはならないのである。

表1.2　ネガティブなストレス反応の例

ネガティブ	生理的	睡眠・食欲などの変化, 血圧・脈拍の上昇, 不規則な生活リズム, 痛み, など
	心理的	不安, 疲弊, あきらめ, 自尊心の低下, 悲観, 過度の要求, 記憶力・集中力の低下, 退屈, 興味・意欲の減退など
	人間関係	孤独, 葛藤, 攻撃, 退却, など
	問題解決力	放棄, 無視, アルコール・薬物・食物などへの依存, 他者への依存, など

C. ストレス反応

　ストレスプロセスの最後の段階が, 生理的, 心理的などさまざまな面において現れてくる反応である。ストレス反応には, ポジティブな反応（意欲・生産性向上, 現実的な対応, 問題解決など）と, ネガティブな反応（**表1.2**）の両方があることを理解する必要がある。

D. コーピング（対処行動, 対処資源）

　二次的評価を行う際には, 自分が利用することのできる対処行動や対処資源が動員され, そのストレッサーの相手をすることになる。ストレスフルな事態によって喚起された情動的反応によって動機づけられ, それを解消することを目的としたあらゆる認知的および行動的努力をコーピング（対処）とよぶ（Lazarus & Folkman, 1984a/1991）。

問題焦点型と情動焦点型のコーピング

　コーピングとは, その人のもつ能力を上回る, あるいは, その人のもつ能力を酷使したり重い負担となるような要求について, 何とか処理しようとするプロセスである。コーピングには問題焦点型コーピングと情動焦点型コーピングの2種類がある（Lazarus & Folkman, 1984b）（**表1.3**）。

　情動焦点型のコーピングと問題焦点型のコーピングにはそれぞれ長所短所がある（Roth & Cohen, 1986）。情動焦点型のコーピングは不安などのストレス反応が過度になるのを防ぎ, その結果本人が自分の感情をコントロールできるという自信がつく。一方, 問題焦点型コーピングは, ストレッ

表1.3　問題焦点型と情動焦点型のコーピング

	定義	例
問題焦点型（prob-lem-focused）コーピング	状況に対して何か建設的なことをしようと努力したり，ストレッサーを変えようとしたりすること。問題の所在を明らかにし，問題解決のための計画を立て，それを実行することのように，状況を直接的に変化させようとする努力	来週に予定されている試験の準備のため勉強する，自分自身の立場を明確に述べる，他者との関わり方を見直して別の関わり方を行う
情動焦点型（emo-tion-focused）コーピング	ストレスプロセスの中でその人が感じる感情自体をコントロールしようと努力すること。そうした感情の表し方をコントロールしたり，感情の一部である生理学的変化を抑えたり，混乱や苦しさといった主観的体験をコントロールしたり，あるいはそれらすべてをコントロールしようとすることが含まれる	音楽を聞いたり瞑想をしてリラックスしようとする，問題について考えることを避ける，事態を深刻に考えないようにする

（Lazarus & Folkman（1984b）を基に作成）

サーの存在する状況そのものを変えることにより，その状況をより統制可能にすることができる。情動焦点型コーピングは，ストレッサーやストレッサーを生み出している状況をその人が変えることができない場合には効果的である一方，問題焦点型コーピングが成功すれば，ストレッサーが減ったり，ストレス状況が変化したりするため，変えることができる場合には問題焦点型コーピングの方がより適切である。

　一つのストレス状況において，私たちは，通常，いくつものコーピングを同時にあるいは連続して行っているのが現実であり，それが健康な姿である。人は一つのストレッサーに対して複数のコーピングを用いて対処するという視点から，それぞれのコーピングの機能に加えて，コーピングのレパートリーの豊富さや，状況に応じて適切なコーピングを使い分ける力（コーピングの柔軟性）が重要である（上里・三浦，2002；加藤，2001）。

E. コーピング行動とコーピング資源

コーピングには，何かを行うという行為的なものと，何かをもっている・何かがある，というコーピング（対処）資源との二つがある。ストレスフルな状況においてコーピングを行うためには，その人にとって利用可能な資源の動員が必要とされる。コーピング資源は，主に，予防的・緩衝的な働きをし，ストレス状況に陥るのを未然に防いだり，ストレッサーの衝撃を減じたり和らげたりする。こうしたコーピング資源には**表1.4**のものが挙げられる（Appley & Trumbull, 1986b）。

これらのコーピング資源は，厳密に分類することが難しいものも多く，実際にはオーバーラップするものも多い。現実の私たちは，さまざまなコーピング行動・コーピング資源を同時に，また，時間をおいて組み合わせて用いており，それがストレス状況における健康なあり方である（Roth & Cohen, 1986）。逆に，こうした柔軟な対処の仕方ができない場合には，ストレス状況に対してうまく対処ができずに問題を抱えてしまいやすい。

F. ハーディネス

同じようにストレスフルな状況にあっても，問題を抱える人とそうではない人が現れるのはなぜだろうか。コバサ（Kobasa, S. C.）は，前者と後者の人たちの間にはパーソナリティ上の違いがあるのではないかと考えた。そこで彼女は，ある大都市の公益事業体に勤務する管理職を対象に調査を行った（Kobasa, 1979a/1979b）。その結果，ストレスが同程度であっても，病気になってしまった人たち（75名）と，病気にならなかった人たち（86名）がいることを見い出した。そして，この両者の違いを分けていたのは，これらの人々のパーソナリティの頑健さ（ハーディネス）であると指摘した。コバサは，疾病を引き起こすようなストレスの影響を緩和するパーソナリティの特徴として，ハーディネス（頑健さ）を提唱した。ハーディネスとは，自身の経験する出来事について，統制したり影響を与えることができるという信念（コントロール），人生のさまざまな活動に対して深く関わる，あるいはコミットすることのできる能力（コミットメント），そして，変化がさらなる成長につながるような刺激的なチャレンジであると期待すること（チャレンジ）からなる。

メタ分析（p.104コラム参照）では，ハーディネスがストレスの影響を緩和するような他のパーソナリティ特性，積極的なコーピング，ソーシャルサ

表1.4　コーピング資源

ソーシャルサポート	他者から提供される有形または無形の援助であるソーシャルサポートは，コーピング資源の中でも最も有名であり，最も研究されてきたものの一つである。慰めや励ましを受ける（情緒的サポート），問題解決のために役立つ情報を提供してもらう（情報的サポート），問題を解決するための手助けをしてもらう（道具的サポート）等，ソーシャルサポートにもさまざまな種類がある。
自己効力感，自尊心	自己効力感が高いほど，すなわち自分の行動によって望ましい結果を得ることができるという遂行期待が高いほど，問題を解決するためのコーピングが促進され，維持される。自尊心や自己効力感の低い人は，ストレスプロセスの評価の段階で，自分自身のコーピング力を過小評価し，ストレッサーを過大評価しやすい。
統制感	自分自身の行動や気持ちや自分に起こる事柄を自分でコントロールできるという認知。状況や自分自身をコントロールすることにより，潜在的なストレッサーを減らすこともでき，さらには自信にもつながる。
問題解決スキル	問題状況を解決するために必要とされるスキル。これは，問題の定義，解決法の選択肢の案出，意思決定，解決法の遂行とその検証という過程から成り立っている。問題解決スキルの高い人ほど，問題解決のためのコーピングをより効果的に行うことができる。
ソーシャルスキル	円滑な対人関係を形成し，それを保持するための技能。すなわち，周囲の人々に対して適切に応対し，上手にコミュニケーションを図るために必要とされるスキル。社会的スキルによって，周囲の人々との問題解決がより良く行われ，協力や援助を受ける可能性が高まり，人間関係において自分自身をコントロールすることができるようになる。
希望	楽観的な見方をとる人は，そうでない人に比べ，ストレス状況や困難な状況において自分のもつ能力，特に問題焦点型コーピングを計画的かつ十分に活用することができる一方で，問題やストレッサーの困難さをそのまま受け入れ，その困難さから何かを学ぼうとする姿勢をとる傾向がある。一方，悲観的な見方をとる人は，回避的な行動が多く，その結果本来の目標が達成できずに終わることが多い。また，悲観的な見方をとる人は，ストレッサーや問題に対する気づきを下げるような行動，すなわち，否定や薬物依存などといった行動をとりがちであり，困難に対して諦めてしまいやすい（Scheier & Carver, 1992）。
健康状態	不健康な状態は，それだけでストレッサーになり，また，健康が良くない場合には，そうでない時に比べて，十分なコーピングを行いにくくなる。喫煙や飲酒をしない，適度の運動をする，栄養のバランスの良い食事をとる等を普段から実行することが求められる。
経済的資源，知識・情報	お金や知識・必要な情報をもつことにより，問題焦点型コーピングが行いやすくなる。

（Appley & Trumbull（1986b）を基に作成）

ポートと関連しており，頑健なパーソナリティを有する人々は，ストレッサーに対処するための資源を有しているか，あるいは，手に入れることができることを示唆していると報告されている（Eschleman et al., 2010）。ハーディネスは，今後さらに研究を進める価値のある興味深い概念といえる。

1.3節 ストレスマネジメント

　ストレスにはプラス面・マイナス面の両面があるが，心理師がストレスに関わる場合のほとんどは，ストレス反応が何らかの問題をもっている場合，あるいは，問題をもつおそれがある場合である。そのような場合，心理師は，カウンセリングを行ったり予防的活動を行うことになる。

　ここで大切なことは，ストレスをゼロにするのではなく，その人が生産的かつ社会的に意味のある生き方ができるような程度にストレスを維持すること，つまり，ストレスを管理すること（ストレスマネジメント）である。

　ラザルスとフォルクマン（Lazarus & Folkman, 1984a/1991）の相互作用モデルに示されている，ストレッサー・認知的評価・コーピング・ストレス反応のどれか，あるいは，これらのいずれかの組み合わせを対象として行われる。

　心理学的なストレスマネジメントでは，主としてクライエントのコーピングの改善や，リラクセーションを用いたストレス反応の軽減が行われてきた。しかし，ストレスマネジメントにおいては，以下のA〜Gのような諸種の方法を組み合わせて用いることが効果的である（Matheny et al., 1986）。

A. ソーシャルスキルの学習

　他者と関わるスキル（ソーシャルスキル）が向上することにより，ソーシャルサポートを改善することができる。それだけではなく，他者との関係が良好になることにより，ストレス状況の発生予防にもつながるであろう。

　自己表現力（アサーション）も状況によって必要となる。アサーション（自分自身の立場や意見を適切に表明し，相手の意見についても十分に理解する）により，自分を危険や脅威から守り，自分の立場・人権を侵害されることを防ぐだけではなく，自分自身を他人に正しく理解してもらうことも同様に大切なことである。他人からの過度の要求や理不尽な期待，誤解を防ぎ，正しく自分を認識してもらうことにより，ストレッサーを未然に防ぐことが

できる。

B. 問題解決力の学習

　私たちが生きているプロセスは，毎日，さまざまな状況に遭遇し，さまざまな問題に直面してそれを解決しているプロセスであるということができる。問題解決力の学習については後述する（p.26参照）。

C. 認知の修正

　認知行動療法は今日よく知られている。クライエントの内的思考・内的会話について言語化を求め，毎日記録することをホームワークとして提示する。その後に，自己内の会話を別のメッセージに変えていくことを行う。そして，そうした新しい自己内メッセージが強化されるよう，具体的な行動契約をクライエントとの間に結ぶ。モデリング，イメージ，内潜的条件づけ，行動リハーサルなど，さまざまな技法を用いてクライエントの認知と具体的行動を変えていく。

D. リラクセーション

　自律訓練法，バイオフィードバック，漸進的筋弛緩法，呼吸法，系統的脱感作等，多くの方法がある。リラクセーションはストレス反応を抑える働きがあり，リラクセーションがうまくできているかどうかは，クライエントを観察して客観的に判断することができる。例えば，頭は重いため，通常は首の筋肉によって縦に支えられているが，リラクセーションがうまく進むと首の筋肉が弛緩するため，頭が前後あるいは左右に倒れたような状態となる（Poppen, 1988）。

　ストレス反応の多くは，心身が緊張状態にある，すなわち，内外からの過度の要請により，自分が危険にさらされていることに対する生体の反応である。普段の生活の中でもこの緊張反応が出るということ，すなわち，自己内外の要求（ストレッサー）に対して過度に反応しているということが問題である。したがって，この反応を少し抑えて，緊張を少し緩めようというのが，リラクセーションが用いられる理由である。

　すべてのリラクセーションの基本ともいうべきものが，腹式呼吸による呼吸法である。胸を使う胸式呼吸では，ゆっくりした呼吸ができず，肩や首の筋肉が緊張し，脳に行く血管を収縮させることになる。ゆっくりと，スムー

ズに，深く腹式呼吸を行う練習を行い，普段の生活の中で，1日1～2回，こうした呼吸法を実践することは役に立つ。

E. 自律訓練法

自律訓練法は，催眠の原理をベースとしてシュルツ（Schultz, J. H.）によって開発された，心身のセルフコントロールの方法である。人間の日々の生活は緊張と弛緩のバランスによって成り立っているが，緊張が優位の状態が続いてしまうことにより，高ストレス状態となってしまう。そこで自律訓練法においては，クライエント自身が，自己に対して暗示を行うことを毎日練習することにより，緊張と弛緩のバランスを取り戻すことを目指す（佐々木，1984）。

自律訓練法においては，公式化された自己教示語句を暗唱することをくり返し，その内容に対して積極的にではなく，受動的にぼんやりと注意を向ける（佐々木，2003）。自律訓練法の実際は，標準練習（基礎練習）と，それを基にした上級練習からなる。よく知られている標準練習は，以下のように背景公式と，それに続く6つの公式から構成される（佐々木，1984）。

背景公式（安静練習）：「気持ちが（とても）落ち着いている」
第1公式（四肢重感練習）：「両腕両足が重たい」
第2公式（四肢温感練習）：「両腕両足が温かい」
第3公式（心臓調整練習）：「心臓が（自然に）静かに規則正しく打っている」
第4公式（呼吸調整練習）：「（自然に）楽に呼吸をしている」
第5公式（腹部温感練習）：「お腹が温かい」
第6公式（額部涼感練習）：「額が気持ちよく涼しい」

リラックスできる静かな場所，状況において，目を閉じて深呼吸を行い，上記の自己教示語句を心の中で唱える。練習は1回2～3分として，毎日2～3セッション行う。練習の最後には，リラックスした状態から日常の状況に戻ることができるよう，両手を握って開くなどの消去動作を行って目を開けるようにする。こうした標準練習を習得した後は，標準練習によって得られた状態をさらに活用するために上級練習が設けられている（佐々木，1984／2003）。

表1.5　マインドフルネス・ストレス低減法

1. 咀嚼瞑想	レーズンをゆっくりと食べ，そこで起こっていることを意識するようにする
2. 呼吸法	長くゆっくりとした腹式呼吸を行い，呼吸に意識を集中する
3. ボディースキャン	身体の各部分に順次に注意を集中していくことにより，身体への気づきを高める
4. ヨーガ	筋肉の緊張と弛緩をくり返すことにより，身体感覚への意識を高める
5. 歩行瞑想	歩くこと自体に意識を集中させ，足裏の感覚や全身の感覚に注意を集中する
6. 正座瞑想	呼吸に注意を向け，意識の中に起こるすべてのことをそのまま受け入れ，とらわれることなく，呼吸に注意を戻す

(春木ら(2008)を基に作成)

F. マインドフルネス

　近年，マインドフルネス・ストレス低減法（MBSR：Mindfulness-Based Stress Reduction）が注目されている。MBSRはジョン・カバットジン（Jon Kabat-Zinn）が開発したアプローチであり，その背景には仏教の瞑想がある（Ludwig & Kabat-Zinn, 2008）。「マインドフルネス」という言葉は，マインドフルネス瞑想という技法としての意味と，それによって達成される心理状態という二つの意味をもつ（杉浦，2008）。マインドフルネス瞑想によって得られる状態であるマインドフルネスとは，「今ここで，瞬間瞬間に経験されていくことに対して，判断することなく意図的に注意を向けることによって生まれてくる気づき」（Ludwig & Kabat-Zinn, 2008, p.145）と定義される。

　MBSRにはさまざまな技法があるが，春木らはそれらを**表1.5**のようにまとめている。咀嚼瞑想を最初の日に行い，1〜2週目はボディースキャンを中心とし，3〜4週目はボディースキャンとヨーガ，5〜6週目は正座瞑想とヨーガ，7〜8週目は自由な組み合わせで行い，8週目は自分でプログラムを考えて行うという8週間の自宅学習のスケジュールとなっている（春木ら，2008）。

G. ストレス免疫訓練

　マイケンバウム（Meichenbaum, D.）らは，ストレスに対する抵抗力を得ることによってストレス状況に効果的に対応することができると考え，ストレス免疫訓練（SIT：Stress Inoculation Training）（Meichenbaum, 1985／1989；Meichenbaum & Deffenbacher, 1988）を提唱している。SITは次の三つの段階から構成される。

i）ストレスの概念把握（概念化）

　クライエントとの間に良好な関係を構築し，クライエントの抱える問題についてアセスメントを行い，クライエントがその問題について新しい理解を得ることができるようにすることが狙いである。そのため，クライエントの困難に結びついていると思われる内的・外的な出来事や，それらについての細かな記述（身体的反応，行為，感情，思考等），問題の時間的変化，クライエントが行っているコーピング等について，細かくみていくことが必要となる。その次に，その問題をどのように変えることができるかを検討する。例えば，クライエントが示す反応が気分の落ち込みである場合や，自分自身に対する過度の要求である場合等の際には認知的技法が必要となる。一方，身体的反応が中心的な問題であれば，リラクセーションが重要なアプローチとなる。

ii）スキル学習とリハーサル

　クライエントが効果的なコーピングのためのスキルを習得することを目標とする。主として下記①から④のグループに分けられるが，すべてのクライエントがこれらすべてを必要としているのではなく，クライエントに合わせて必要なものを選んで行う。

　①**リラクセーションとコーピング技術の習得と応用**：呼吸法，漸進的筋弛緩リラクセーション，イメージ等を練習し，それらが面接中にできるようになったなら，次は，低ストレス状況で試行してみる。そして徐々に，ストレス状況において練習するようにしていく。

　②**認知的再構築**：主訴のもとになっていると思われる認知プロセスや認知構造を変える方法である。また，自己教示訓練も重視される。ここでは，「ストレッサーに備えて」「ストレッサーに直面し処理するにあたって」「打ちのめされているという感情に対処するにあたって」「対処努力の評価と自己報酬」の段階ごとに，否定的な自己陳述（自分自身に言い聞かせる言葉）を明らかにし，その悪影響について考える。そして，否定的

な自己陳述を肯定的なものに置き換えるように練習する。

③**問題解決力の養成**：ストレッサーやストレッサーを生み出している状況に対して，それを変えたり，あるいは，ストレッサーを減らしたりするスキルが習得される。例えば，学生であれば試験の準備をしたり，時間の有効な使い方（タイムマネジメント）を身につけたりといったスキルを学習したり，セラピスト・クライエント間で，ストレッサーを変える方法についてブレーンストーミングを行ったりする。

④**自己報酬**：新たに学習したスキルを強化するため，自己強化がより重視される。ここでの強化子は，自身が行ったコーピングに対するポジティブな内的会話として行われ，さらに，ストレス反応コントロールの成功が自分自身の努力によるものであるという自己内メッセージ（自己帰属）も行われる。

iii）応用・適用とフォローアップ

ここまでで学習したことを，最終的には現実生活で実行できるようにする必要がある。そのため，まずは面接内におけるロールプレイ，内潜的リハーサルや行動リハーサルが有用である。グループで行うことができれば，より効果的であろう。その次は面接室外での練習である。ホームワークの形で，低ストレス状況からまずはじめ，徐々にストレス度の高い状況へとステップアップしていく。こうして最終的には本来のストレッサーに対してストレス反応を抑えた状態で対処できるようにする。そして，うまくいった場合には，それが本人の努力やコーピングによるものであることを強調し，クライエント自身もそうした自己効力感を高める内的会話が行えるよう練習する。

SITにおいては，再発を予想し，再発に対してどう対処するかを練習することも重要である。再発を「失敗」ではなく「新しい練習のチャンス」と捉える認知的リハーサルを行ったり，再発が起こりそうな状況を想定してそれに対するコーピングスキルをリハーサルすることにより，ストレッサーやそれを生み出すさまざまな状況に対処できるようにする。

最後に，フォローアップを行うことにより，行動習得をより確実なものにし，必要であればまた新しいコーピングの練習も行う。

　ストレスについては，セリエが指摘したように，視床下部－下垂体－副腎系（HPA系）を中心とした内分泌系が注目されたのであるが，現在では，ストレスに対して，内分泌系，神経系，免疫系が複雑に絡んだシステムを構成していることがわかっている。**図1.3**にこれらの関係を簡略して図式化した。これら三つのシステムの関連は以下の通りである（久保田・神庭，1999）。

　ストレッサーの認知は大脳によって行われる。間脳に位置する視床下部が刺激されて，副腎皮質刺激ホルモン放出ホルモン（CRH）とバソプレッシン（抗利尿ホルモンであり，血管が収縮することにより血圧が上昇する）が放出される。それにより脳下垂体が刺激されて副腎皮質刺激ホルモン（ACTH）が分泌される。副腎皮質はコルチゾール等のステロイドホルモンを分泌し，それが免疫系に達すると，免疫系の働きは抑制される。

　一方，交感神経が興奮することにより，副腎髄質が刺激されてアドレナリンやノルアドレナリンというホルモンが分泌される。心拍や血圧が上昇し，脂肪の分解や炭水化物の代謝の上昇がみられる一方で，免疫系の機能は低下する。また交感神経は胃や十二指腸などの活動を抑制する。

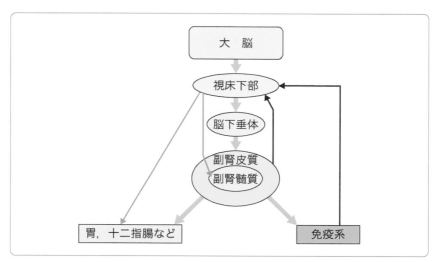

図1.3　ストレスの生理的側面（カーティス（2000/2006）および久保田・神庭（1999）を基に作成）

こうして身体全体がストレッサーに対して抵抗するのである。もちろん，それぞれの機能が暴走しないよう，生体内での恒常性が保たれるように視床下部・脳下垂体へのフィードバックシステムも備えられている。

近年，精神神経免疫学という分野によって，ストレスと免疫系との関係が注目されている。さまざまな研究により，ストレス負荷によって体内の免疫物質が増加することや，不安などの気分と免疫物質の量との間に相関がみられることが報告されている（津田ら，2002）。ストレスを考えるとき，生物心理社会という三つの次元が密接に関わっていることを理解する必要がある。

1.5節 保健・医療領域における「ストレス」に関する知識の意義

「健康・医療心理学」の科目において，ストレスは中心的な意義を有しており，公認心理師にとってストレスに関する知識とストレスマネジメントのスキルは重要である。ストレス反応には，例えば高血圧や頭痛などのような身体症状がしばしばみられる（第2章参照）。また，病気や治療は，それ自体が多くの人々にとって現実のストレッサーである。したがって，ストレッサーにどのように対処したらよいのかというストレスマネジメントのスキルは，多くの人々にとって有益である。特に，病気の程度が大きくなればなるほど，また，肝生検法[1]や手術など，検査や治療の負担が大きくなればなるほどストレスの度合いも増すことが考えられる。ストレスマネジメントはこのような人々に役に立つ（金沢，1995）。さらに，生活習慣病は長期間の治療や症状コントロールが要求される。こうした生活習慣病の患者やその周囲の方々がストレスマネジメントを用いることにより，闘病や看護のストレスを軽減し，それらの人々の生活や仕事をより充実したものにすることができる。

最後に，疾病予防という観点から，普段の生活において，ストレスの程度を適切な状態に維持することは，人々にとって重要である。この点を考えると，患者の方々やその家族への援助だけではなく，子どもから大人まで，一般の人々を対象として，ストレスに関する取り組みを行うことは，社会全体としての疾病予防につながっていくことが期待される。

1　肝生検法とは，腹部に針を刺して肝臓組織の一部を採取し，検査する方法のこと。

〈引用文献〉

上里一郎・三浦正江（2002）．ストレスと健康．日本健康心理学会（編）．健康心理学概論．実務教育出版，45-59．

Appley, M. H. & Trumbull, R. (1986a). Development of the stress concept. In M. H. Appley & R. Trumbull (Eds.), Dynamics of stress: Physiological, psychological, and social perspectives (pp.3-18). New York: Plenum.

Appley, M. H. & Trumbull, R. (1986b). Dynamics of stress and its control. In M. H. Appley & R. Trumbull (Eds.), Dynamics of stress: Physiological, psychological, and social perspectives (pp. 309-327). New York: Plenum.

Curtis, A. J. (2000). Health Psychology. London: Routledge. (カーティス，A. J.（著）（2006）．外山紀子（訳）．健康心理学入門．新曜社．)

Dohrenwend, B. S. & Dohrenwend, B. P. (Eds.)(1974). Stressful life events: Their nature and effects. New York: Wiley.

Eschleman, K. J., Bowling, N. A. & Alarcon, G. M. (2010). A meta-analytic examination of hardiness. *International Journal of Stress Management*, 17, 277-307.

春木 豊・石川利江・河野梨香・松田与理子（2008）．「マインドフルネスに基づくストレス低減プログラム」の健康心理学への応用．健康心理学研究，21, 57-67.

Holmes, T. & Rahe, R. (1967). The social adjustment rating scale. *Journal of Psychosomatic Research*, 11, 213-218.

金沢吉展（1995）．医療心理学入門：医療の場における心理臨床家の役割．誠信書房．

加藤 司（2001）．コーピングの柔軟性と抑うつ傾向との関係．心理学研究，72, 57-63.

Kobasa, S. C. (1979a). Stressful life events, personality, and health: An inquiry into hardiness. *Journal of Personality and Social Psychology*, 37(1), 1-11.

Kobasa, S. C. (1979b). Personality and resistance to illness. *American Journal of Community Psychology*, 7, 413-423.

Kohn, P. M. & Macdonald, J. E. (1992). The survey of recent life experiences: A decontaminated hassles scale for adults. *Journal of Behavioral Medicine*, 15, 221-236.

久保田正春・神庭重信（1999）．ストレスと精神障害に関する研究．河野友信・石川俊男（編）．現代のエスプリ別冊：ストレス研究の基礎と臨床．至文堂，268-275.

Lazarus, R. S. & Folkman, S. (1984a). Stress, appraisal, and coping. New York: Springer. (ラザルス，R. S.，フォルクマン，S.（著）本明 寛・織田正美・春木 豊（監訳）（1991）．ストレスの心理学—認知的評価と対処の研究．実務教育出版．)

Lazarus, R. S. & Folkman, S. (1984b). Coping and adaptation. In W. D. Gentry (Ed.), Handbook of behavioral medicine (pp.282-325). New York: Guilford.

Ludwig, D. S. & Kabat-Zinn, J. (2008). Mindfulness in medicine. *JAMA*, 300, 1350-1352.

Matheny, K. B., Aycock, D. W., Pugh, J. L., Curlette, W. L., et al. (1986). Stress coping: A qualitative and quantitative synthesis with implications for treatment. *The Counseling Psychologist*, 14, 499-549.

Meichenbaum, D. (1985). Stress inoculation training. Elmsford, NY: Pergamon. (マイケンバウム，D.（著）．上里一郎（監訳）．根建金男・田中共子・大河内浩人（共訳）（1989）．ストレス免疫訓練—認知的行動療法の手引き．岩崎学術出版社．)

Meichenbaum, D. & Deffenbacher, J. L. (1988). Stress inoculation training. *The Counseling Psychologist*, 16, 69-90.

Moos, R. H. (Ed.)(1986). Coping with life crises: An integrated approach. New York: Plenum.

Poppen, R. (1988). Behavioral relaxation training and assessment. Elmsford, NY: Pergamon.

Roth, S. & Cohen, L. J. (1986). Approach, avoidance, and coping with stress. *American Psychologist*, 41, 813-819.

佐々木雄二 (1984). 自律訓練法の実際：心身の健康のために. 創元社.

佐々木雄二 (2003). 自律訓練法. 日本健康心理学会 (編). 健康心理カウンセリング概論. 実務教育出版, 40-48.

Scheier, M. F. & Carver, C. S. (1992). Effects of optimism on psychological and physical well-being: Theoretical overview and empirical update. *Cognitive Therapy and Research*, 16, 201-228.

Selye, H. (1950) Stress and the general Adaptation Syndrome. *British Medical Journal*, 4667, 1383-1392.

Selye, H. (1956). The stress of life. New York: McGraw-Hill. (セリエ, H. (著) (1962). 杉靖三郎・田多井吉之助・藤井尚治・竹宮　隆 (訳). 現代生活とストレス. 法政大学出版局.)

Simpson. J. A. & Weiner, E. S. C. (Eds.) (1989). The Oxford English Dictionary, Second edition. Oxford: Oxford University Press.

杉浦義典 (2008). マインドフルネスにみる情動制御と心理的治療の研究の新しい方向性. 感情心理学研究, 16, 167-177.

Trumbull, R. & Appley, M. H. (1986). A conceptual model for the examination of stress dynamics. In M. H. Appley & T. Trumbull (Eds.), Dynamics of stress: Physiological, psychological, and social perspectives (pp. 21-45). New York: Plenum.

津田　彰・岡村尚昌・矢島潤平 (2002). 生理心理学と健康心理学. 島井哲志 (編) 健康心理学：拡大する社会的ニーズと領域 (現代のエスプリNo.425). 至文堂, 166-178.

第2章 ストレスと心身の疾病

　心理的ストレス（以降，ストレス）が心身の疾病に関連していることは，今では広く認められている。しかし，19世紀ごろまでは，疾病は身体部位の損傷，細菌やウイルスの感染などを原因（病因）とした生物学的変化であり，あくまでも個人の生体の問題と考えられていた（生物医学モデル）。現在のように，疾病の発症や経過において心理的要因や社会的要因が重視されるようになったのは，20世紀以降である。その背景には，20世紀になり，感染症に代わり，がんや心疾患，脳血管性疾患といった非感染性疾病による粗死亡率が増加したことがある。がんや心疾患，脳血管性疾患の発症や重篤化には，心理社会的要因が大きな役割を果たすと考えられるようになり，今までの生物医学モデルでは疾病を全体的に理解し治療することには限界があった。また，慢性疾患の増加や痛みのケアなど医学の扱う問題が多様化したことも生物医学モデルの限界を露呈させたのである。このような生物医学モデルの限界を補うものとして，提言されたものが生物心理社会モデル（biopsychoso-cial model：BPS）である（**図2.1**）。生物心理社会モデルでは，疾病の発症について，細菌などの病因から疾病の発症という直線的な因果関係ではなく，生物的要因，心理的要因，社会的要因の相互作用によって生じると考える。このモデルは心身を統合的に捉えるものであり，心理社会的ストレッサーの経験と疾病との密接な関連を示すものである。

　本章では，生物心理社会モデルの観点から，ストレスと疾病との関係を概観する。続けて，ストレスが関連する身体の疾患である心

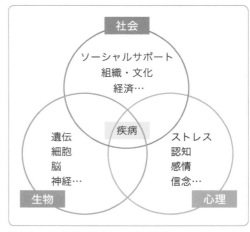

図2.1　疾病の生物心理社会モデル

身症，ストレス反応の慢性化で生じる精神障害について説明する。最後に，ストレスと疾病との結びつきを促進するあるいは予防する心理的特性を紹介する。

2.1節 ┃ ストレスと疾病の関係

本節では，ストレスと疾病の関係のメカニズムについて，先行研究を例に説明する。

A. ストレス反応と疾病の関係

ストレスが心身の健康に影響し疾病を引き起こすメカニズムについて簡単に説明する（上里ら，2002）。日常生活でストレッサーが経験され，引き起こされる心身の変化をストレス反応という。ストレス反応は，生体が環境からの脅威に適応するために生物学的にプログラムされたものと考えられている。ストレス反応を引き起こす状態が短期間で解消されれば，心身の健康への影響はほとんどない。しかしながら，ストレッサーが個人の対処能力を上回ったり，ストレッサーに対して不適切なコーピングがくり返されたりすると，ストレス状態は解消されずに長期間継続することになる。このようなストレス状態の長期間の継続はストレス反応の慢性化を招く。このストレス反応の慢性化が心理面や行動面，身体面（心身症）の不調や疾病（障害）を引き起こすのである（田副，2018）。なお，ストレス反応の慢性化が要因となって生じる不調や疾病をストレス障害（中尾，2013）あるいはストレス関連疾患（島井ら，2009）とよぶことがある。

B. ストレスと疾病の関係についての研究

心身相関の観点からストレスと疾病の関係を検討している代表的な研究を紹介する。

ホームズとレイ（Holmes & Rahe, 1967）は，ライフイベントによる生活上の大きな変化を心理社会的ストレッサーと定義し，研究を行っている。まず，ホームズらは主要なライフイベントをリストアップした。その中で「結婚」による生活上の変化への適応に要する労力を基準に，さまざまなライフイベントによる生活の変化への適応に要する労力（LCU得点：Life Change Unit value）を得点化し，社会的最適応評価尺度を作成した（**表2.1**）。その尺度を用いて，ライフイベントの経験が心身の疾病に及ぼす影

表2.1 社会的再適応評価尺度

ライフイベント	LCU	ライフイベント	LCU	ライフイベント	LCU
1. 配偶者の死	100	16. 経済状態の悪化	38	31. 勤務時間や状況の変化	20
2. 離婚	73	17. 親友の死	37	32. 転居	20
3. 夫婦の別居	65	18. 仕事の配置換え	36	33. 転校	20
4. 刑務所などでの拘留	63	19. 配偶者との口論の変化	35	34. レクリエーションの変更	19
5. 家族の死	63	20. 1万ドル以上の負債	31	35. 教会活動の変化	19
6. 自身のけがや病気	53	21. 抵当権や貸付金の喪失	30	36. 社会活動の変化	18
7. 結婚	50	22. 仕事上の責任の変化	29	37. 1万ドル以下の負債	17
8. 解雇(失業)	47	23. 子どもが家を離れる	29	38. 睡眠習慣の変化	16
9. 夫婦の和解・調停	45	24. 親族とのトラブル	29	39. 家族団らんの変化	15
10. 退職	45	25. 優れた業績の達成	28	40. 食習慣の変化	15
11. 家族の健康上の変化	44	26. 妻の就職や離職	26	41. 休暇	13
12. 妊娠	40	27. 入学や卒業	26	42. クリスマス	12
13. 性生活上の問題	39	28. 生活環境の変化	25	43. 軽微な違法行為	11
14. 家族の増加	39	29. 個人的習慣の見直し	24		
15. 仕事上の再適応	39	30. 上司とのトラブル	23		

(Holmes & Rahe, 1967)

響について検討した。その結果から，適応に要する労力（LCU）が高いほど，近い将来，疾病に罹患する可能性が高くなることを報告している。しかし，その後，この研究に対しては，経験するライフイベントの種類は個人に

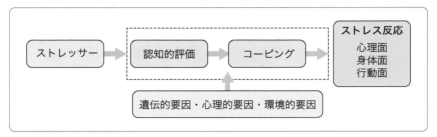

図2.2　心理学的ストレスモデル

よって異なること，環境変化についての個人的な意味や適応の個人差を考慮していないことなど，いくつかの問題点が指摘されている。

　ホームズらのライフイベントの研究に対して，ラザルスとフォークマン（Lazarus & Folkman, 1984, 本明ら（監訳），1991）は，日常的に起こる些細な苛立ち事（daily hassles：デイリーハッスルズ）に注目した。ラザルスらは，日常的にくり返される些細な苛立ち事の経験が個人の心身の健康に及ぼす影響の重要性を強調し，ストレッサーとなりうると考えた。さらに，ラザルスらは，同じようなストレッサーを経験しても生じるストレス反応には個人差があることから，パーソナリティや信念，認知（ものごとの捉え方），ストレスに対するコーピングが影響していると考え，心理学的ストレスモデルを提言している（**図2.2**）。このモデルは，ストレス反応は単にストレッサーの特性によって引き起こされるのではなく，ストレッサーと個人のもつ心理・行動特性や個人を取り巻く環境との相互作用の過程で生じたコーピングの結果であるとのプロセスを示している。ラザルスらは，このモデルによって，個人のストレス反応の表出や健康状態の予測が可能であると考えている。このモデルが提示されたことで，心理的ストレス研究は発展し，多様なアプローチが数多く行われたのである。

2.2節 ┃ ストレスと身体面の不調・疾病（心身症）

　首や肩の凝りや軽い倦怠感といった軽度な身体的な症状は，いわゆるストレス状態の初期段階からみられる。しかし，ストレス状態が長期化しストレス反応が慢性化すると身体に機能的・器質的変化が生じ，深刻な身体的疾病の発症に至る。このように，その発症と経過に心理的ストレスが関連する身体的疾病は心身症と総称されている（田副，2018）。

A. 心身症とは

　日本心身医学会は，心身症を「身体疾患の中で，その発症や経過に心理社会的因子が密接に関与し，器質的ないし機能的障害が認められる病態をいう。ただし，神経症やうつ病など，他の精神障害に伴う身体症状は除外する」と定義している（日本心身医学会教育研修委員会，1991，p.541）。この心身症の定義は，心身症という特別な疾患があるのではないこと，身体疾患において心身相関が想定されることを意味している。心身相関とは身体疾患と心理社会的要因との関連性を意味し，心身医学では，心身相関は三つに分類されている（久保ら，2003）。それは，①ストレスにより身体疾患が発症，増悪するもので，いわゆる狭義の心身症，②身体疾患に起因する不適応を起こしているもの，③身体疾患の治療・管理への不適応を引き起こしているものである。これらの状態は別々に生じるのではなく，お互いに重なっていることが多い。

B. 心身症の発症メカニズム

　心身症はその発現に心理社会的要因が関わるとされる身体疾患であり，狭義には慢性的なストレス反応が身体の不調として現れたものと考えられる。しかし，同じストレッサーの経験をしても，心身症という形で身体症状が発現する者もいれば，発現しない者もおり，心身症の発現過程には個人差があることが報告されている。

　心身症の成り立ちについて，大塚ら（2007）は次のように説明している。まず遺伝的な素質（体質や気質など）を基盤として，それに準備因子としての後天的な要因（ソーシャルサポート，パーソナリティ，環境など）が加わり，「発症準備状態」ができあがる。その上に誘因としての後天的な要因（心理社会的ストレッサーの経験）が加わって生体の防御機能が破綻すると，臓器に機能的あるいは器質的な障害が引き起こされて発症するとしている（**図2.3**）。つまり，元々の体質やパーソナリティ，取り巻く環境によってストレッサーの個人への影響の強さ，ストレス反応の表出の方法が異なるために，心身症の発症には個人差がみられるということである。

C. 心身症の治療

　発症や経過に心理的ストレスの関連が強いと考えられている身体疾患を**表2.2**に示した。ただし，表に示した疾患には必ずストレスが関わっていると

図2.3　心身症発症のメカニズム（大塚ら（2007），p.148を参考に作成）

いうことではなく，ストレスが関連している場合が多い疾患であるということに注意する必要がある。

　A，Bで述べたように，心身症は身体疾患であるが，その発症や経過にはストレス（心理社会的要因）が関わっている。したがって，治療においては，身体面に対する内科的な治療だけでなく，心理社会面に対するアプローチも行われる。

　心身症の心理社会的アプローチでは，まず，ストレッサーを同定することが重要となる。ストレッサーを考えるにあたっては，ライフサイクル上の身体的・心理的・社会的な特徴を考慮することが不可欠である（田副，2018）。なぜなら，人の成長には心身の変化だけでなく，社会文化的要因の変化も伴うからである。ライフサイクル上の特徴については，エリクソン（Erikson, E. H.）のライフサイクル論が参考になる。エリクソンは，人の成長における社会文化的要因の役割を重視し，ライフサイクルごとに解決すべき発達課題（社会的・個人的課題）を考えている。p.38の表2.3は，エリクソンの発達課題を基に，各ライフサイクルに特徴的な心理社会的ストレッサーについて，石川ら（2013）がまとめたものである。

　さらに，発症のプロセスに現実の環境要因が強く関与している場合と，個人のパーソナリティや行動パターンが強く関与している場合では，心身症へのアプローチはやや異なる。現実の環境要因の関与が強い場合というのは誰もがストレスと感じるような出来事（例えば，大地震や水害など）が要因となっているもので，ストレッサーとなっている出来事が軽減されたり解消されたりすれば，症状は緩和する。一方，パーソナリティや行動パターン等の関与が強い場合には，特定のストレッサーが解消されても，その後も心身症をくり返す可能性が高い。したがって，ストレッサーの受け止め方，ストレ

表2.2　ストレスとの関連が強いと考えられている身体疾患（石川ら，2013）

領域	主な疾病
呼吸器領域	気管支喘息，神経性咳嗽，過換気症候群，慢性閉塞性肺炎
循環器領域	本態性高血圧，本態性低血圧，虚血性心疾患，不整脈
消化器領域	食道機能異常，機能性胃腸症，消化性潰瘍，神経性嘔吐 機能性消化不良，過分性腸症候群，炎症性腸疾患，慢性膵炎
内分泌代謝領域	バセドウ病，糖尿病，メタボリックシンドローム，肥満症
膠原病領域	関節リウマチ，線維筋痛症
神経領域	頭痛，慢性疼痛，ジストニア，チック，めまい，自律神経失調症
外科領域	頻回手術，腸管癒着症，術後ダンピング
整形外科領域	腰痛症，肩こり
泌尿器領域	排尿障害，勃起障害，遺尿症，過敏性膀胱
産婦人科領域	月経異常，更年期障害，妊娠悪阻
耳鼻咽喉科領域	メニエール症候群，突発性難聴，アレルギー性鼻炎
皮膚科領域	アトピー性皮膚炎，円形脱毛症，多汗症，皮膚掻痒症
歯科口腔領域	顎関節症，舌痛症，知覚異常
小児科領域	気管支喘息，過換気症候群，起立性調節障害，機能性胃腸症過敏性 腸症候群，夜尿症，心因性発熱，チック，睡眠障害，摂食障害，排泄 障害

スコーピングに影響を与えているパーソナリティや行動パターン等を見直していく作業が必要になる。具体的には，精神症状の改善を目的とした薬物治療や，パーソナリティや物事の捉え方の変容を目的とした心理的介入（例えば認知行動療法や心理力動的心理療法など）が行われる。

2.3節 ┃ ストレスと精神面の不調・疾病

　ストレス状態が長期化しストレス反応の慢性化がみられるようになると，うつ病やバーンアウトなどさまざまな精神面の不調が生じてくる。また，不適切なストレスコーピングのくり返しは身体面だけでなく，精神面や行動面

表2.3 エリクソンの発達課題と各ライフサイクルに特徴的なストレッサー

ライフ サイクル	発達課題	重要な 対人関係	ストレッサー
乳児期	信頼　対　不信	母親, 養育者	愛情やスキンシップ不足 見捨てられ不安, など
幼児前期	自律性　対　恥・疑惑	親的人物	両親の不和／片親 厳しいしつけ, 放任, など
幼児後期	積極性　対　罪悪感	基本的家族	同胞葛藤, など
児童期	勤勉性　対　劣等感	近隣, 学校	友人や教師との関係 いじめ, 学業成績, など
青年期	同一性　対　同一性拡散	仲間集団, 外部集団, 指導者	親からの自立／依存継続 学業成績／受験, 課外活動 友人／異性, など
初期成人期	親密感　対　孤独感	友情・競争・協力の相手	就職, 仕事や職場への適応 結婚, 出産／育児, など
成人期	生殖性　対　自己停滞	家庭での分業・共同	子育て, 転居, 人事異動 失業, 経済的不安, など
成熟期	統合感　対　絶望	人類全体 コスモポリタン 的範囲	子どもの独立, 退職 家庭内／社会的役割喪失 自分の病気, 近親者の病気 ／死, など

に影響し，心身の健康を損なう要因となる。

　本節では，ストレス反応の慢性化とうつ病，バーンアウトとの関係について概説し，続けて，その他のストレス障害（精神面の不調）を紹介する。最後にストレスコーピングと依存症との関係について触れる。

A. うつ病

　ストレス反応の精神面の不調として現れる代表的な疾患がうつ病である。うつ病においても身体症状（頭痛，首や肩の凝り，胃痛，動悸など）は発現するが，心身症とは異なり，精神症状が基本となる。うつ病の主たる精神症状は，強い抑うつ感である。日常生活が送れなくなるほどの気分の落ち込みや気力の低下が2週間以上継続するとうつ病と診断される。強い不安感や自

責感にさいなまれ，自殺願望を抱くことも決して稀ではない。

　ストレス反応の慢性化とうつ病の結びつきには，脳内の気分に関与する神経伝達物質のモノアミン（セロトニン，ノルアドレナリン，ドパミン）の減少が関連すると考えられている（池谷，2019）。人はストレッサーを経験すると，それに対する防御反応として自律神経系の交感神経系が優位となり，副交感神経系が抑制されるようになる（ストレス反応）。その後，ストレス状態が解消されれば，交感神経系の活性化はおさまる。しかし，ストレス状態が継続しストレス反応が慢性化すると，交感神経系は常に活性化した状態となるため，たとえ穏やかな状況にあってもリラックスすることができずに心身は疲弊していく。心身の疲弊はモノアミン量を減少させ，その結果，うつ状態に陥ると考えられている。

　うつ病の治療では，心理的介入と並行して薬物療法も行われる。心理的介入では，否定的な見方を肯定的な見方へと修正する認知療法，緊張を和らげるリラクセーション法などが行われる。薬物療法では，モノアミンの濃度を上げ，神経栄養因子の算出を増加させるために抗うつ剤が投与されることが多い（池谷，2019）。

B. バーンアウト

　バーンアウト（burnout：燃え尽き症候群）とは，マズラックら（Maslach & Jackson, 1981）によると，「ヒューマン・サービスに従事している人に生じる情緒的消耗感や脱人格化，個人的達成感の減退を主症状とする症候群」と定義されている。バーンアウトは，過度で持続的なストレスに対処できずに生じた慢性的なストレス反応が要因となっている。バーンアウトに陥ると，慢性的な情緒的消耗感や身体的疲労感，強度なイライラ感などがみられ，仕事が手につかなくなったり，対人関係に回避的になる。さらに，人生に対して悲観的になることも多く，最悪の場合には自殺や過労死に至ることもある（藤野，2001）。定義に示されているように，バーンアウトは，ヒューマン・サービスに従事する人（看護師・介護職・教師など）に多いとされている。久保（2004）は，近年のヒューマン・サービスの需要の高まりから，バーンアウトの研究は社会的な課題であると指摘している。

　近年では，ヒューマン・サービスの職務特性として感情労働との関連が検討されている。感情労働とは，「仕事の一部として，組織的に望ましい感情になるよう自ら調節する心理過程」と定義される（Zapf, 2002）。ザップ

ら（Zapf et al., 2001）はヒューマン・サービスに従事している人1,241人を対象とした研究において，感情労働がストレッサーとは独立して，バーンアウトのリスク要因となることを報告している。

　ヒューマン・サービス関連の職業は，身体的負担だけでなく心理的負担も大きい。したがって，ヒューマン・サービスに携わる人のメンタルヘルスにおいて，ストレスや感情を扱う心理学の負う役割は大きいと思われる。

C. その他のストレス障害

　『国際疾病分類第10版（ICD-10）』（融ら（監訳），1993）では，ストレス障害はストレスと関連する精神疾患として「**重度のストレス反応および適応障害**」に分類されている。各ストレス障害の特徴を**表2.4**にまとめた。

　急性ストレス障害とは，肉親との死別や大規模な災害，事件，事故など衝撃度の強いストレッサーの経験（心的外傷体験／トラウマ体験）によって，一時的に（4週間以内）「回避」，「侵入」，「過覚醒」などの症状が現れて日常生活に著しく支障が生じている状態をいう。その状態が4週間以上継続する場合には**心的外傷後ストレス障害（PTSD）**と診断される。**回避**とは，心的外傷に関連する事物を避けることで，感情鈍麻や感覚麻痺も含まれる。**侵入**は，心的外傷の体験が突然思考に侵入したり夢に現れたり（悪夢）することである。**過覚醒**は，物音など物理的な刺激に過敏になり集中力の低下や不眠が生じる状態をいう。一方，**適応障害**は，ストレッサーの経験後に抑うつ気分や不安感が生じ，それにより日常生活に支障が生じている状態である。ただし，急性ストレス障害や心的外傷後ストレス障害ほどの強いストレッサーではなく，ストレッサーの消失後6ヶ月以上継続することはないとされる。

表2.4　各ストレス障害の特徴

ICD-10コード	ストレス障害	主な症状
F43.0	急性ストレス反応	注意の偏り, 怒り, 攻撃性, ひきこもり
F43.1	心的外傷後ストレス障害	フラッシュバック, 悪夢, 焦燥感, 集中困難
F43.2	適応障害	抑うつ, 不安, 怒り

（中尾（2013），p41，表3）

D. 依存症

依存症とは，特定の物質の摂取（アルコール，ニコチン，薬物など）や特定の行為・過程（買い物，ギャンブル，インターネットなど）をくり返し行った結果，それらの刺激を求める耐えがたい欲求が生じ，その刺激がないと不快な精神的・身体的症状が生じる状態のことである。依存症は，自身の心身の健康だけでなく，人間関係や社会生活にも深刻な悪影響を及ぼす精神疾患である。

依存症も，うつ病と同様にストレスとの関連が強いと考えられている。依存に陥るきっかけが，飲酒や喫煙などの物質の摂取，あるいは買い物やギャンブルなどの高揚感をもたらすような行為により一時的にストレス反応が低下した経験であることが多いからである。つまり，不適切なストレスコーピングの選択が依存症の誘因であるということである。

物質の摂取や行為により一時的にはストレス反応は低下するが，ストレス状態が解消されたわけではない。それにもかかわらずその経験をさらに追及するために物質を過剰に摂取したり，行為を頻回にくり返すようになると，自分の意思ではやめられなくなってしまう。この「やめられなくなる」という現象には脳内のメカニズムが関係していると考えられている。物質の摂取や行為によって，側坐核が活性化し，脳内にドパミン（快楽物質）が分泌される。ドパミンが脳内に放出されると，前頭連合野に快感がもたらされる。この感覚を脳が報酬として認識すると，その報酬を求める回路が脳内にできあがる。これをくり返すと，ドパミンの放出がさらに多くなり，快感が脳の海馬に記憶される。すると，さらにより強く刺激を求めるようになり，その欲求を抑えられずエスカレートしていくと考えられている（岩田，2011）。アルコール依存者の脳では欲求を抑制する前頭葉の細胞の一部が破壊されていることが明らかになっている（池谷，2019）。

依存症は適切な対応や治療を行わなければ，症状が悪化していく進行性の精神疾患である。発症や維持においてパーソナリティが強く関連していると考えられており，治療にあたっては，身体面と心理面の両面での治療が必要となる（依存症については第11章も参照）。

2.4節 **疾病と心理的特性との関連**

ストレスと疾病の関連について，ストレス反応の慢性化が引き起こす身体

面の不調（心身症）や精神面の不調の面から説明してきた。本節では，スト
レス反応の慢性化と疾病との結びつきに関連する心理的特性について概説す
る。なお，本節において，心理的特性とは行動パターンやパーソナリティ傾
向のことを示す。

A. 疾病誘発要因
　疾病の発症や進行を促進すると考えられている心理的特性について説明する。
i）アレキシサイミアとアレキシソミア
　アレキシサイミア（Alexithymia：失感情症）とは，シフネオス（Shif-
neos, P. E.）が提唱した概念で，心身症患者にみられる特徴である。有村
ら（2002）によると，アレキシサイミアは，①自分の感情に気づいたり区
別したりすることが困難（感情同定困難），②感情を表現することが困難
（感情伝達困難），③空想力に乏しい，④自己の内面よりも外的な事実へ関心
が向かう（機械的思考）といった心理的特徴を指している。アレキシサイミ
ア傾向の強い個人は日常生活の中で心理的刺激により惹起される情動を言語
化できない。そのために過剰適応とも思われる行動をとり続けることが多く，
心身症の症状を呈しやすいとされている。
　アレキシソミア（Alexisomia：失体感症）とは，池見酉次郎により提
唱された概念で，アレキシサイミアと同様に心身症の基本病理である（池見,
1986）。アレキシソミアは，①体調不良や空腹感などの生体の恒常性を維
持するために必要な感覚に気づかない，②疲労感などの外部環境への適応過
程で生じる警告信号に気づかない，③身体疾患に伴う自覚症状に気づかない,
④身体感覚への気づきにもとづいた適切な対処行動をとったり体調管理する
ことが困難といった特徴を指している（岡ら，2011）。アレキシソミア傾
向の強い個人は自分の体を気づかうことができずに無理を続けることになる
ため，心身症を発症することが多いと考えられている。
ii）タイプA行動パターン
　タイプA行動パターンとは，虚血性心疾患の発症に関連する行動特徴を示
すものである。フリードマンとローゼンマン（Friedman & Rosenman,
1959）が心疾患の患者の行動特徴を調査したところ，虚血性心疾患に共通
の行動パターンがあることを見い出し，タイプA行動パターンと命名した。
タイプA行動パターンの特徴は，①強い時間的切迫感や焦燥感，②熱中的
で精力的，③強い競争性・敵意性・攻撃性などである。これらの特徴がスト

レス状態の慢性化に関与し、心疾患の発症に作用すると考えられている。フリードマンら（1974）は疫学的実証を行い、タイプA行動パターンの者は、タイプAとは異なる行動特徴を示す者（フリードマンらは、タイプAに対して、一部の行動特徴をタイプB行動パターンとよんだ）の2倍の心疾患発症率を示したことを報告している。タイプB行動パターンとは健康的な状態につながるパーソナリティといわれている。その特徴は、自律的、自己調整的、高い自己効力（肯定的思考、自信・意欲）である（重久、2002）。

　日本では、前田（1987）が実証を試みており、タイプA行動パターンは心疾患の入院患者の63.6%にみられ、健常群（43.0%）よりも有意に高率であることを報告している。また、日本におけるタイプA行動パターンの特徴として、①欧米より低率である、②特に敵意性が低い、③仕事中心主義が目立つ、④集団帰属的、職階層と関連していることを示している（前田、1989）。

　その後、タイプA行動パターンと心疾患との関連を否定する見解が出はじめ、タイプAを構成すると考えられる怒り、敵意、攻撃性が心疾患の有力な予測因子であることが結論づけられている（石原ら、2015）。また、国立がん研究センターの1990年から2003年までの調査におけるタイプA行動パターンと心疾患の関連は女性のみにみられたという結果から、タイプA行動パターンの影響は性別や文化的背景によって異なる可能性が示唆されている（Ikeda et al., 2008）。

iii）タイプD行動パターン

　近年、タイプA行動パターンに代わって、心疾患に関連する要因として、欧米の研究で注目されているのがタイプD行動パターンである（Denollet et al., 2008）。石原（2017）によると、タイプD行動パターンとは、**ネガティブ感情**（Negative Affectivity: NA）と**社会的抑制**（Social Inhibition: SI）で構成される。NAは不安や抑うつなどネガティブな感情をもつことが多く、自己に対して消極的な考えをもつ傾向、SIは他者からの反感を避けるために社会的な場面において感情表現を抑制する傾向とされている。NAとSIの両者が高い傾向をディストレスド（Distressed）として、その頭文字からタイプDと命名された。

　デノレットら（Denollet et al., 2008）は心疾患患者731名を対象にタイプD行動パターンと心疾患の予後との関連性を検討し、タイプD行動パターンにおいて、死亡率や心臓に関するイベントの発生率に対するオッズ比（起こりやすさ）が高くなったことを報告している。日本では、タイプD行

動パターンの測定尺度が開発されているが，実証的研究の知見が待たれている（石原ら，2015）（タイプA行動パターン，タイプD行動パターンについては第6章も参照）。

iv）タイプC行動パターン

タイプC行動パターンとは，がんの発症に関連が強いと指摘されているもので，テモショク（Temoshok, L.）が1987年に提唱した（テモショク，大野ら（訳），1997）。その特徴は，①怒りや不安などの負の感情を表出しない，②自己主張しない，③周囲に合わせて行動することが多い，④他人の要求に応えるために自分を犠牲にする，といったものである。これらの自己抑制的，過剰適応的な傾向が免疫の働きを低下させるため，がん細胞が増殖しやすくなると考えられている。しかしながら，タイプCに関する研究は科学的信頼性を欠いたものが多いことから，最近の研究では否定的な見解が主流となっている（島井ら，2009）。

B. 疾病の発症や増悪を防ぐ心理的特性

心身の疾病の発症や進行に関連する個人の心理的特性が明らかになっているが，一方で，疾病の発症の防御要因となりうる心理的特性も指摘されている。以下，代表的なものを紹介する。

i）ハーディネス

ハーディネス（hardiness）とは高ストレス下で健康を保っている人々がもつパーソナリティで，1979年にコバサ（Kobasa, S. C.）により提唱，命名された概念である。コバサによると，ハーディネスは①コミットメント，②コントロール，③チャレンジの3要素で構成される。コミットメントは人生のさまざまな状況に自分を十分に関与させる傾向，コントロールは個人が出来事の推移に対してある一定の範囲内で影響を及ぼすことができると信じ，そのように行動する傾向，チャレンジは安定性よりもむしろ変化が人生の常であり成長の機会であると捉える傾向と定義されている。ハーディネスのこの3要素が一貫して高い場合，ストレス反応軽減効果が認められることが明らかとなっている（小坂，2008）。

ii）楽観主義

楽観主義は，物事がうまく進み，悪いことよりも良いことが生じるだろうという信念を一般的にもつ傾向を意味する。個人の楽観主義傾向の高さが健康に深く関わっていることが明らかにされている。例えば，戸ヶ崎と坂野

（1993）は，大学生1,149名を対象に楽観主義傾向と心身の健康との関連を調べ，楽観主義傾向の高い個人は身体的・精神的な自覚症状が低く，主観的な健康感が高いことを明らかにしている。この結果について，戸ヶ崎と坂野は楽観主義者はポジティブな情動をもちやすく，そのことが健康感の高さの要因となっているとの見解を述べている。また，楽観主義傾向をパーソナリティ特性としてもっていなくても，意図的にポジティブな情動を高めようとすることで健康が促進されることを報告している先行研究がある（安藤ら，2009）。

iii）セルフエフィカシー

　セルフエフィカシー（self-efficacy：自己効力感）はバンデューラ（Bandura, A.）によって提唱された概念で，ある結果を生み出すために必要な行動をどの程度うまく行うことができるかという個人の確信と定義される。セルフエフィカシーの程度は特定の場面によって異なるが，セルフエフィカシーを高めやすい人と高めにくい人といった個人差がある。場面に関連しない個人の自己効力感を**一般性セルフエフィカシー**といい，①行動の積極性（積極的に行動し自分の行動に自信がある），②失敗に対する不安の程度（失敗にとらわれる），③能力の社会的位置づけ（自分と他者の能力を比較する）で構成される（坂野・東條，1986）。一般性セルフエフィカシーの高い個人（行動の積極性の程度が高く，失敗に対する不安が低く，能力の社会的な位置づけが高い）は，不安や恐怖が弱く，心拍数や血圧も安定していることが報告されている（三好，2007）。

〈引用文献〉
上里一郎他（2002）．第4章ストレスと健康．日本健康心理学会（編）．健康心理学概論．実務教育出版．
安藤寿康・榎本博明・堀毛一也（2009）．パーソナリティ心理学．有斐閣，233-245．
有村達之・小牧　元・村上修二・玉川恵一他（2002）．アレキシサイミア評価のための日本語改訂版 Beth Israel Hospital Psychosomatic Questionnaire 構造化面接法（SIBIQ）開発の試み．心身医学，42（4），260-269．
Denollet, J., Martens, E. J., Nyklíček, I., Conraads, V. M., et al.（2008）. Clinical events in coronary patients who report low distress: Adverse effect of repressive coping, *Health Psychology*, 27（3）, 302-308.
Friedman, M. & Rosenman, R. H.（1959）. Association of specific overt behavior pattern with blood and cardiovascular findings, *Journal of the American Medical Association*, 169, 1286-1296.
Friedman, M. & Rosenman, R. H.（1974）. Type A behaviour and your heart, New York: Knopf.
藤野好美（2001）．社会福祉従事者のバーンアウトとストレスについての研究．社会福祉学，42（1），137-149．
Holmes, T. & Rahe, R.（1967）. The social readjustment rating scale, *Journal of Psycho-*

somatic Research, 11, 213-218.

Ikeda, A., Iso, H., Kawachi, I., Inoue, M. & Tsugane, S. (2008). Type A behaviour and risk of coronary heart disease: The JPHC Study, *International Journal of Epidemiology*, 37, 1395-1405.

池見酉次郎 (1986). 心身医学. 日本医事新報. 3231, 11-16.

池谷裕二 (監修) (2019). 脳と心のしくみ. 新星出版社.

石原俊一・内堀知美・今井有里紗・牧田 茂 (2015). 心疾患患者におけるタイプDパーソナリティ尺度の開発. 健康心理学研究, 27, 177-184.

石原俊一 (2017). 心疾患患者・家族のストレス. ストレス科学研究, 32, 10-17.

石川俊男他 (著) (2013). 心身症の診断. 久保千春 (編). 心身症　新しい診断と治療のABC 78. 最新医学別冊, 44-56.

岩田 誠 (監修) (2011). 脳のすべてがわかる本. ナツメ社.

岩﨑靖雄 (2007). 心身症の治し方がわかる本. 主婦と生活社.

Kobasa, S. C. (1979). Stressful life events, personality, and health: An inquiry into hardiness, *Journal of Personality and Social Psychology*, 37, 1-11.

小坂守孝 (2008). 日本におけるハーディネス研究の動向. 人間福祉研究, 11, 133-147.

久保真人 (2004). バーンアウトの心理学. サイエンス社.

久保千春他 (2003). Ⅴ・1心身相関の最近の考え方. 久保千春他 (編). 現代心療内科学. 永井書店, 117-124.

ラザルス, F. (著) (1991). 本明寛他 (監訳). ストレスの心理学 [認知的評価と対処の研究]. 実務教育出版.

前田 聰 (1987). 虚血性心疾患患者の行動パターン―JAS (Jenkins Activity Survey) による検討 (第1報). 心身医学, 27 (5), 429-437.

前田 聰 (1989). タイプA行動パターン. 心身医学, 29 (6), 517-524.

Maslach, C. & Jackson, S. (1981). The measurement of experienced burnout, *Journal of Occupational Behavior*, 2, 99-113.

三好昭子 (2007). 人格特性的自己効力感と精神的健康との関連―漸成発達理論における基本的信頼感からの検討―. 青年心理学研究, 19, 21-31.

中尾睦宏 (2013). ストレスと心理反応. 久保千春 (編). 心身症　新しい診断と治療のABC. 最新医学別冊, 36-43.

日本心身医学会教育研修委員会 (1991). 心身医学の新しい診療指針. 心身医学, 31 (7), 537-573.

岡孝和・松下智子・有村達之 (2011). 「失体感症」概念の成り立ちと, その特徴に関する考察. 心身医学, 51, 978-985.

大塚俊男他 (2007). こころの病気を知る事典 [新版]. 弘文堂.

坂野雄二・東條光彦 (1986). 一般性セルフ・エフィカシー尺度作成の試み. 行動療法研究, 12 (1), 73-82.

重久 剛 (2002). 第5章健康とパーソナリティ. 日本健康心理学会 (編). 健康心理学概論, 61-74.

島井哲志他 (編) (2009). 健康心理学・入門　健康なこころ・身体・社会づくり. 有斐閣.

田副真美 (2018). 9章心療内科. 宮脇稔・大野太郎・藤本豊・松野俊夫 (編). 健康・医療心理学. 医歯薬出版.

テモショク, L.・ドレイア, H. (著) (1997). 大野裕・岩坂彰・本郷豊子 (訳). がん性格―タイプC症候群. 創元社.

戸ヶ崎泰子・坂野雄二 (1993). オプティミストは健康か?. 健康心理学研究, 6 (2), 1-11.

融 道男他 (監訳) (1993). ICD-10　精神および行動の障害. 臨床記述と診断ガイドライン. 医学書院.

Zapf, D. (2002). Emotion work and psychological well-being: A review of the literature and some conceptual considerations, *Human Resource Management Review*, 12, 237-268.

Zapf, D., Seifort, C., Schmutte, B., Mertini, H., et al. (2001). Emotion work and job stressors and their effects on burnout, *Psychology and Health*, 16, 527-545.

第 3 章

生活習慣と疾病の予防

19世紀ごろまで，疾病の発症や経過に影響する要因として，個人の遺伝的な要素や病原体・有害物質などの生物学的要因に焦点が当てられていた。近年になって，感染症による死亡者数が減少し，がんや心疾患，脳血管性障害といった慢性疾患が増加すると，疾病の発症や経過に関連する重要な要因として，食習慣や運動習慣といった生活習慣が着目されるようになったのである。生活習慣にはパーソナリティなどの心理的な要因，教育や経済などの社会的要因が関連すると考えられ，疾病の発症予防や治療には，医学的な視点だけでなく心理社会的な視点が不可欠であるといえる。

本章では，生活習慣と疾病や健康との関連について，疾病の予防という視点から学習する。具体的には，最初に生活習慣と心身の健康との関係について概観した後，予防について説明する。次に，生活習慣病という考え方を紹介し，続けて，生活習慣病の予防について，生活習慣の改善を目標とする健康施策である「健康日本21」を例に概説する。最後に，ライフサイクルとこころの健康について触れていく。

3.1節 | 生活習慣と健康

生活習慣の特徴が特定の健康状態のパターンに関連することは，多くの疫学研究から明らかにされてきた。本節では，代表的な疫学研究を紹介しながら，生活習慣と健康との関連について説明する。

A. 生活習慣と身体的健康

生活習慣と健康との関連に関する代表的な調査に，ブレスロウら（Breslow &Enstrom, 1980）がアメリカのアラメダ郡で二度にわたって実施したものがある。この研究は，極めて早い段階で，疾病の発症や経過と生活習慣との関連に注目したという点で，非常に意義があると考えられている（藤原ら，1998）。

ブレスロウらは，生活習慣と身体的健康度との関連について，地域住民

7,000名を対象に，1965年と9年後の1974年に調査を行った。測定内容には，生活習慣の7つの側面（①喫煙量，②体型，③睡眠時間，④朝食の摂取頻度，⑤間食の摂取頻度，⑥運動量，⑦飲酒頻度），身体健康度（障害や症状の有無，日常活動）が含まれていた。1965年の調査では，良好な生活習慣の実施が身体的健康度に関連することが示された。1974年の追跡調査では，1965年時点で良好な健康習慣を実施

表3.1　ブレスロウの7つの健康習慣

| 1. 喫煙をしない |
| 2. 適正体重を維持する |
| 3. 1日7〜8時間の睡眠時間をとる |
| 4. 朝食は毎日食べる |
| 5. 間食をしない |
| 6. 定期的に運動する |
| 7. 過度の飲酒はしない |

していた者の死亡率が低いことが明らかになっている。この研究によって，特定の生活習慣と身体的健康とには関連があることが認められるようになった。この研究において良好とされた生活習慣は，ブレスロウの7つの健康習慣として広く知られている（**表3.1**）。

　日本においても，生活習慣と身体的健康との関連についての検証が行われている。例えば，森本（2000）は，ブレスロウの健康習慣を参考に，日本人にとって良好な生活習慣として8項目で構成される指標（健康習慣指標：HPI）を作成し（**図3.1**），身体的健康との関連を検討している。男女2,148名を対象に，その健康習慣指標（HPI）と肝機能，赤血球数，白血球数，血糖値，コレステロール値，尿酸値といった生化学検査結果の指標との関連を調べたところ，ブレスロウの研究結果と同様に，良い健康習慣と身体的健康とに正の関連が認められたのである（森本，2000）。これらの生

図3.1　8つの健康習慣（森本，2000）

活習慣と身体的健康との関連を示した研究結果は，生活習慣の改善による疾病の予防の可能性を示唆するものである。

B. 生活習慣と精神的健康

　生活習慣と精神的健康との関連については，身体的健康に比較すると研究数は多くない。しかし，生活習慣の問題と精神的健康の低さの関連がいくつかの研究で示されている。例えば，先述の森本の研究では，健康習慣指標（HPI）と日常的苛立ち事（ストレッサー），抑うつ度との関係を検討しており，生活習慣が良好な群は良好でない群と比較して，日常的苛立ち事および抑うつの度あいが低かったという結果を報告している（森本，2000）。また，労働者健康福祉機構（2013）が実施した調査においても，生活習慣が良好な人は抑うつが低いという結果を得ている。大学生を対象にした調査では，睡眠時間が6時間未満である，もしくは運動量が少ない者ほど，緊張，憂うつ，怒り，疲労，情緒的混乱が強いことを明らかにしており（村松ら，2002），生活習慣の精神的健康への影響を示唆している。一方で，高校生を対象とした研究では，不安が不良な生活習慣の要因であることを示しており（高橋ら，2000），精神的健康度が生活習慣に影響を及ぼしている可能性も考えられる。これらの結果から，生活習慣と精神的健康の因果関係は同定できないが，複数の研究から両者の関連が示唆されていることは明らかであろう。

3.2節 ‖ 予防

　生活習慣と心身の疾病や健康の関連は，生活習慣の改善が心身の疾病の予防の重要な要因となることを示唆している。生活習慣の改善による疾病の予防を考えるにあたり，まず，予防に関する基本的な概念を説明する。

A. 予防とは

　健康心理学や医療心理学の領域では，治療的側面と同時に健康増進や疾病の予防的側面を重視する。例えば，公認心理師法の第2条第4項[1]に定められている業務は「予防活動」を想定しており，予防の重要性が強調されている。
　健康心理学や医療心理学における予防は，健康な人の疾病の発症を防ぐこ

とだけを目指すものではない。予防の目的は，人々が現状より健やかな生活をおくることであり，疾病による機能障害に対する予防は行われる。その場合には，日常生活能力の向上や社会的不利の改善などによるQOL（Quality Of Life）の低下の防止を目標とする予防である（島井ら，2009）。QOLとは，生命の質，生存の質，生活の質と表現され，人生の充実感や生活満足感などを含む概念である（森本，1997）。この概念は疾病の治療だけに重点を置いた医療を見直すために提唱されたもので，保健，医療，福祉の領域において重視されている。QOLの低下の防止を目標とすることにより，いわゆる健康な人だけでなく，疾病や障害のある人も予防の対象となる。

　なお，予防活動は，社会や組織レベルの予防と個人レベルの予防の二つの次元からなる。**社会や組織レベルの予防**とは，国が実施するインフルエンザ対策や職場の健康診断のような集団全体の予防活動を促すことを目的とする。**個人レベルの予防**とは，個人が自分自身のために行う予防のことである。例えば，ある個人が足腰が衰えないように定期的に運動を行う活動は個人レベルの予防であり，ある自治体が住民の健康促進のための運動施設を整えることは社会レベルの予防となる。心理職は，社会レベルの予防にも個人レベルの予防にもどちらにも関わる。社会的な要請に応じて集団を対象に心理教育的な介入方法を開発したり実施したりすることは，社会レベルの予防に関わることになる。一方，個人の求めに応じて，個人に予防のための心理教育的な介入を行うことは個人レベルの予防に関わることになる。心理職の関わる社会レベルの予防例として，認知行動療法の考えを用いた喫煙に対する認知の変容につながる内容を盛り込んだ，大学生に対する喫煙防止心理教育的な介入が挙げられる（藤原ら，2018）。個人レベルの予防の例では，心臓リハビリテーションにおける心理職の働きがある。心理職は心疾患の再発や再入院を防止することを目指して，心疾患に関連する生活パターン変容のための認知行動療法，感情のコントロールのためのカウンセリングなどを行う（日本心臓リハビリテーション学会，2015）。

1　公認心理師法第2条　この法律において「公認心理師」とは，第二十八条の登録を受け，公認心理師の名称を用いて，保健医療，福祉，教育その他の分野において，心理学に関する専門的知識及び技術をもって，次に掲げる行為を行うことを業とする者をいう。
　　四　心の健康に関する知識の普及を図るための教育及び情報の提供を行うこと。

B. 予防の分類

　予防の理解に有用である対象者や目的の違いによる予防の分類について説明する。

　健康心理学および関連領域では，予防については，**カプラン**（Caplan, G.）による分類がよく知られている。カプランによると，予防行動は一次予防から三次予防までのレベルに分類される。**一次予防**とは，疾病または不健康な状態が起こらないようにすることを目的に，多数の健康な人々を対象に行われる活動である。例えば，感染症の予防接種，ゴミ処理や歩道の整備などの生活環境の整備，職場の安全管理，生活改善のための心理教育といった健康増進活動などが一次予防である。**二次予防**では，スクリーニングや健診などにより疾病や健康問題を早期に発見し，早期に治療や介入を行い，疾病の治癒や重症化，慢性化を防ぐことが目的となる。**三次予防**はすでに疾病や健康問題を抱えている人を対象として，保健指導やリハビリテーションなどにより障害状態の改善や悪化防止，QOLの維持を目的とする活動である。一次予防，二次予防，三次予防は連続しており，一次予防を基盤として，二次予防，三次予防の活動が展開される。これをカプランモデルとよぶ。

　もう一つの分類は，1994年にIOM（Institute of Medicine：米国医学研究所[2]）が発表した分類である。IOMは，メンタルヘルスへの介入を，予防から治療を経て維持へとつながるスペクトラムで表すモデルを提案している（Mrazek & Haggety, 1994）。IOMのモデルにおける予防は，ゴードン（Gordon, 1983）の**普遍的予防，選択的予防，指示的予防**の分類に基づき，精神障害の新規ケースの発生を減少させること，および発症を遅らせることを目指している。**普遍的予防**では個々のリスクは判断せず，一般の人々を対象とする活動で，**選択的予防**は平均よりも精神障害を発症する可能性が高い集団におけるグループや個人を対象とする活動である。**指示的予防**は精神障害の診断基準を満たしてはいないが，精神障害の前兆となる兆候を示していたり，精神障害の素因を有していたりといったリスクの高い人々を対象とする活動である。

　上述の二つのカプランとゴードンの分類に対しては，公衆衛生モデルの身体的健康に関する予防を基本としているため，メンタルヘルス上の問題に当てはめるには限界があるとの指摘がされている（Romano, 2015）。例えば，

2　2015年にNational Academy of Medicine（全米医学アカデミー）に名称変更。

一次予防や普遍的予防については，メンタルヘルス上の問題はどのライフステージでも起こりうるものであり，乳児期の感染症の予防接種のように問題が生じないようにすることはできない。しかしながら，メンタルヘルスの領域においても，これらの分類は，予防の概念の理解の促進や予防活動の実施に有用であると考えられている（安田，2017）。

C. 予防の方法

予防方法の一例として，健康な人々の集団（問題や異常に陥る確率の高い人々を含む）を対象とした社会レベルの予防における一次予防の方法について概説する。一次予防は，社会システム的・公衆衛生的予防方法と教育的・臨床心理学的方法という2種類に分けることができる（金沢，2004）。ただし，どちらか片方の方法だけで十分ということではなく，多くの場合，両者の組み合わせが必要となる。

社会システム的・公衆衛生的予防方法とは，社会環境に働きかけることで，疾病の要因を減らしたり，能力やQOLの向上などの機会を人々に与えようとするアプローチである。このアプローチでは，個人が自ら意図的に何らかのプログラムに参加しなくとも予防が行われるという考え方が中心となる。さらに，公衆衛生的な予防は大きく4種類に分類される。

①環境に存在する問題源（毒・細菌・ストレッサーなど）を発見し，それを取り除く，あるいは中和する（例：下水道を整備する）

②問題源に対する人々の抵抗力・免疫力を高める（例：感染症の予防接種を実施する）

③問題源が人々に伝播するのを防ぐ（例：アルコールの自動販売機での販売を制限する）

④経済的な刺激を調整する（例：煙草に対する税率を上げる）

教育的・臨床心理学的予防方法とは，個人あるいは小集団を対象に社会適応に有用なスキルや知識などを教えるアプローチである。このアプローチでは，個人の特性（パーソナリティ傾向，能力，価値観，信念など）が問題と関連しているという考え方が中心となる。教育的・臨床心理学的予防方法の代表的な方法は**心理教育的グループ**である。心理教育的グループでは，発達課題や人生の危機を目前としている人を対象に，近い将来に経験する出来事に関する知識や対処方法についての心理教育を行うことで，教育的・心理的な問題の発生を予防することを目的とする。心理教育的グループは，教示，

表3.2　APAのガイドライン（American Psychological Association, 2014）

Guideline 1	理論やエビデンスに基づいた予防的介入を選択し実行すること
Guideline 2	文化的・社会的状況に合った予防を実施すること
Guideline 3	リスクを減らし人の強みを促進するような介入を開発し実行すること
Guideline 4	予防に影響を与える環境の文脈について考察し，予防プログラムの開発と実行に不可欠な，研究と評価を組み合わせること
Guideline 5	予防の研究と実施において，倫理的な問題を考慮すること
Guideline 6	予防の実施や研究に関する情報に対する社会的不均衡の状況に注意を払うこと
Guideline 7	継続した教育，訓練，スーパービジョン，コンサルテーションを通して，予防に関して重要な意識，知識，スキルを増やすこと
Guideline 8	個人，家族，そしてコミュニティの健康を強化し，心理的，身体的な苦痛や障害を予防するような，全体的，制度的な介入に従事すること
Guideline 9	健康増進やウェルビーイング促進のための政策検討に，予防科学の知見に基づく情報提供ができること

モデリング，練習，フィードバック，現実場面での応用といった段階を踏んで行われ，母親・父親学級や職場のストレスマネジメント講習会などはその例である。

　公認心理師法で制定されている公認心理師の主要な業務の一つである「心の健康に関する知識の普及を図るための教育及び情報の提供」は，教育的・臨床心理学的な予防方法に該当する。つまり，公認心理師は主体となって，人々の健やかな生活の実現のために，積極的に予防に取り組むことが期待されているといえる。アメリカ心理学会（American Psychological Association, 2014）の予防ガイドラインで示されているように（**表3.2**），予防の取り組みにあたっては，心理学の知見に基づき，対象となる集団や個人のニーズを把握したうえで，計画・実施し，その結果を評価するというプロセス踏むことが必要である。

D. 健康行動の促進に関わる理論モデル
　予防的介入を考えるにあたっては，現在の行動を健康によい行動（健康行

動）に変容させる要因を考える必要がある。心理学や公衆衛生の領域におい
て，健康行動を発生・維持させることを目的としたさまざまな理論が提唱さ
れている。ここでは，予防的介入に有用な健康行動理論のうち，個人レベル
の行動変容に関わる個人レベルの理論をいくつか紹介する。健康行動理論と
は，どのような要因が人々の健康によい行動を行う可能性を高めるのかを示
す考え方のことである（松本，2020）。個人レベルの理論とは，知識や態度，
信念，動機といった個人内の要因に注目した理論のことである。

i）KAPモデル（knowledge attitudes practices model）

健康に対する態度や望ましい生活習慣の形成には，健康に関する知識の獲
得が重要であるという考え方である。情報の提供や啓発活動など知識を供与
する健康教育はKAPモデルに基づいた行動であるといえる。しかし，知識
の獲得が必ずしも行動の変容に結びつかないことがあり，その点が限界とし
て指摘されている（日本健康教育学会，2019）。

ii）健康信念モデル（health belief model; HBM）

このモデルは，ローゼンストック（Rosenstock, I. M.）とベッカー
（Becker, M. H.）によって提唱されたもので，個人の認知的側面に焦点を
当てる。**表3.3**に示したように，健康行動を起こした際の効果や健康行動を
とることのコストなどについてどのように認識しているかによって，行動の
起こりやすさが決定されると考える。個々の要因の影響についての研究が不
十分であるとの指摘はあるが，予防行動に最も多く応用されている（日本健
康教育学会，2019）

iii）トランスセオレティカルモデル（transtheoretical model; TTM）

プロチャスカ（Prochaska, J. O.）とディクレメンテ（Diclemente,

表3.3　健康信念モデルの内容（福田ら，2008）

認知された脆弱性	自分がその状態になりやすい信念
認知された重大性	その状態が重篤な結果をもたらすという信念
認知された利益	行動をとることが脆弱性や重大性を減らすという信念
認知された障害	行動をとることのコストが利益よりも重いという信念
行動のきっかけ	行動を促す要因への曝露
自己効力感	行動をうまく行う自分の能力の確信

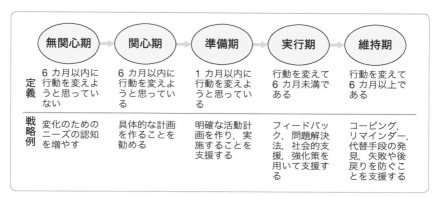

図3.2　トランスセオレティカルモデル（福田ら（2008），表3を基に作成）

C. C.）によって禁煙の研究から導かれた理論であり，この理論では人が行動を変化させるために5つのステージが想定されている（**図3.2**）。個人がどのステージにあるのかを把握し，そのステージの特徴に合わせた介入方法を用いることで，効果的に健康行動が生起すると考える。

　ステージの段階を測定しやすいこと，実際の介入に利用できることから，さまざまな健康行動に応用されている。しかし，運動などの複雑で広範囲の行動や頻度の低い行動（マンモグラフィによる検診）への適用については議論の余地があるとされている（日本健康教育学会，2019）。

3.3節　生活習慣病と予防

　生活習慣と疾病の予防との関連についての基礎的な知識として生活習慣と疾病との関連および予防の分類や方法について説明してきた。本節では，発症や進行の予防において生活習慣に注目すべき疾患群である生活習慣病について，予防行動との関連を含めて取り上げる。続けて，生活習慣病の一次予防対策の具体例として「健康日本21」を取り上げ，心理学の果たす役割について考える。

A. 生活習慣病

　生活習慣病とは，公衆衛生審議会（1996）によると，生活習慣に着目した疾病概念で，「食習慣，運動習慣，休養，喫煙，飲酒等の生活習慣が，その発症・進行に関与する疾患群」と定義されている。生活習慣病は，かつて

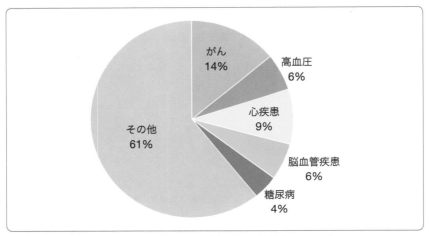

図3.3　平成29年度一般診療医療費の構成割合（厚生労働省，2018a）

は「成人病」とよばれていたが，「成人病」は加齢に着目した疾患群を意味しており，生活習慣病とは生活習慣に着目する点で概念的に異なる。生活習慣病とされる主な疾患には，がん，心疾患，脳血管疾患，糖尿病，高血圧が含まれる。これらの疾患の，国民全体の医療費に占める割合は40％にも上っており（**図3.3**），生活習慣病の予防と改善は，国にとっては医療費の増大，個人にとっては医療依存といった点で健康問題の大きな課題である。

　生活習慣病の多くは，かなり進行するまで自覚症状が現れないことが多いため，予防や治療といった行動に至らない場合が少なくない（日本生活習慣病予防協会，2019）。さらに，一度症状が進行すると完治が難しく慢性化するため，QOLの低下や健康寿命の短縮といった事態につながることが多く，対応が難しい疾患群である。したがって，予防の果たす役割は大きい。生活習慣病の予防活動は以下のような段階を踏んで実施される。一次予防では，発症予防を目的に，生活習慣の見直し，良好な生活習慣の確立や環境改善等を行う。二次予防は疾病の罹患リスクの高い人や罹患初期の段階の人を対象に疾病の進行の阻止を目的に行う活動である。例えば，健康診断を奨励することなどによって早期発見・早期治療につなげる。三次予防は，疾病に罹患した人を対象に疾病の悪化による障害を防ぐこと，および疾病のQOLの向上が目的となる。適切な治療やリハビリテーション等がその例である（公衆衛生協会，2019）。

生活習慣は日常的に習慣化された行動ともいえ，これらの行動の成り立ちには，認知，動機，パーソナリティ，学習などの心理的要因が深く関与している。したがって，生活習慣の改善といった行動変容には心理学の知見が役に立つ。例えば，自己決定理論に基づく動機づけ面接は，望ましい行動の開始や継続において活用されている。また，問題となる行動の消去，および望ましい行動の獲得といった介入方法の開発には学習理論の知見が援用されている。

B. 生活習慣病の予防対策

　生活習慣病の予防の具体例を，厚生労働省の健康施策の健康日本21を例に説明する。健康日本21は，行政主導の国民全体を対象とした一次予防活動で，生活習慣病の予防のために獲得すべき生活習慣の具体的な行動が示されている。健康日本21を取り上げることは，一次予防活動の方法の理解だけでなく，疾病の予防や健康維持と日常生活における行動との関連性の理解の助けになると思われる。さらに，施策を心理学的な視点で読み解き，予防の促進に有用な心理学的な知見や心理学的介入方法を提示する。

　健康日本21とは，疾病全体に占める生活習慣病の割合の増加に対応するために，生活習慣病の予防や生活習慣の改善を意図して2000年に策定された「国民健康づくり運動」である。その目的は，壮年期死亡の減少，健康寿命の延伸，QOLの向上である。具体的には，行政が2010年までに達成すべき9分野（①栄養・食生活，②身体活動・運動，③休養・こころの健康づくり，④喫煙，⑤飲酒，⑥歯の健康，⑦糖尿病，⑧循環器疾患，⑨がん）からなる目標を提示することにより，健康に関連するあらゆる機関および国民が一体となって健康づくりに関する意識を高め，取り組みを促そうとするものである（厚生労働省，2006）。2013年からは，主要な生活習慣病を「NCDs対策」という枠組みで捉えた「健康日本21（第二次）」がスタートしている（厚生労働省，2012）。なお，NCDs（Non Communicable Diseases：非感染性疾患）とは，生活習慣と深く関連する疾患のことである（**表3.4**）。

　9分野のうち疾患以外の5分野，①栄養・食生活，②身体活動・運動，③休養・こころの健康づくり，④喫煙，⑤飲酒を取り上げる。

i）栄養・食生活

　食生活は多くの生活習慣病だけでなくQOLとも関連が深い行動である。

表3.4　主なNCDsと生活習慣との関連（厚生労働省，2012）

	禁　煙	健康的食事	身体活動の増加	リスクを高める飲酒
がん	○	○	○	○
循環器疾患[1]	○	○	○	○
糖尿病	○	○	○	○
COPD[2]	○			

[1] 循環器疾患は高血圧，心疾患，脳血管疾患のこと。
[2] COPD＝慢性閉塞性肺疾患。主症状は運動時の呼吸困難や慢性の咳や痰。

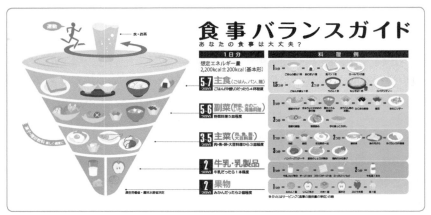

図3.4　食事バランスガイド（農林水産省，2005）

　疾病の発症や進行の予防のためには，栄養のある食品をバランスよく，楽しく摂取することが重要となる。健康日本21では，「食育」の一環として，何をどれだけ食べればよいのかについての情報提供（**図3.4**：食事バランスガイド）を行うことで食行動の変容を促す試みがされている。
　先行研究において，食行動にはストレスやパーソナリティなど心理的な要因の影響が大きいことが明らかになっている。また，食生活には，社会文化的要因も深く関連する。したがって，健康的な食生活を習慣化させるためには，情報提供だけでなく，心理学をはじめ，さまざまな分野からの知見を援用した介入プログラムや心理教育の実施が有効であると思われる。

ii）身体活動・運動

　身体活動量や**運動量の不足**が生活習慣病の発症や進行に深く関連していることは，今では広く認められている。また，身体活動・運動は身体的健康の促進だけでなく，抑うつや不安といった否定的な感情の改善にも効果があることが示されている。しかしながら，近年，身体活動の状況は，ほとんど運動しない人としっかり運動している人に二極化される傾向にあるという。そこで，健康日本21（第二次）では日常の活動性や運動習慣をもつ者の割合を増加させるための環境づくりを対策として行っている。具体的には，身体活動を「生活活動（労働，家事，通勤・通学など）」と「運動（体力の維持・向上を目的とした身体活動）」に分けて年代別に身体活動の目標値を定めた「健康づくりのための運動指針2013（アクティブガイド）」を作成し，身体活動量・運動量の増加を目指している。

　心身の健康のためには十分な身体活動や運動は不可欠であるが，実践できていない人は多い。身体活動量の増加や運動習慣の獲得には，「健康日本21」で行われている情報提供だけではなく，積極的な心理教育的介入が必要である。例えば，運動継続に関する心理的要因についての研究において，運動の継続には楽しさと運動有能感が重要な要因であることが示され，「楽しく」「できる」運動プログラムの提供が有効であるとの提案がなされている（中村・古川，2004）。このような心理学の知見は，心理職と運動の専門家が協働した介入プログラム開発の必要性を示唆している。

iii）休養・こころの健康づくり

　こころの健康には，十分な休養とストレスの低減が重要な要素である。特に，**睡眠**は精神面，身体面の両面において重要で，疲労からの回復には欠かせないものである。しかし，30代から50代の男性のうち25％以上が睡眠で十分な休養をとれていないと報告している調査もある（厚生労働省，2018b）。睡眠不足や睡眠の質の低下は，生活習慣病の悪化や事故の誘因となることが明らかになっており，睡眠衛生の支援は急務となっている。健康日本21（第二次）では，睡眠障害の予防，および良い睡眠の促進のために「健康づくりのための睡眠指針2014」（厚生労働省，2014）（**表3.5**）を作成し，充実した睡眠についてわかりやすい情報提供を行っている。

　こころの健康に関するもう一つの重要な課題は自殺の問題である。健康日本21（第二次）においても自殺予防対策が強化されている。具体的には，実態の把握や普及・啓発等の必要性をまとめた「自殺予防についての提言」が

表3.5　健康づくりのための睡眠指針2014　睡眠12箇条（厚生労働省, 2014）

1. 良い睡眠で, からだもこころも健康に
2. 適度な運動, しっかり朝食, 眠りと目覚めのメリハリを
3. 良い睡眠は, 生活習慣病予防につながります
4. 睡眠による休養感は, こころの健康に重要です
5. 年齢や季節に応じて, ひるまの眠気で困らない程度の睡眠を
6. 良い睡眠のためには, 環境づくりも重要です
7. 若年世代は夜更かし避けて, 体内時計のリズムを保つ
8. 勤労世代の疲労回復・能率アップに, 毎日十分な睡眠を
9. 熟年世代は朝晩メリハリ, ひるまに適度な運動でよい睡眠
10. 眠くなってから寝床に入り, 起きる時刻は遅らせない
11. いつもと違う睡眠には, 要注意
12. 眠れない, その苦しみをかかえずに, 専門家に相談を

関係機関に配布され, 国, 地方公共団体, 医療機関, 民間などが連携して自殺予防にあたっている。

　自殺予防に関しては, 集団を対象とした一次予防だけでなく,「いのちの電話」などリスクの高い個人を対象とする予防の取り組みにおいても, 公認心理師の専門的知識を生かした活躍が期待されている（第10章も参照）。

iv）喫煙

　喫煙はさまざまな種類のがんや心疾患などの生活習慣病だけでなく, 妊婦の早産や死産, 子どもの成長阻害など多くの健康被害に関連する。実際, 喫煙の経験がない人に比べ, 喫煙者は, 男性で1.6倍, 女性で1.9倍, 10年間の死亡率が高いことを示した調査がある（公衆衛生協会, 2019）。また, 受動喫煙（副流煙（火のついたタバコの先から出る煙）を自分の意思と関係なく吸い込むこと）により肺がんや心疾患などのリスクが高くなるといった報告もされている。

　喫煙は, 喫煙の有害性を喫煙者自身が認識しているのにもかかわらず, 継続される健康リスク行動であることから, 公衆衛生だけでなく健康心理学にとっても重大な課題であるといえる。健康日本21（第二次）では, 喫煙を

「喫煙病という全身疾患」と位置づけている。そして，予防対策として保健医療従事者が禁煙支援のために必要な知識や実施方法などを自己学習するための教材「禁煙支援マニュアル」を作成し，禁煙の心理教育を推進している。

v）飲酒

　適度な飲酒にはリラックス感や円滑な人間関係の構築といったポジティブな側面があるが，過度の飲酒は心身の疾患だけでなく社会的な問題を引き起こすといったネガティブな側面をもっている。赤ワインのポリフェノールの含有など，アルコールの健康効果についての報告はあるものの，アルコールによって引き起こされる疾病は生活習慣病をはじめ数多くあり，WHO（世界保健機関）は「飲酒は少なければ少ないほどよい」としている（WHO，2010）。健康日本21（第二次）では，アルコール対策の保健指導の実践について，必要な基礎的知識等を集積した報告書の公表など情報提供により，アルコール関連障害の予防に関する啓発活動を行っている。

　飲酒行動の改善に関して公認心理師の貢献は，アルコール関連問題についての心理教育だけではない。飲酒による問題を抱えている人を早期発見し適切な介入につなげることも重要な役割である。また，介入の有効性の評価においても心理学の研究法が役立つであろう。

3.4節 ライフサイクルとこころの健康

　ライフサイクルとは人の一生の歩みのことであり，人の一生は段階を踏んで進んでいくことを表す言葉である。それぞれの段階には特徴があり，それに伴って身体的・心理的・社会的問題が変化する。ここでは，ライフサイクルの中でも，特にこころの問題が発生しやすい思春期，妊娠・出産期（女性），中年期，高齢期について説明する。

A. 思春期

　思春期とは，およそ小学校高学年から高校生までの時期をいう。

　思春期スパートとよばれるように，この時期の身体的な変化は著しい。第二次性徴により初潮や精通といった生理的変化が生じ，性的エネルギーが高まる。身長も体重も急激に増加する。このような性的な衝動や外見の急激な変化を肯定的に受け入れることができない場合には，情緒的に不安定となる。精神的には，親からの心理的な独立が始まり，親に代わって友人の存在が，

表3.6　思春期に発症しやすいこころの問題

摂食障害	体型に対する不満から始めたダイエットをきっかけに発症することが多く，重症化すると命にかかわることもある。
対人恐怖	友人関係のトラブルがきっかけになることがあり，不登校やひきこもりにつながることもある。
強迫性障害	友人関係や学業などの失敗がきっかけになる例が多く，重症化すると日常生活が困難になる場合がある。
心身症	感情を意識化，言語化できないために，強いストレス反応が身体症状で表現される。
ひきこもり	学校内でのトラブルが原因となることが多いが，そうでない場合には，他の精神疾患が原因となっている可能性がある。家（部屋）に閉じこもる場合には特に注意が必要である。

生活の中で非常に重要になる。したがって，友人関係のトラブルの心理的な影響は大きく，不登校やその他の心理的問題に結びつくことも多い。さらに，性的な成熟により自分自身に関心が向くため，自己の容姿を過度に気にするようになる。自意識の高まりから他者の評価が気になり，その結果，自信を失うなど劣等感を覚えやすいといわれている。

このように，思春期は心身が子どもから大人へと大きく変化していく時期であるため，身体的にも精神的にも不安定になりやすい。このような不安定なこころの状態から深刻なこころの問題への進行を予防するためには，気持ちに寄り添い，安心感を与えるような支持的なサポートが必要である。また，イライラ，不眠，落ち着きがないといったこころの健康の危険信号と思われる行動や症状にいち早く気づき，適切な対応を行うことも重要である。なお，思春期から生じる代表的なこころの問題を**表3.6**に示した。

B. 妊娠・出産期

妊娠・出産は生活や身体の大きな変化を伴う出来事であるため，女性のライフサイクルの中でもこころの問題が最も生じやすい時期となる。特に，産後うつ病は新生児の養育に関わってくるため，早期発見・早期治療が不可欠である。産後うつ病は，産後2～4週間後に始まることが多く，発症率が10～20%と高い。厚生労働省の研究班の調査によると，産後1年半までに自殺した妊産婦は2年間（2015～2016年）で102人，そのうち産後は92

人で，無職であること，初産であることが自殺のリスク要因であったという（国立成育医療研究センター，2018）。産後うつ病の身体的原因としては，出産から生じる疲労やホルモンの変化，特にエストロゲンとプロゲステロンの急激な減少の影響が指摘されている。心理社会的には，分娩や子育てへの不安や育児のストレス，夫婦関係の変化や生活環境の変化など多くの要因が関与していると考えられる。

産後うつ病の発症や進行の予防のためには，母親を取り巻く社会的な環境の整備，例えば，子育て相談の体制整備や父親を含む育児休業の普及など，周囲のサポートの充実が重要である。

C. 中年期

中年期は，およそ40歳から64歳までの時期をいう。

中年期はさまざまな限界がみえはじめる時期であるといわれる。まず，身体的機能や認知機能が衰えをみせはじめる。職場においても，最前線から管理する立場へ移行するため，以前のように活力をもって仕事をすることが減少するなど，仕事上の自分の能力や立場に限界がみえはじめる。将来についても，残り時間が少ない感じや新たなことをはじめることが困難になるなど，時間的な限界を感じるようになる。このような変化から，明確ではないものの，人生の終盤，つまり「死」という終わりが少しずつ見えるようになってくる。ユング（Jung, C. G.）は，中年期を「人生の正午」に例え，中年期から午後が始まり，午前の青年期と同じ生き方では生きられないこと，上昇から下降への切り替えの時期であることを表している（ユング，1979）。つまり，中年期は，「何をあきらめて，何を大事にするのか」，「これからの人生をどう生きるのか」という自分の人生を見つめ直す必要がある時期といえる。このように，中年期は社会的にも身体的にも変化の時期であるため，うつ病などこころの問題が生じやすい。予防のためには，職場のメンタルヘルス対策だけでなく，職場以外，例えば趣味やボランティアなどのネットワークの形成を促進することが重要であり，情報や場所の提供など地域の支援が期待される。

D. 高齢期

高齢期は65歳以上の時期をいう。日本の総人口に占める65歳以上の人口の割合（高齢化率）は27.7％で，75歳以上の割合は13.8％と高く（内閣

府，2019），高齢者の健康問題は，日本にとって中心的な課題であるといえる。高齢期は加齢による身体機能の低下，退職による社会的役割の低下と多くの喪失等のネガティブな出来事が生じる時期であるため，うつ状態になりやすい。実際，日本人のうつ病の12ヶ月の有病率が2.7％であるのに対し，高齢者は4.8％と高い（川上，2006）。高齢期のうつ病（老年期うつ病）の場合は，典型的なうつ病とは症状が異なるため（**表3.7**），見落とされることが多いといわれている。老年期うつ病の誘因は，重大なライフイベントと加齢による身体機能や認知機能の低下および社会生活状況である。重大なライフイベントとしては，重要な他者との死別，身体疾患，転居など（介護施設入所など）が挙げられる。身体機能や認知機能の低下としては，健康に対する不安，行動力の低下など，社会生活状況としては，経済的な問題，居住環境の問題や社会的孤立などが挙げられる。うつ病の発症や進行を防ぐためには，社会的ネットワークなど周囲の人たちとのつながりをもつことが重要である。また，家族に対するうつ病についての心理教育は，高齢期のこころの問題の早期発見・早期治療につながると思われる。

表3.7　老年期うつ病の特徴（厚生労働省，2009）

| 1. 不安や焦燥感を訴えることが多い |
| 2. 心気的な症状が多い |
| 3. 身体の合併症が多い |
| 4. 認知症との鑑別が難しい |
| 5. 妄想を起こすことがある |

〈引用文献〉

American Psychological Association (2014). Guidelines for prevention in psychology, *American Psychologist*, 69(3), 286-296.

Breslow, L. & Enstrom, J. E. (1980). Persistence of health habits and their relationship to mortality, *Preventive Medicine*, 9, 469-483.

藤原直子・中角祐治・中嶋貴子（2018）．大学生を対象とした1回の心理教育が喫煙に対する意識に与える影響．日本禁煙学会雑誌，13, 87-90.

藤原佳典・星旦二・森本兼曩（1998）．質問紙による健康測定　第10回ブレスロウの健康習慣．産業衛生学雑誌，40, A73-A76.

福田吉治他（監修）（2008）．一目でわかるヘルスプロモーション：理論と実践ガイドブック．国立保健医療科学院．https://www.niph.go.jp/soshiki/ekigaku/hitomedewakaru.pdf

Gordon, R. (1983). An operational definition of prevention, *Public Health Reports*, 98, 107-109.

金沢吉展（2004）．臨床心理的コミュニティ援助論．誠信書房．

川上憲人（2006）．世界のうつ病，日本のうつ病．医学のあゆみ，219(13), 925-929.

国立成育医療研究センター（2018）．人口動態統計（死亡・出生・死産）から見る妊娠中・産後の死亡の現状．

https://www.ncchd.go.jp/press/2018/maternal-deaths.html
厚生労働省（2006）．平成18年版厚生労働白書．
　　https://www.mhlw.go.jp/wp/hakusyo/kousei/06/
厚生労働省（2009）．高齢者のうつについて．
　　https://www.mhlw.go.jp/topics/2009/05/dl/tp0501-siryou8-1.pdf
厚生労働省（2012）．健康日本21（第二次）の推進に関する参考資料．
　　https://www.mhlw.go.jp/bunya/kenkou/dl/kenkounippon21-02.pdf
厚生労働省（2014）．健康づくりのための睡眠指針2014．
　　https://www.mhlw.go.jp/stf/houdou/0000042749.html
厚生労働省（2018a）．平成29年度国民医療費の概況．
　　https://www.mhlw.go.jp/toukei/saikin/hw/k-iryohi/17/dl/toukei.pdf
厚生労働省（2018b）．平成29年国民健康・栄養調査．
　　https://www.mhlw.go.jp/content/000451761.pdf
公衆衛生協会（2019）．生活習慣病のしおり2019―データで見る生活習慣病―．社会保険出版
　　社．
公衆衛生審議会（1996）．生活習慣に着目した疾病対策の基本的方向性について（意見具申）．
　　https://www.mhlw.go.jp/www1/houdou/0812/1217-4.html
松本千明（2020）．健康行動理論を活用するためのポイント．eヘルスネット（厚生労働省）．
　　https://www.e-healthnet.mhlw.go.jp/information/exercise/s-07-003.html
森本兼曩（1997）．ストレス危機の予防医学．NHKブックス．
森本兼曩（2000）．ライフスタイルと健康．日本衛生学雑誌，54，572-591．
Mrazek, P. & Haggety, R.（Eds）（1994）. Reducing Risks for Mental Disorders: Frontiers
　　for Preventive Intervention Research, National Academy Press.
村松成司・近藤健吾・岸 恵美・広田悠子・齋藤初恵（2002）．POMSテストからみた大学生の朝
　　の心理特性と生活習慣の関連性について．千葉大学教育学部研究紀要，50，503-515．
中村恭子・古川理志（2004）．健康運動の継続意欲に及ぼす心理的要因の検討―ジョギングとエ
　　アロビックダンスの比較．順天堂大学スポーツ健康科学研究，8，1-13．
日本健康教育学会（2019）．健康行動理論による研究と実践．医学書院．
日本心臓リハビリテーション学会（2015）．心臓リハって何？
　　http://www.jacr.jp/web/faq-list/general04/
日本生活習慣病予防協会（2019）．生活習慣病とその予防．
　　http://www.seikatsusyukanbyo.com/prevention/about.php
内閣府（2019）．高齢社会白書．　https://www8.cao.go.jp/kourei/whitepaper/index-w.html
農林水産省（2005）．食事バランスガイド．　https://www.maff.go.jp/j/balance_guide/
島井哲志他（編）（2009）．健康心理学・入門　健康なこころ・身体・社会づくり．有斐閣アルマ．
高橋恵子・奥瀬 哲・八代信義（2000）．高校生の心身症傾向に関する心理学的研究．旭川医科大
　　学研究フォーラム創刊号，41-47．
Romano, J. L.（2015）. Prevention Psychology, Washington, DC: American Psychological
　　Association.
労働者健康福祉機構（2013）．「職場におけるメンタルヘルス不調予防に係る研究・開発・普及」
　　研究報告書．　https://www.research.johas.go.jp/h13/pdf/2nd/10-1.pdf
安田みどり（2017）．企画特集：コミュニティ心理学の教育実践　コミュニティ心理学における予
　　防に関する教育の試み．コミュニティ心理学研究，20，164-173．
ユング（著）鎌田輝男（訳）（1979）．人生の転換期．現代思想，7（5），42-55．
WHO（2010）. Global strategy to reduce the harmful use of alcohol.
　　https://www.who.int/publications/i/item/9789241599931

第2部 | 医療現場における心理

第4章 がん

　がんは，人々にとって最も身近な疾患であるかもしれない。日本において
がんは死因の1位であり（厚生労働省，2019），生涯でがんに罹患するリス
クは男性65.5％，女性50.2％（国立がん研究センター，2020年7月6日）
にのぼる。つまり，現在日本では二人に一人ががんに罹患するのである。

4.1節 | がんとは

A. がんについて

　がんは細胞レベルでの疾患であり，すべての臓器・組織に発生する。胃が
ん，肝臓がんなど臓器に発生するがんだけではなく，白血病などのように臓
器ではなく造血器由来のがんや，骨肉腫のような肉腫もある。がん（悪性腫
瘍）は，良性の腫瘍と異なり，次の三つの特徴をもつ。まず，がん細胞は，
生体に備わっている新陳代謝のサイクルを外れて増殖を続けてしまう（自律
性増殖）。がん細胞を取り巻く周囲に染み出るように広がるだけではなく，
体の離れた場所にがん細胞が運ばれていってしまい（浸潤と転移），他の正
常な組織に供給されるはずの栄養を奪い取ってしまう（悪液質）。その結果，
生体がどんどん衰弱してしまうのである。

　今日，がんに対する治療は進んでおり，「がんイコール死」という状況で
はなくなっている。最近の統計によれば，5年相対生存率は男性62.0％，
女性66.9％（男女計64.1％）である。ただし，この数字には幅があり，男
女ともに，がん種によって違いがみられる（**図4.1**，国立がん研究センター，
2020年7月6日）。全体的な傾向として，早期に発見しやすいがん（例えば
乳がん）や進行の遅いがん（例えば前立腺がん）の場合に相対生存率が高い
傾向がみられる。このことを踏まえると，早期発見・早期治療の重要性が理

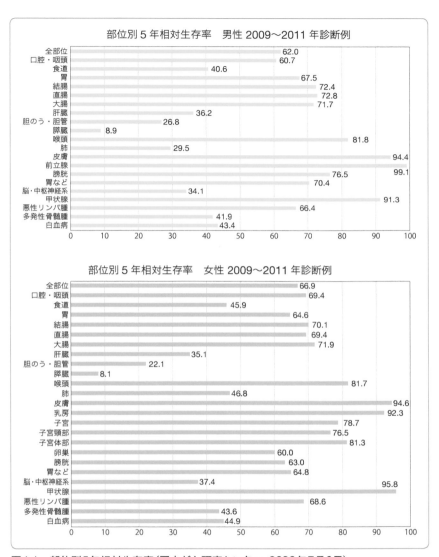

図4.1　部位別5年相対生存率（国立がん研究センター, 2020年7月6日）

解できよう。

B. がんの発生リスク要因

　日本におけるがんのリスク要因を**図4.2**に示す。このグラフから, 喫煙

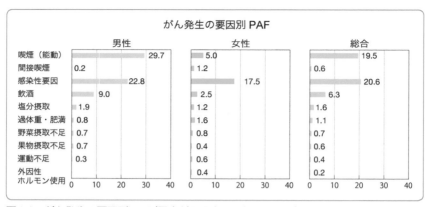

図4.2　がん発生の要因別PAF（国立がん研究センター，2010）
PAFとは，特定のリスク要因への曝露がもし仮になかった（あるいはそれに準じる状態であった）とすると，疾病の発生が何パーセント減少することになったかを表す数値である。

（男性約29.7％，女性約5.0％）と感染（男性約22.8％，女性約17.5％）が主要リスク要因であることがわかる。また，飲酒や塩分摂取，食事や運動といった生活習慣も発がんリスクとなっていることも示されている。

　とりわけ喫煙によるリスクは高い（国立がん研究センター，2020年5月29日）。喫煙は肺がんだけではなく，口腔・咽頭がん，肝臓がん，膵臓がん，子宮頸がんなど実に数多くのがんに関連している。また，喫煙者ががんに罹患すると，別のがん（二次がん）に罹患しやすい。さらに，喫煙者本人だけではなく，受動喫煙は周囲の人々の肺がんを誘発する。

　感染については，例えば，B型・C型の肝炎ウイルスによる肝臓がん，ヒトパピローマウイルス（HPV）による子宮頸がん，ヘリコバクター・ピロリによる胃がんが知られている。エストロゲン，プロゲステロン，アンドロゲンなどの性ホルモンは，乳がん，子宮体がん，卵巣がん，前立腺がん発症に重要な役割を果たしている。また，化学物質の中にも，ベンゼンやアスベスト等，発がんリスクのあるものがある（国立がん研究センター，2019年）。

　飲酒は口腔，咽頭，喉頭，食道，大腸，肝臓，乳房のがんのリスクを上げる。また，食生活の影響も大きい。例えば，赤肉・加工肉は大腸がんのリスクを確実に上げ，飲酒は口腔がん，咽頭がん，食道がんなどのリスクを確実に上げるとされている。一方，食物繊維を含む食品は大腸がんのリスクを確実に下げ，中～高強度の身体活動は結腸がんのリスクを下げることが確実であると報告されている。運動は，結腸がんのリスクを確実に下げ，閉経後乳

がんと子宮体がんのリスクを下げる可能性がある（国立がん研究センター，2019）。

　心理学領域の人々の中には，パーソナリティなどの心理的要因ががんの発生リスク要因となるのか，関心をもっている人も多いであろう。主として1980年代に，がん患者の特徴として，怒りや不安といったネガティブな感情を抑える傾向があることが指摘された。こうした抑制的なコーピングは，しばしばタイプC行動パターン（あるいはタイプCパーソナリティ）とよばれ，発がんリスクとなるのではないかとの研究がテモショクら（Kneier & Temoshok, 1984；Temoshok et al., 1985）やグリーアら（Greer, 1983；Morris et al., 1981）によって行われ，注目を集めた。

　しかし，これらの研究は，がんに罹患した人たちとそれ以外の人たちとの差を比較したり，がんの症状と心理的要因（コーピング，不安，抑うつなど）との相関を研究したものであり，こうした研究手法では因果関係を示すことはできない。その後は，がんのリスク要因として，パーソナリティやストレスが関連するとの結果を否定する研究が多く，したがって，パーソナリティやストレスが発がんリスクであるとする知見はエビデンス不足として否定されているのが現在の結論である（明智，2003；Butow et al., 2018；Garssen, 2004）。

　一方，パーソナリティはがん患者の予後に影響を与える可能性がある。ショーマンズら（Schoormans et al., 2017）は，結腸直腸がん患者2,620名を対象とした調査から，タイプDパーソナリティの一つの要素であるネガティブ感情を感じやすい傾向の高い人は，運動不足など日常生活において不活発であり，QOLが低く，不安・抑うつが高いことを報告した。過去30年間の縦断的・前向き研究（プロスペクティブスタディ）をレビューしたガーセン（Garssen, 2004）によれば，否定的感情の抑制および無力感はがんの予後に悪影響を及ぼし，疾患に対する否認あるいは疾患による影響への軽視は良好な予後に関係する可能性が示唆された。一方，病に対する闘争心，がんの受容，運命的な見方，積極的あるいは回避的コーピングはいずれも予後との関連を見い出すことができなかったと報告されている。

C. 発がんのプロセス

　上記のリスク要因は，それぞれ単独ですぐにがんという疾患に発展するわけではない。生体内に異常細胞が生じると，生体の免疫によって排除される

のが通常である。しかし，上記のリスク要因によって遺伝子上に生じる種々の変異によって，その細胞が通常の新陳代謝のプロセスから外れてしまい，さらに生体の免疫系による攻撃からも逃れ，血管が通り，その血管を通じて酸素や栄養の供給が行われることによって，がん細胞はますます大きくなっていってしまう（川村，1997）。このプロセスには長期にわたる時間が必要である。上記のリスク要因が，その人本人の生活習慣と密接に関わっていることから，がんは多くの場合，生活習慣が基盤となっているといえる。

D. 治療

がん治療の基本は，**手術，薬物療法，放射線**である。今日，がん治療に関する研究が進み，患者各自のがん細胞の種類・状態や病状の進行によって，どのような治療が標準的であるかが医療従事者の間で共有され，患者各自に対する治療方針が決められている。こうした標準治療に関する情報は，患者自身もインターネットによって入手することができる時代となっており，心理師も常日頃から標準治療について情報を得ておくことが求められる。

それぞれの治療によって患者がどのような影響を受けるのか，理解しておくことは大切である。手術については，がん細胞だけではなく周囲の組織も切除することが一般的であるため，切除された部位による身体への影響がある。例えば，膀胱がんの手術の場合は排尿への影響がある。乳がんの場合は，転移を防ぐために周囲のリンパ節も切除することが多いことから，切除された側の腕が上がりにくくなってしまうことがしばしばみられる。手術や放射線治療等によってリンパ液の流れが悪くなることによってリンパ浮腫が生じ，腕や脚がむくんだり関節が曲げにくくなることがある。

薬物治療においては，抗がん剤の副作用（脱毛，吐き気等）がよく知られているが，ホルモン療法についても知っておくべきことがある。乳がんや前立腺がんのような性ホルモンが関係するがんの場合，例えば，乳がんの場合は女性ホルモンを，前立腺がんの場合は男性ホルモンを抑制するためにホルモン剤が用いられることがある。それによって，女性であれば，少なくとも治療期間中は妊娠が難しくなり，男性の場合も生殖機能に影響が生じる。患者が若く，子どもを欲している場合など，患者に与える影響は大きい。それだけではなく，性的アイデンティティという自分自身のアイデンティティにも関わることであり，患者にとっては単なる生物的治療とはいえない意味をもつことになる。

放射線治療の場合も，照射した部位の皮膚が火傷のような状態になったり，だるさや貧血などといった状態がみられることがある。

A. がん患者の抱える悩み

全国のがん患者を対象とした調査から，がん患者の方々が心理面，身体面，経済面，家族に関する事柄等，幅広い悩みを抱えていることがわかる（**表4.1**）。さらに，30.5％が依願退職を余儀なくされ，4.2％が解雇されるといった具合に，職場での困難に遭遇していることも明らかになっている（「がんの社会学」に関する合同研究班，2004）。

10年後の同様の調査においても，最多はやはり「不安などの心の問題」（34.5％）であった。それに続くのは「症状・副作用・後遺症」（20.7％），「診断・治療」（12.2％），「就労・経済的負担」（11.3％），「家族・周囲の人との関係」（10.9％）などであった（「がんの社会学」に関する研究グループ，2016）。また，この調査においても性別・年代別，がんの種別による悩みの違いも示されており，一口に「がん患者」といっても，その抱える悩みが多様であることがわかる。

表4.1　がん患者の抱える悩み（複数回答）（人数＝7,837）

悩みの種類	実数	(%)
1. 痛み・副作用, 後遺症などの身体的な苦痛	3,770	（48.1%）
2. 落ち込みや不安や恐怖などの精神的なこと	4,144	（52.9%）
3. 夫婦間, 子どもとの関係などの家庭・家族のこと	2,277	（29.1%）
4. 仕事, 地位, 人間関係などの社会とのかかわり	1,608	（20.5%）
5. 医師や看護師等とのかかわり	628	（8.0%）
6. 収入, 治療費, 将来への蓄えなどの経済的なこと	2,752	（35.1%）
7. これからの生き方, 生きる意味などに関すること	2,949	（37.6%）
8. その他	180	（2.3%）
無回答	873	（11.1%）

（「がんの社会学」に関する合同研究班（2004），p.4より転載）

さらに，がん患者の抱える心理的な問題については，診断時，診断直後1～2週間，それ以降といった具合に，時系列的な変化があることも指摘されている。がんの告知に対しては，絶望感，否認，抑うつ，不安，無力感，不眠，食欲低下などがみられる。多くの場合は2週間程度でこれらの状態が改善し，日常生活

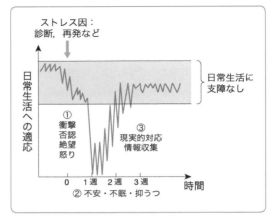

図4.3　がんに対する心の反応
（宮島・藤澤（2017), Figure 1）

に大きな支障を来さないレベルまで回復していく（**図4.3**）。しかし，これらの症状が長く続き，日常生活に支障がみられる場合には，適応障害や気分障害が疑われることになる。治療中には，治療効果や副作用に対する不安，仕事や家事への影響に関する不安，再発や転移への不安などに悩まされる。治療が終わり，定期的な検査や受診の段階になると，再発や死への不安などがみられる。転移や再発がみられた場合，多くの患者にとって非常に強いショックを感じ，怒りや治らないことへの恐れを抱く。さらに，診断時から，自分自身の生き方や自分自身の今後について，また，家族について，多くの患者が葛藤を抱く（宮島・藤澤，2017）。

　がん患者の心理状態に対して人々が関心を向けるようになったきっかけとしては，エリザベス・キューブラー・ロス（Kübler-Ross, E.）による功績が大きいといえよう。精神科医であった彼女は，主として終末期のがん患者を対象とした臨床経験から，がん患者は次の5段階を経ることを示した（Kübler-Ross，1969/2020）（**図4.4**）。

　患者はまず，自分ががんにかかっているはずがないと信じ，診断を受け入れられない。診断は間違っていると考え，医療者などの周囲の人々と関わることを拒む。次の段階は，なぜ自分ががんにかかってしまったのか，納得がいかない段階である。なぜあの人ではなく自分ががんに罹患したのか理解することができず，周囲に怒りを向けてしまう。それが過ぎると，周囲あるいは神との間で取り引きを行う段階となる。自分は良い患者になり，どんな辛

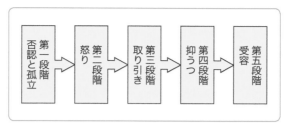

図4.4　エリザベス・キューブラー・ロスによる5段階
（Kübler-Ross（1969/2020）を基に作成）

い治療にも耐えるから，何とか自分を治してほしいと懇願する。しかしそれでも自分ががん患者であることを否定できないと自覚するようになり，治療や病状も進行するようになると，自分がもっているものやこれからの自分を失うことを嘆き，抑うつの段階に至る。最後の段階は，自分ががん患者であることや，これから自身が迎えるであろう死を受け入れる段階である。

　もちろん，すべてのがん患者がこれらの段階を経るとは限らず，人によってがんとどのように向き合うかは異なる。しかしキューブラー・ロスの著作は，人々ががん患者の「心」に関心を向ける契機となったという意味で意義がある。

B. がん患者にみられる精神医学的問題

　がん患者には，主として適応障害，うつ病，せん妄がみられることが以前より指摘されている（Derogatis et al., 1983；岡村，2013）。加えて，自殺リスクが高いことにも注意する必要がある。がん患者の自殺リスクは一般平均の2倍程度であり，時期としては診断後1年以内が多く，診断直後が最多であるといわれている。自殺のリスクとしては，男性，進行がん，高齢（65歳以上），頭頸部・肺がんなどが指摘されており，自殺の背景にある精神疾患としては，大うつ病32％，その他のうつ病性障害30％，アルコール依存13％，不安障害13％，適応障害12％が考えられる（上村，2016）。

　自殺に限らず，がん患者は抑うつ状態に陥ることが多い。うつ病の有病率は3〜10％ほどで，適応障害を合わせると，抑うつ状態の有病率は15〜40％に上る。また，進行・終末期のがん患者の場合は希死念慮が10〜20％程度にみられる（明智・内富，2008）。

　上記から，がん患者については心理的援助が必要であることが理解できる。個人心理療法も用いられてきたが，世界的にみれば，がん患者を対象として主に研究が進められてきたのは集団療法である（平井，2003）。その中でも，集団療法によってがん患者に延命効果がみられるとの研究は大きな注目を集めた。

　シュピーゲルら（Spiegel et al., 1989）は，転移性乳がん患者を対象とした集団療法を行った。この療法は，患者たちが自身の抱える悩みなどを自由に話し合うという非構成的集団療法であった。週1回，1年間行った結果，比較対照群と比べて，平均生存期間が36.6ヶ月対18.9ヶ月と，集団療法参加群が2倍近い延命という結果になった。

　フォージーら（Fawzy et al., 1993）は，悪性黒色腫（メラノーマ）患者への短期構成的心理教育的グループを実施した。このグループでは，支持的な関わりに加えて，がんについての教育，ストレスマネジメント，コーピングの改善が行われた。6回セッション（6週間）の集団療法の結果，5年後の死亡者数は集団療法参加群が3/34，対照群が10/34となり，再発率も低いことが示された。

　集団療法による延命効果という研究結果は人々の大きな関心をよんだが，残念ながら，その後の研究で延命効果については否定的な結果が示されている。生存期間と関連する要因は主として身体的・医学的な要因であり，集団療法による延命効果について現在は疑問視されている。一方，集団療法により心理面・情緒的側面および患者のQOLには効果がみられることが示されており，とりわけ，情緒的な状態が好ましくない患者や，対人関係が不十分である，悲観的であるなどの状態を示す患者の方に効果がみられやすい（Barrera & Spiegel, 2014；Goodwin et al., 2001；平井，2003；Tamagawa et al., 2012）。

日本での研究事例

　日本では，構成的な集団療法が効果を上げている。がん患者を対象とした問題解決療法を行った研究（Akechi et al., 2008；平井，2014）は，がんというストレッサーに対するコーピングの訓練を主眼とした集団療法であり，問題の定義と明確化，目標設定，解決策の生成，実行可能な解決策の選

択，解決策の実行と評価の5ステップからなるプログラムであった。術後乳がん患者36名を対象として週1回，5週間実施したところ，プログラムを完遂し，フォローアップ可能であった19名について，病院不安・抑うつ尺度（Hospital Anxiety and Depression Scale, HADS）によって測定される抑うつや不安の得点が有意に減少していることが示された。なお，このプログラムは個人療法，集団療法，どちらでも実施が可能である。

　福井ら（Fukui et al., 2000）は，前述のフォージーらの研究に倣い，健康教育（乳がんに関する医学的・心理学的な情報の提供），コーピングスキル訓練（ボディイメージ，再発への不安など，患者が経験する困難事象に対する積極的なコーピングの訓練），ストレスマネジメント（漸進的筋弛緩とイメージによるリラクセーション），そしてスタッフと患者同士による心理社会的サポートの4要素からなるプログラムを，乳がん手術後の患者に対して実施した。週1回，6週間実施した結果，Profile of Mood States（POMS）合計点において，参加者群は統制群よりも有意に低い得点を示し，また，がんに対する闘争心も高いことが示された。フォージーら（1993）を基にした集団療法を用いた保坂（2003）も同様に，心理社会的教育，問題解決技法，支持的精神療法，リラクセーション，およびイメージ療法というプログラムを週1回，5回実施した。その結果，POMSで測定される情緒的な状態において有意な改善を示している。

　心理師は，がん患者を対象とした個人カウンセリングだけではなく，集団療法に積極的に取り組み，患者のQOLを高めていくことが必要といえる。集団による援助は，同様の病気を抱えた他の患者たちとの関わりを求めるという，がん患者のニーズ（後述）にも合致しているといえる。

4.4節 ‖ 社会的な課題

　現在，政府は，がん対策基本法に基づき，がん対策推進基本計画を定めている（厚生労働省，2018）。この計画では，がん予防（一次予防，早期発見，がん検診），がん医療の充実（ゲノム医療，希少がん，AYA世代のがん等），がんとの共生（診断時からの緩和ケア，相談支援，がん患者等の就労を含めた社会的な問題等），そしてこれらを支える基盤の整備（研究，人材育成，普及啓発等）を行うことが定められている。今日，がんへの対応は，医療だけではなく，国や地方自治体，企業など社会全体が取り組む課題となってい

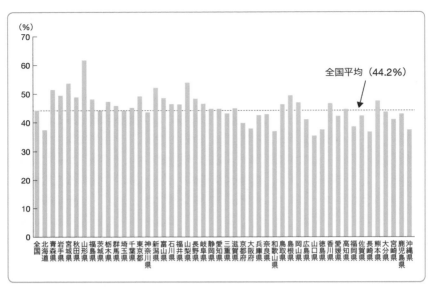

図4.5　大腸がん検診　都道府県別受診率（40〜69歳 男女計）（2019年）（国立がん研究センター，2018）

る。自治体により，がん患者のピアサポート活動等を行っているところがあり，心理師はそれぞれの地域によってどのような支援資源が得られるのか，熟知しておく必要がある。

　がんの早期発見の重要性はいうまでもない。しかし国内において，がん検診受診率には，子宮がん43.7％，乳がん47.4％（女性），胃がん検診は男性54.2％，女性45.1％と，がん種によって違いがあり（厚生労働省，2020），さらに地域差も存在する。例として大腸がんの受診率を**図4.5**に示す（国立がん研究センター，2018）。早期発見・早期治療の重要性を考えると，がん検診の受診率向上は重要な課題である。がん検診を促すには人々に対するどのようなメッセージが効果的か，受診機関が地域内においてアクセスしやすい状況・場所にあるのか，マスメディアを含めた広報についてはどのように取り組むべきかなど，人々にとって受診しやすいがん検診体制の構築は社会的に重要な課題である。

A. 多様性

　がん自体は多様な疾患であり，患者も一人一人異なる存在である。同じがんであっても，10代の人が罹患する場合と70代の人が罹患する場合では，本人や周囲の受け止め方は異なる。がんに罹患することによる影響や，夫婦，家族，職場などの周囲との関わり方も人によって異なるのは当然である。また，人は四六時中「がん患者」として生きているわけではなく，社会や家族の中で，それぞれの役割を果たし，他者と関わり，自身のアイデンティティを保とうとする。心理師は，それぞれの患者の方を一人一人異なる存在として捉え，個人としての発達段階，疾病の状況，周囲との関わり，その人にとってがんや治療が何を意味するのかなど，常に多様な視点をもって患者や家族の方々に関わることを忘れてはならない。

　日本サイコオンコロジー学会[1]では，がん患者への包括的アセスメントとして，身体症状，精神症状，社会経済的問題，心理的問題，実存的問題の5側面を挙げ，この順番にアセスメントを実施することを求めている（内富・小川，2011）。がんは単に身体的な疾患ではなく，その人の存在すべてに関わる疾患である。がんに罹患することによって，不安や希死念慮を抱いたり，医療費の困難を経験したり，職場を休むことによって周囲への気遣いを感じてしまうこともある。がんによって，自分の生きている意味を問いかけたり，それまでの生き方を振り返ったり，食事を変えたり，これからどうすればよいか途方に暮れたり，さまざまに揺れ動く。こうした患者の方々の揺れ動きをサポートすることは心理師に求められる大きな役割である。

B. ニーズに応える援助

　心理職が実際に行った業務内容を分析した研究では，患者本人や患者家族が直面している具体的な問題への対処について検討することを中心とした問題解決的カウンセリング，患者の家族への心理的援助，患者本人や家族への対応に関するスタッフへのコンサルテーションの3つが頻度として多いことが報告されている（吉津ら，2012）。緩和ケアに携わった経験のある医師・看護師を対象とした調査からは，これらの職種が心理職に求めることとして，

1　サイコオンコロジーはがんの心理的・精神医学的側面に関わる専門分野であり，日本語では精神腫瘍学と訳される。

心理学に関する専門的知識・スキル，医学的・精神医学的知識，他職種の役割や医療システムに関する知識を有し，患者・家族への対応，緩和ケアチーム内での連携，医療者へのサポート，ならびに研究を行ってほしいとの要望が寄せられていた（岩満ら，2009）。

一方，がん患者を対象とした調査からは，がん体験者が求める情報や支援として最多の回答は，「体験談・同病者との交流」（自由記述合計2,103件中446件，21.2％），その次が「診療に関する情報収集と情報提供方法」（268件，12.7％）であった（「がんの社会学」に関する研究グループ，2016）。したがって，患者会やサポートグループは患者の方々にとって大きな意味をもつことがわかる。

以上を踏まえると，患者本人，患者家族，ならびに医療スタッフへの援助，医療チーム内での連携，研究など，幅広い役割が求められており，また，心理学の専門知識・スキルのみならず，医学・医療システムに関する知識も求められているといえる。さらに心理師には，患者・クライエントを患者会などのサポート資源にリファーしたり，サポートグループを側面から援助する，あるいは，自らこうしたグループを立ち上げるといった，コミュニティアプローチの視点（金沢，2004）も必要であるといえる。

4.6節 ┃ 多様な課題

A. 家族への援助

がん医療において，家族の役割は重要である。家族は，家庭において患者へのケアを提供する役割を期待される一方で，家族自身も患者の抱える疾患や検査・治療によって大きな負担を感じてしまう。自身の家族員の誰かががんに罹患していることを他者に話すことはできず，悩みを抱えこんでしまう一方で，患者に言って良いこと・言ってはいけないことに悩む。

患者の家族は第二の患者とよばれ，その援助の必要性が叫ばれているにもかかわらず，日本では家族への援助に関する実践・研究は乏しい（佐伯，2004）。一方海外では，患者とその家族を対象とした援助について研究が行われている。その結果をレビューした研究によれば，報告された研究は，心理教育，スキルトレーニング，治療的カウンセリングの3つのいずれか，あるいはこれらを組み合わせたものであったが，心理教育とスキルトレーニングの組み合わせを主目的あるいは二次的な目的とするものが多いことが報

告されている。そして，こうしたプログラムの結果として，家族側の負担・不安の軽減，コーピングスキルおよび家族・夫婦関係の改善がみられ，また，ケア提供者としての自信が増したことが示されている（Northouse et al., 2010）。

　不幸にして家族を喪うことはがんに限らず起こりえることである。身近な人を喪うことによる悲嘆を経験して，残された人々が喪の作業（モーニングワーク）を十分に行うことができるよう，心理師は温かく受容的な関わりを行って，喪の作業を援助すること（グリーフケア）はもちろん必要である（第9章9.5節参照）。それに加えて，上記のような取り組みを行うことは，病的な悲嘆に陥らないようにするための予防としても有用であるといえよう。

B. AYA世代のがん

　思春期から概ね30代頃のがん患者の方々は，最近関心を集めており，AYA世代（Adolescent and Young Adult, AYA）とよばれている。この世代のがんは，治療によって妊孕性（将来子どもをもつことができるかどうか）の問題や同性代の友人との関わりの減少といった問題を生じることがある。さらに，親への反発，将来への不安を含めたアイデンティティ確立という発達課題を巡る葛藤など，さまざまな課題がある。AYA世代のがんについては，政府のがん対策推進基本計画にも含まれているが（厚生労働省，2018），まだ日本では取り組みの薄い領域である。心理師の今後の役割は重要といえよう。

　がんは私たちにとって身近な疾患である。心理師の果たす役割は大きく，多様である。読者には，社会の負託に応えられる心理師となることができるよう，しっかりと研鑽を積んでいただきたい。

〈引用文献〉
明智龍男（2003）. がんとこころのケア. 日本放送出版協会.
Akechi, T., Hirai, K., Motooka, H., Shiozaki, M., et al.（2008）. Problem-solving therapy for psychological distress in Japanese cancer patients: Preliminary clinical experience from psychiatric consultations. *Japanese Journal of Clinical Oncology*, 38, 867-870.
明智龍男・内富庸介（2008）. がん患者のうつと自殺. 学術の動向, 13（3）, 44-48.
Barrera, I. & Spiegel, D.（2014）. Review of psychotherapeutic interventions on depression in cancer patients and their impact on disease progression. *International Re-*

view of *Psychiatry*, 26, 31-43.

Butow, P., Price, M., Coll, J., Tucker, K., et al. (2018). Does stress increase risk of breast cancer? A 15-year prospective study. *Psycho-Oncology*, 27, 1908-1914.

Derogatis, L. R., Morrow, G. R., Fetting, J., Penman, D., et al. (1983). The prevalence of psychiatric disorders among cancer patients. *JAMA*, 249, 751-757.

Kübler-Ross, E. (1969). On death and dying. Macmillan: New York. (エリザベス・キューブラー・ロス(著). 鈴木 晶(訳)(2020). 死ぬ瞬間：死とその過程について. 中央公論社.)

Fawzy, I., Fawzy, N. W., Hyun, C. S., Elashoff, R., et al. (1993). Malignant Melanoma: Effects of an Early Structured Psychiatric Intervention, Coping, and Affective State on Recurrence and Survival 6 Years Later. *Archives of General Psychiatry*. 50, 681-689.

Fukui, S., Kugaya, A., Okamura, H., Kamiya, M., et al. (2000). A psychosocial group intervention for Japanese women with primary breast carcinoma. *Cancer*, 89, 1026-36.

「がんの社会学」に関する合同研究班(2004).「がん体験者の悩みや負担等に関する実態調査報告書：がんと向き合った7,885人の声」静岡がんセンター研究所.

「がんの社会学」に関する研究グループ(2016).「2013　がん体験者の悩みや負担等に関する実態調査報告書：がんと向き合った4,054人の声」静岡がんセンター研究所.

Garssen, B. (2004). Psychological factors and cancer development: Evidence after 30 years of research. *Clinical Psychology Review*, 24, 315-338.

Goodwin, P. J., Leszcz, M., Ennis, M., Koopmans, J., et al. (2001). The effect of group psychosocial support on survival in metastatic breast cancer. *New England Journal of Medicine*, 345, 1719-1726.

Greer, S. (1983). Cancer and the mind. *The British Journal of Psychiatry*, 143, 535-543.

平井啓(2003). がん患者の集団療法. 現代のエスプリ(426). 至文堂, 72-84.

平井啓(2014). がん患者に対する問題解決療法アプローチの適用. 行動医学研究, 20, 7-11.

保坂隆(2003). がん患者の集団療法. 現代のエスプリ(426). 至文堂, 85-93.

岩満優美・平井 啓・大庭 章・塩崎麻里子他(2009). 緩和ケアチームが求める心理士の役割に関する研究―フォーカスグループインタビューを用いて. Palliative Care Research, 4, 228-234.

金沢吉展(2004). 臨床心理的コミュニティ援助論. 誠信書房.

川村則行(1997). サイコオンコロジーの基礎：精神神経免疫学の立場から. 心身医学, 37, 135-141.

Kneier, A. W. & Temoshok, L. (1984). Repressive coping reactions in patients with malignant melanoma as compared to cardiovascular disease patients. *Journal of Psychosomatic Research*, 28, 145-155.

国立がん研究センター(2010). 日本におけるがんの原因.
　　https://epi.ncc.go.jp/can_prev/evaluation/2832.html

国立がん研究センター(2018). がん検診受診率.
　　https://ganjoho.jp/reg_stat/statistics/stat/screening.html

国立がん研究センター(2019). がんの発生要因.
　　https://ganjoho.jp/public/pre_scr/cause_prevention/factor.html

国立がん研究センター(2020年5月29日). たばことがん　まず, 知っておきたいこと.
　　https://ganjoho.jp/public/pre_scr/cause_prevention/smoking/tobacco01.html

国立がん研究センター(2020年7月6日). 最新がん統計.
　　https://ganjoho.jp/reg_stat/statistics/stat/summary.html

厚生労働省（2018）．がん対策推進基本計画．
　　　https://www.mhlw.go.jp/file/06-Seisakujouhou-10900000-Kenkoukyo-ku/0000196975.pdf
厚生労働省（2019）．平成30年（2018）人口動態統計月報年計（概数）の概況．
　　　https://www.mhlw.go.jp/toukei/saikin/hw/jinkou/geppo/nengai18/index.html
厚生労働省（2020）．2019年国民生活基礎調査の概況．
　　　https://www.mhlw.go.jp/toukei/saikin/hw/k-tyosa/k-tyosa19/dl/14.pdf
宮島加耶・藤澤大介（2017）．がん患者・家族のストレス．ストレス科学研究，32，4-9．
Morris, T., Greer, S., Pettingale, K. W. & Watson, M. (1981). Patterns of expression of anger and their psychological correlates in women with breast cancer. *Journal of Psychosomatic Research*, 25, 111-117.
Northouse, L. L., Katapodi, M. C., Song, L., Zhang, L., et al. (2010). Interventions with family caregivers of cancer patients: Meta-analysis of randomized trials. CA: *A Cancer Journal for Clinicians*, 60, 317-339.
岡村　仁（2013）．サイコオンコロジー総論．心身医学，53，386-391．
佐伯俊成（2004）．がん患者と家族に対する心理社会的介入．心身医学，44，495-501．
Schoormans, D., Husson, O., Denollet, J. & Mols, F. (2017). Is Type D personality a risk factor for all-cause mortality? A prospective population-based study among 2625 colorectal cancer survivors from the PROFILES registry. *Journal of Psychosomatic Research*, 96, 76-83.
Spiegel, D., Bloom, J. R., Kraemer, H. C. & Gottheil, E. (1989). Effect of psychosocial treatment on survival of patients with metastatic breast cancer. *Lancet*, 888-891.
Tamagawa, R., Garland, S., Vaska, M. & Carlson, L. E. (2012). Who benefits from psychosocial interventions in oncology? A systematic review of psychological moderators of treatment outcome. *Journal of Behavioral Medicine*, 35, 658-673.
Temoshok, L., Heller, B. W., Sagebiel, R. W., Blois, M. S., et al. (1985). The relationship of psychosocial factors to prognostic indicators in cutaneous malignant melanoma. *Journal of Psychosomatic Research*, 29, 139-153.
内富庸介・小川朝生（編）（2011）．精神腫瘍学．医学書院．
上村恵一（2016）．がん患者における自殺．心身医学，56，789-795．
吉津紀久子・東井申雄・平井　啓（2012）．がん医療において心理士に求められる役割について：大阪大学医学部附属病院心のケアチームの臨床実践データから．心身医学，52，405-412．

第 5 章

後天性免疫不全症候群

WHO（World Health Organization：世界保健機関, July 6, 2020）によれば，世界では2019年末において3,800万人のHIV感染者がおり，これまでHIV感染症によって3,300万人の命が失われている。しかし現在では，予防や治療等の進歩により，HIV感染症は慢性疾患として捉えられており，以前よりも長期の生存が可能となっている。しかしながら，医療等の格差のため，2019年には世界で69万人がHIVによって亡くなっており，同じ年には1,700万人の新規感染者数が報告されている。

HIV/AIDSを取り巻く諸問題は，多様な要因の絡む複雑な問題である。予防，早期発見・早期介入，治療や病への対処，慢性疾患かつ感染症であるHIV感染症への対応，多職種チームによる専門職連携などの点で，心理学の果たす役割は大きい。

5.1節 ┃ 後天性免疫不全症候群とは

後天性免疫不全症候群（AIDS：Acquired Immunodeficiency Syndrome）は，ヒト免疫不全ウイルス（HIV：Human Immunodeficiency Virus）によって引き起こされる感染症である。HIVとAIDS（エイズ）は混同されることがあるが，AIDSは疾患名，HIVはウイルスである。HIVに感染することによって生じるHIV感染症について理解するには，まずHIVについて理解することが必要である。

A. HIV

i）HIV感染症の実態

2018年の国内におけるHIV感染者・AIDS患者についての報告数を**図5.1**に示す（厚生労働省エイズ動向委員会，2019）。

2019年12月31日現在の国内のHIV感染者とAIDS患者の累計は31,368名と報告されている（厚生労働省エイズ動向委員会，2020a）。また，本書執筆時点における最新のエイズ動向委員会の報告（厚生労働省エイ

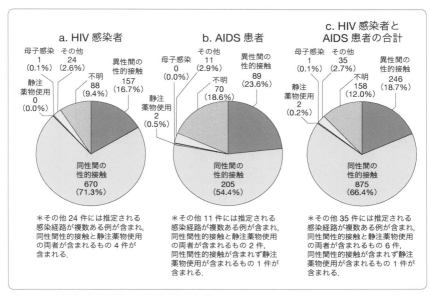

図5.1　2018年新規報告の感染経路別内訳
（厚生労働省エイズ動向委員会（2019），平成30（2018）年エイズ発生動向概要, p.2, 図4）

ズ動向委員会，2020b）によれば，2019年の新規HIV感染者報告数は891件，新規AIDS患者報告数は328件，HIV感染者とAIDS患者を合わせた新規報告数は1,219件であった。この新規HIV感染者報告数および新規AIDS患者報告数は，直近3年間で連続の減少を示している。これらの新規HIV感染症感染者および新規AIDS患者報告の感染経路をみると，性的接触によるものが8割を占めている。また，年齢別では，新規感染者については特に20～40歳代が，そして新規AIDS患者については30～50歳代が多い。こうした傾向は上記の2018年と同様といえる。

　新規報告数全体に占めるAIDS患者報告数の割合は依然として約3割のまま推移している（厚生労働省エイズ動向委員会，2020b）ことから，症状が発生してから医療機関を受診し，そこで初めてHIV感染が判明するケースが未だ後を絶たないことがわかる。早期発見・早期治療は極めて重要である。

ⅱ）HIVの感染経路と感染の段階

　HIVの感染経路は，性行為，血液，母子感染の三つである。それぞれの感染確率は概ね**表5.1**のとおりである。

表5.1　感染経路別の感染確率

感染経路		感染確率（%）
血液	輸血※	90.0
	針刺し事故	0.1〜1.0
	注射針の共用（薬物静脈注射）	0.670
性行為	肛門性交（受け側）	0.500
	膣性交（受け側）	0.100
	肛門性交（挿入側）	0.065
	膣性交（挿入側）	0.050
	オーラルセックス（受け側）	0.010
	オーラルセックス（挿入側）	0.005
母子感染	母子感染	20〜25

（Smithら（2005）および藤井（2009）を基に作成）
※ウィルス不活化処理等を行わなかった場合の輸血による確率である。日本では，日本赤十字社が献血において感染防止対策を講じているため，献血による感染確率は，極めてゼロに近いといえる。

　HIVはCD-4陽性T細胞（CD-4陽性Tリンパ球）に感染する。T細胞は，人間の免疫系の中心的な役割を果たしている重要な細胞であるが，そのT細胞のうち，細胞の表面にCD-4という種類のタンパク質からなる受容体を有している細胞がCD-4陽性T細胞である。HIVはこのT細胞に感染し，その中に入り込んで増殖していく。HIV自身はRNAを有しているがDNAを有していないため，宿主のT細胞のDNAを利用して増殖していく。

　CD-4陽性T細胞は，成人の健康時，血液1 μL[1]中に700〜1,300個であるが，HIVに感染すると，この数が減少していく。500個よりも少なくなると免疫の状態が不十分となり，200個未満となると免疫不全の状態となって，種々の日和見疾患（**表5.2**）[2]に罹患してしまう（藤井，2018；日本エイズ学会HIV感染症治療委員会，2019）。そして，HIVに感染すると**表5.3**の三つの段階を経て感染が進行していくことが知られている。

1　μL（マイクロリットル）＝1/1000 mL
2　通常の健康な状態では感染しないが，本人の免疫力が弱まっている時に感染・発症してしまう疾患。

表5.2　CD-4陽性細胞数と日和見感染症（日和見疾患）との関連

CD-4 陽性細胞数	よくある日和見感染症
500個/μL以上	急性レトロウイルス症候群, 腟カンジダ症
200〜500個/μL	細菌性肺炎, 肺結核, 帯状疱疹, カポジ肉腫, 口腔カンジダ症, 口腔毛状白板症
200個/μL以下	ニューモシスチス肺炎（カリニ肺炎）, 粟粒結核, 肺外結核, 進行性多巣性白質脳症（PML）
100個/μL以下	播種性ヘルペス, トキソプラズマ症, クリプトコッカス症, 食道カンジダ症
50個/μL以下	播種性サイトメガロウイルス感染症, 非結核性抗酸菌感染症（MAC）

（本田（2012）, p.117）

表5.3　HIV感染症の3段階

①感染初期（急性期）	発熱や喉の痛み, 発疹といった, インフルエンザのような症状がみられるが, これらの症状は数週間で消失する。
②無症候期	表面的には症状が見られないが, HIVは感染者の体内で増殖している。個人差があるが, 無治療の場合, 数年から10年前後といわれている。
③AIDS発症期	エイズは感染症の予防及び感染症の患者に対する医療に関する法律（感染症法）によって「五類感染症」に分類されている。患者がHIVに感染しており, 23の指標疾患（ニューモシスティス肺炎, カポジ肉腫, 活動性結核, カンジダ症, サイトメガロウィルス感染症, 等）のいずれかに該当する場合はAIDSと診断され, 感染症法第12条第1項により, 医師は7日以内に都道府県知事に届け出なければならない。

（日本エイズ学会HIV感染症治療委員会（2019）を基に作成）

B. HIV検査

　HIVに感染しているか否かは, 検査をしなければわからない。この検査は抗体検査とよばれ, 5mLほどの少量の血液を採取して行われる。抗体検査とは, HIVに対する抗体がその人の体内に存在しているかどうかを調べる検査である。抗体とは, 体内に感染源が入ってきた際, その感染源を排除しようとして体内に作られるものであり, それぞれの感染源に特有の抗体が作られる。つまり, 例えばAというウイルスが体内に侵入すると, そのAウイルスに対抗する抗体が作られ, Bというウイルスが入ってくると, 今度

はBウイルスへの抗体が作られるのである。これは抗原抗体反応とよばれている。

　HIVに対する抗体が，検査で検出できるレベルに達するまでには時間がかかる。通常，抗体検査は，感染リスクのある状況を体験してから3ヶ月経過してから受けることになっている。感染リスクのある状況を体験してから，体内に十分な抗体が作られるまでの期間をウィンドウピリオドとよんでいる。

　医療機関では通常，有料で検査が行われているが，保健所では匿名かつ無料で抗体検査が受けられる。検査結果が判明するには，普通，1週間ないし10日程度を要する。なお，一部の機関においては即日検査も実施されており，この場合はその日のうちに結果が判明する。しかし偽陽性[3]となる場合があり，即日検査で「陽性」の結果が示された場合は確認検査が実施され，その場合は結果を得るまでに1週間ないし10日程度が必要となる。

C. 治療

　現在，HIV感染症に対する治療は抗レトロウイルス療法（ART：antiretroviral therapy）による投薬治療である。かつては，定められた時間間隔をおいてたくさんの薬を服用しなければならず，摂取すべき水分量も多いなど，生活上での制約が多かったが，治療薬の進歩はめざましく，現在では，症状や感染者の状態により，1日1回1錠の服薬が可能となっている。このことは感染者のQOL向上に大きく役立っている。また，治療成績も向上し，今では長期間にわたって血液中のHIV RNA量を検出限界以下に抑えることが可能となっている。治療のねらいは，ARTによってHIVの増殖を抑え，無症候期を長く維持することである。

　ARTの副作用としては，脂質代謝異常，糖代謝異常，ふらつき，異夢，うつ，睡眠障害，希死念慮などが報告されている（HIV感染症及びその合併症の課題を克服する研究班，2010）。

5.2節 ┃ HIV感染に関わる心理的要因

A. 検査に関わる不安

　検査を受ける側の立場に立ってみると，不安は非常に強い。多くの場合，

3　偽陽性とは，本当は陰性であるにもかかわらず陽性が出てしまうこと。

自身にとって気になること（見知らぬ人との性行為など）を経験したことが検査のきっかけとなるわけであるから，「自分はHIVに感染したのではないか」と不安になるのは十分に理解できる。しかし検査を受けても結果はすぐには判明しない。結果を聞くまでの間待たなければならないが，この「待たされる」時間も辛い。自分は陽性なのか陰性なのか，わからない状態が続くということは受検者の気持ちを大きく動揺させる。実際，保健所における調査では，抗体検査の結果待ち期間中の不安が最も高いことが示されている（花澤ら，2001）。

B. アドヒアランス

HIVの治療においては治療に関するアドヒアランスに注意する必要がある。アドヒアランスは，患者が治療に関する指示を守りながら積極的に関わることを指す。かつては，治療に関する意思の指示を患者が遵守する，という意味でコンプライアンスとよばれていたが，医師と患者の間の上下関係がニュアンスに含まれ，患者側の主体的な治療への関わりが考慮されにくいことから，現在では，患者自身が治療計画の決定に積極的に関わり，決定されたセルフケア行動を遂行すること（石井，1995）として，アドヒアランスとよばれている。

不十分な服薬や服薬中断，薬の飲み忘れが起こると，薬剤の血中濃度が低下し，ウイルス増殖を抑える力が弱くなってしまう。その結果，薬剤への耐性ウイルスの危険性が生じてしまうのである（日本エイズ学会HIV感染症治療委員会，2019）。

アドヒアランス低下は感染者本人だけの問題にとどまらない。二次感染予防のためにもアドヒアランス維持は重要である。最近の研究では，血中HIV RNA量を200コピー/mL未満に継続的に抑えることによって，性的パートナーのHIV感染を防止することが可能となることが示されている（ただし，他の性感染症への感染を防ぐことはできない）（HIV感染症及びその合併症の課題を克服する研究班，2020）。

5.3節 ┃ HIV感染に関わる社会的要因

HIV感染者についての最初の公式報告は1981年であった。アメリカのCDC（Centers for Disease Control and Prevention：アメリカ疾病

予防管理センター）が，1980年10月から1981年5月にかけて，ロサンゼルスの三つの病院において，5名の男性（いずれも同性愛者）がカリニ肺炎の治療を受け，そのうち2名が死亡したこと，この5名はいずれも薬物使用者であることを伝えた（CDC, June5, 1981）。この人たちにはいずれも目立った健康上の問題がないこと，カリニ肺炎は健康な人にはめったにみられないことから，人々の間に，HIV感染症は男性同性愛者や薬物使用者の病気であるとの噂が広まり，これらの人々に対する偏見と差別が急速に広がるようになった。

　日本では1985年に初のHIV感染者の報告があり，その後日本でもアメリカと同様，男性同性愛者等に対する中傷や，職場や地域社会における差別が行われるようになってしまった（宗像ら，1994）。さらに，日本はHIV/AIDSに関する積極的な対策が遅れてしまい，先進国中で唯一，HIV感染者・AIDS患者が増加している国であったことも忘れてはならない（宗像ら，1994）。

5.4節 ｜ 心理職としての関わり

A. 検査に関わる援助

　先述のように，抗体検査に来られる方々は強い不安を抱えている。そこで，検査時にカウンセリングを行うことは心理師に求められる業務の一つである。実際，抗体検査時にカウンセリングを行うことによって，受検者の不安を有意に低減させることができる（花澤ら，2001）。

　抗体検査時・検査結果の告知，両時点においてカウンセリングを行うことは，不安の低減だけではなく感染予防の点からも有用である（花澤ら，2001；浦尾ら，1999）。検査のために来所したということは，ご本人自身がハイリスク行動を行ったことを認識していることを意味している。したがって，検査時・結果告知の両時点は，HIVの感染予防を行う絶好の機会といえる。そこで心理師としては，受検者の不安を受け止め，傾聴するだけではなく，HIVの感染経路やHIVの治療について説明を行うことに加えて，後述するセーファーセックス実行のための行動変容について説明し，行動契約を結ぶことが有益である。そして，その行動契約が実行されているか，継続的にカウンセリングを行うことにより，行動変容を促すことが必要である。

　検査の結果，陽性であることが判明した場合には，その後カウンセリング

を継続的に行っていく必要がある。その意味でも検査時のカウンセリングは重要である。陽性告知を受けると，ほとんどの方が，その時点で大きなショックを受けてしまい，「何を言われたか覚えていない」状況に陥ってしまう。陽性告知は医師のみに許される行為であるが，通常は，その医師に会うのは結果告知時点が初めてである。見ず知らずの医師から突然陽性告知を受けることが大きな混乱をもたらすことは十分に理解できる。このことを考えると，検査時点において受検者が心理師と面談を行い，自身の抱える不安などを語ることによって，心理師と関係を作っておくことは，その後の治療にスムーズに移行する意味でも重要である。

B. アドヒアランスに関わる援助

　服薬率の維持のためには通院を維持することが必須である（HIV感染症及びその合併症の課題を克服する研究班，2020）。処方を行うのは医師であるが，服薬も通院も感染者自身の行動であるから，心理師は，服薬，通院，感染予防行動などを含めて，感染者自身がアドヒアランスを維持することができるよう援助を行う必要がある。

　服薬のアドヒアランスについては，医師や薬剤師が留意することでもあるが，心理職の役割も大きい。治療・投薬に関する知識についての教育はもちろん大切であるが，それだけではなく，明確な目標の設定，行動契約，スモールステップでの行動の明確化，セルフモニタリング，ソーシャルサポート，周囲の人からのリマインド，アドヒアランスがうまくできた際の強化といった，認知行動療法的な援助が有用である（Johnson & Carlson, 2004）。実際，HIV感染者については，認知行動療法の技法を用いた援助，動機づけ面接，あるいはリラクセーションが個人あるいは集団，またはその両者の組み合わせという形態で提供されており，これらの心理社会的な援助が有効であることが示されている（Spaan et al., 2020）。したがって心理師は，例えば，クライエントの1日のスケジュールの中でどこに服薬を組み込むか，クライエントと相談し，毎日予定通りに服薬が実行できたなら，1週間の終わりに自分自身に対して何らかの「ご褒美」をあげるといった自己強化を用いることができる。また見やすい・手に届きやすいところに薬を置いておくといった刺激統制法や，アドヒアランスがうまくいっている人の例を参照するモデリング，さらには周囲の人からのリマインドの働きかけも有用であろう。個人だけではなくグループを用いた援助も有益である。

C. 治療プロセスにおける援助

治療プロセスにおける援助の例として，専門のカウンセラーが行う，いわゆるHIV/AIDSカウンセリングが挙げられる。現在，HIV/AIDSに関わる国全体の対応として，ブロック拠点病院，中核拠点病院及びエイズ治療拠点病院といった体制がとられている。カウンセリングに関しては，こうした医療機関内にカウンセラーが配置されている場合や，自治体によるカウンセラー派遣が行われている場合がある（HIV感染症及びその合併症の課題を克服する研究班，2010）。これらのいわば公的な取り組みに加えて，HIV/AIDSに関しては，古くからNPO/NGO活動やボランティアによる取り組みも活発に行われてきている。

HIV感染者の心の状態は，自身の身体の状況に直結する数値であるCD-4値（CD-4陽性T細胞数）や血中ウイルス量（HIV RNA量）に大きく左右される。p.85の表5.2のように，CD-4の値は，自身がどのような疾患にかかりやすいかを大きく左右するため，診察時に示されるこれらの数値によって，感染者は不安や気分の落ち込みを示したり，あるいは逆に，数値が改善することによって気持ちが落ち着いたり高揚したりする。

しかし，感染者が相談時に語る内容は感染に関わる事柄だけではなく多様である。社会福祉制度の利用，経済的問題，疾患・治療の受容，対人関係，仕事上の悩み，治療内容，プライバシー，身体的障害，脳機能障害等，実に多くの相談が寄せられる（国立大学保健管理施設協議会エイズ特別委員会，1998；矢永ら，2000）。また，感染しているということ自体が高ストレス状況であることから，それを契機として適応障害や気分障害などもみられる（中西・赤穂，2011；渡邊ら，2018）。さらに，自身が感染してしまった場合，自分自身のパートナーや家族にどのように伝えるか，伝えたら自分は捨てられてしまうのではないか，友人との付き合いはこれからどうすればよいのかなど，単に感情を受け止めるだけではなく，具体的な問題解決も相談には必要である。加えて，パートナーや家族が感染者の感染を受け入れて共に生きることができるよう支える援助，命や生き方に関わる実存的課題，仕事やこれからの人生に関わる問題など，扱うべき事柄は多い。

また，HIVに感染しているということは，感染者自身にとって大きなストレッサーである。したがって，コーピングスキル訓練等を用いたストレスマネジメントは有効と考えられる（Brown & Vanable, 2008）。

以上を踏まえると，心理師に求められることも多様であることがわかる。

大きく分けると，治療・医療費，日常生活の留意点に関する情報提供，クライエント個人・カップル・家族を対象とした心理療法（個人療法，カップル療法，家族療法），医療従事者への働きかけ，コミュニティアプローチ（地域における感染者や遺族の活動への働きかけ等）が挙げられる（矢永ら，2000）。加えて，ストレスマネジメントも有益である。

D. 神経心理学的検査

HIV感染が進行すると，HIVが脳などの中枢神経系に感染することが知られており（岸田，2006；中川，2008；雪竹，2020），HIV脳症などともよばれる。それ以外にも，軽度の認知機能の低下がみられることがあり，HIV関連神経認知障害（HAND：HIV associated neurocognitive disorder）とよばれている。HANDは，感染者のアドヒアランスや仕事など社会生活への影響を生じることから，感染者の認知機能を客観的に測定することは，適切な援助につながる有益なことといえる。心理師は，神経心理学的検査によってクライエントのアセスメントを行うことが必要となる。現在，感染者を対象とした神経心理学的検査が国内でも開発されている（HIV感染症及びその合併症の課題を克服する研究班，2010；小松ら，2018；森岡ら，2014）。

さらには，HIV治療の進歩に伴って感染者の無症候期間が長期化することに伴い，HAND以外にも運動障害等を呈してリハビリテーションの対象となる感染者もみられる。神経心理学的検査を含めて，疾患の受容等に関わる援助も必要とされている（新藤，2006）。

E. 感染予防

HIVは感染経路が明確であることから，予防が可能な感染症であり，これまでも多くの感染予防活動が行われている。とりわけ性行為による感染者が最も多いことから，性行動に関わる予防活動がその中心である。

不特定多数の相手との性行為，コンドームを使用しないセックス，薬物（アルコールなどを含む）の使用などはハイリスク行動とよばれ，これらを行わないことが予防のために必要になる。したがって，セックスを行う場合にはセックスの最初から最後までコンドームを使用する，セックスの相手を特定する，麻薬やアルコールなどの薬物を使用しない，といったことがまず挙げられる。これらの行動はセーフセックスやセーファーセックスとよばれ

ている。自身が感染することを予防するだけではなく，不幸にして感染してしまった場合は，自分自身のパートナーを感染させないようにするためにも必要な行動である。また，自身が出血してしまった場合には，他の人が自身の血液に触れることがないような手立てを打つ必要がある。さらに，他の性感染症に感染している場合にはHIVに感染する確率が高くなったり，他の性感染症が重症化することがあるため，HIVに限らず，性感染症予防はHIV感染予防にとって欠かせない。

　感染予防に関して，ピア・エデュケーション（渡部・野津，2005）は注目される活動の一つである。これは，主として，性行動が活発な若者を対象として行われる心理教育的な予防活動である。思春期を中心とした若者に対して，HIV/AIDSとは何か，予防には何が必要か，セーファーセックスはどのように行うのかなどについて教育し，その教育を受けた若者たちが他の若者たちを相手にしてHIV/AIDSの予防教育セッションを行う。同じ内容であっても，親や教師といった人たちから耳にするよりも，同じ年代・同じ立場にいる若者から聞く方が受け入れやすいのである。

　HIV/AIDSの予防は，単に性行為にとどまらない。感染者に対する人権教育も併せて行われなければ意味がない。前述のように，感染者の方々に対する差別や偏見は強い。それによって感染者の方々は孤立し，非感染者は，HIV/AIDSを自分とは違う世界のことのように思ってしまう。そして，自分には無縁のこと，自分は感染するはずがないと思ってしまうことにより，感染が広がってしまう。ウイルスは人を選ばない。誰でも感染するリスクがある。今日，HIV感染症は，服薬により，無症候期間を長期にわたって維持することが可能となっている。感染した人たちが社会で受け入れられ，仕事や生活，出産，育児などを負担なく行っていくことができるよう，そして，不幸にして感染した人々を守ることができるよう，社会全体で取り組まなくてはならない。心理師には，面接室の中にとどまるのではなく，地域社会，学校，職場などを相手に，啓発活動を行っていくことが求められる。

F. 他職種との関わり

　ここまで述べてきた心理職の業務は，いずれも他職種との関わりを含んでいる。検査時においては，保健師と共に業務を行うことがある。保健師が抗体検査を行うとしても，心理師は検査の前後に受検者と面談するのみならず，受検者への対応について検査の前後に話し合うことは保健師にとっても有益

となる。医療費や治療費の補助，障害者手帳等に関する知識は心理師にも必要であるだけではなく，実際にこれらの援助を感染者が得るためには，福祉職との連携が求められる。クライエントと医療者側とが良好な関係を維持できるよう，クライエントの置かれている状況や心理状態を踏まえて，医療者との関係作りも心理師にとっては重要である。さらにアドヒアランスの観点から，クライエントが医療者側に対して不満を有している場合は，本人の許可を得たうえで，クライエント―医療者側の間のつなぎ役となることも求められる。医療者に対して，クライエントへの対応に関するコンサルテーションを行うことも有益である。加えて，職場や地域社会において，また，ピアサポートの視点からも，クライエントとその家族がサポート資源を有用に活用できるようなコミュニティアプローチも求められる（池上ら，2000）。予防に際しては，学校での教育も有益であることから，学校への働きかけも有用である。

5.5節 専門家自身の課題

　心理臨床の場では，治療者側からの逆転移が，しばしば治療の妨げになることが指摘されている。心理師自身がHIV感染者に対してもっている偏見，性を語ることへの抵抗感，死に対する恐れといった，専門家自身の情緒的要因は，クライエントとの接触にネガティブな影響を及ぼしうる。日本の大学生を対象とした調査では，HIV陽性者に対する偏見が存在することと，感染経路に関する知識が少ないほど偏見が強いという結果が示されている（飯田ら，2010）。一方，別の調査では，感染経路に関する正しい知識と偏見との関連は見い出されず，偏見との関連が見い出されたのは，同性間性行為に対する否定的態度であった（飯田，2017）。

　心理的援助において，クライエントとの間に温かく信頼に満ちた深い関係を築くことのできる心理職側の力量はきわめて重要である。心理職がクライエントに不安や偏見をいだけば，そこに良好な心理職―クライエント関係は生まれにくい。さらに，クライエント周囲の人や社会が感染者に対して示しているような疎外をセラピストも行ってしまうことになり，これでは感染者を救うはずの援助の場が感染者をますます悪い状況へと追い込む場になってしまう。

　国内の研究においても，HIV感染者に関わることに対する専門家側の不

安と恐れ，自信のなさ（西村ら，2016）が指摘され，そのため相談体制が不十分（井上ら，2004）であることが示唆されている。こうした状況を変えていくために，一般の人々だけではなく，心理師に対するHIV/AIDS教育は肝要である。感染者の方々に関わることに対して自分自身はどのように受け止め，どのように感じているのか，逆転移が働いていないか，常に吟味しなければならないのである。

〈引用文献〉

Brown, J. L. & Vanable, P. A.（2008）. Cognitive-behavioral stress management inter-ventions for persons living with HIV: A review and critique of the literature. *Annals of Behavioral Medicine*, 35, 26-40.

Centers for Disease Control and Prevention（June5, 1981）. Pneumocystis Pneumonia -- Los Angeles. Morbidity and Mortality Weekly Report, 30(21), 1-3. https://www.cdc.gov/mmwr/preview/mmwrhtml/june_5.htm

藤井輝久（2009）. HIVの感染経路. 日本内科学会雑誌, 98, 2762-2766.

藤井 毅（2018）. 高齢化するHIV感染症と呼吸器感染症. 日本内科学会雑誌, 107(3), 423-428.

花澤佳子・浦尾充子・金井明美・石川雅子他（2001）. 保健所におけるHIV抗体検査受検者に対するカウンセリングの意義について：抗体検査に伴う不安の検討から. 日本エイズ学会誌, 3, 136-139.

HIV感染症及びその合併症の課題を克服する研究班（2010）. HIV診療における外来チーム医療マニュアル（改訂第2版）. https://www.haart-support.jp/manual/team_medical_manuall2-2.pdf

HIV感染症及びその合併症の課題を克服する研究班（2020）. 抗HIV治療ガイドライン. https://www.haart-support.jp/pdf/guideline2020.pdf

本田美和子（2012）. HIV/AIDS感染症の現状と展望. 日本耳鼻咽喉科学会会報, 115, 759-766.

飯田昌子（2017）. HIV陽性者に対する態度の形成要因について　日本エイズ学会誌, 19, 47-52.

飯田敏晴・いとうたけひこ・井上孝代（2010）. 日本の大学生におけるHIV感染経路に関する知識と偏見との関連―性差に焦点を当てて―. 応用心理学研究, 35, 81-89.

池上千寿子・生島 嗣・徐 淑子・野坂祐子他（2000）. HIV陽性者に対する地域の支援および陽性者によるサポート資源の活用について. 日本エイズ学会誌, 2, 205-210.

井上洋士・村上未知子・有馬美奈・市橋恵子他（2004）. HIV感染者のセクシュアルヘルスへの医療従事者による支援に関する調査研究. 日本エイズ学会誌, 6, 174-183.

石井 均（1995）. 治療困難例への心理的アプローチ. Diabetes Frontier, 3, 295-302.

Johnson, S. B. & Carlson, D. N.（2004）. Medical regimen adherence: Concepts, as-sessment, and interventions. In Raczynski, J. M. & Leviton, L. C.（Eds.）, Hand-book of clinical health psychology: Vol.2. Disorders of behavior and health (pp.329-354). Washington, DC: American Psychological Association.

岸田修二（2006）. AIDSに伴う脳炎・脳症. 日本内科学会雑誌, 95, 1286-1290.

国立大学保健管理施設協議会エイズ特別委員会（1998）. エイズ：教職員のためのガイドブック―'98.

小松賢亮・渡邊愛祈・高橋（仲里）愛・中尾 綾他（2018）. HIV関連神経認知障害と神経心理検査バッテリー. 心理臨床学研究, 36, 85-91.

厚生労働省エイズ動向委員会（2019）. 平成30（2018）年エイズ発生動向―概要―. https://api-net.jfap.or.jp/status/japan/data/2018/nenpo/h30gaiyo.pdf

厚生労働省エイズ動向委員会（2020a）．感染症法に基づくHIV感染者・エイズ患者情報．
　　https://api-net.jfap.or.jp/status/japan/data/2020/2005/20200511_HYO-02.pdf
厚生労働省エイズ動向委員会（2020b）．第154回（令和元年 第3・第4四半期）エイズ動向委員
　　会 委員長コメント．
　　https://api-net.jfap.or.jp/status/japan/data/2020/2005/20200511_coment.pdf
森岡 悠・岸田修二・今村顕史・関谷紀貴他（2014）．HIV関連神経認知障害が疑われたHIV感染
　　者の検討．感染症学雑誌, 88, 141-148．
宗像恒次・森田眞子・藤澤和美（1994）．日本のエイズ．明石書店．
中川正法（2008）．HIV感染と神経合併症．日本内科学会雑誌, 97, 1690-1696．
中西幸子・赤穂理絵（2011）．HIV/AIDSにおける精神障害．総合病院精神医学, 23, 35-41．
日本エイズ学会HIV感染症治療委員会（2019）．HIV感染症「治療の手引き」第23版．
　　http://hivjp.org/guidebook/hiv_23.pdf
西村由実子・岩井美詠子・尾崎晶代・和木明日香他（2016）．近畿圏の保健師におけるHIV検査
　　相談の現状に関する研究．日本エイズ学会誌, 18, 20-28．
新藤直子（2006）．HIV感染症患者のリハビリテーション．医療, 60, 152-155．
Smith, D. K., Grohskopf, L. A., Black, R. J., Auerbach, J. D., et al（2005）．Antiretroviral
　　Postexposure Prophylaxis After Sexual, Injection-Drug Use, or Other Nonoccupa-
　　tional Exposure to HIV in the United States: Recommendations from the U.S. De-
　　partment of Health and Human Services. MMWR 54（RR02）, 1-20．
　　https://www.cdc.gov/mmwr/preview/mmwrhtml/rr5402a1.htm
Spaan, P., van Luenen, S., Garnefski, N. & Kraaij, V.（2020）．Psychosocial interven-
　　tions enhance HIV medication adherence: A systematic review and meta-analysis.
　　Journal of Health Psychology, 25, 1326-1340．
浦尾充子・西村 明・池上 宏・石川 洋他（1999）．保健所におけるHIV・エイズカウンセリング：心
　　理職としての取り組み．日本エイズ学会誌, 1, 64-69．
矢永由里子・山本政弘・岡部泰二郎・城崎真弓他（2000）．HIVチーム医療における心理力ウンセ
　　リングの機能：二重構造の枠組み．日本エイズ学会誌, 2, 111-117．
雪竹基弘（2020）．進行性多巣性白質脳症（概説と最近の話題）．神経感染症, 25, 72-79．
渡部 基・野津有司（2005）．我が国の学校における性・エイズ教育のピアエデュケーションプログ
　　ラム開発の展望―中学生・高校生を対象としたプログラムの比較―．日本健康教育学会誌,
　　13, 68-76．
渡邊愛祈・西島 健・髙橋卓巳・小松賢亮他（2018）．抗HIV療法が確立した時代のHIV定期通院
　　患者の精神疾患有病率とその特徴　日本エイズ学会誌, 20, 47-52．
World Health Organization（July 6, 2020）HIV/AIDS Key facts.
　　https://www.who.int/news-room/fact-sheets/detail/hiv-aids

第 6 章

心臓血管系疾患

6.1節 心臓血管系疾患の病態

　心臓血管系疾患は，心臓・血管など循環器における疾患の総称であり，がん（悪性新生物）や脳血管疾患（脳卒中，脳梗塞など）とともに，3大死亡原因として挙げられる。厚生労働省（2019）の死因順位別死亡数の年次推移によると，1985年に脳血管疾患にかわり第2位となり，その後も死亡数・死亡率ともに増加傾向が続き，2018年には20万8,210人（死亡率（人口10万対）は167.6）が死亡している。また，2018年では全死亡者に占める割合は15.3％となっている。

　心臓血管系疾患には，心筋梗塞（myocardial infarction：MI）や狭心症（angina pectoris：AP）などの冠状動脈性心疾患（coronary heart disease：CHD）をはじめとして，不整脈，拡張型心筋症などの心筋疾患や，弁膜症などが挙げられる。中でも代表的な心臓血管系疾患であるCHDは，心臓に栄養を送っている冠状動脈が狭くなったり詰まってしまったりすることにより，血流が妨げられることで起こる疾患である。血管が細くなる原因は，主に冠状動脈にかゆ状のコレステロールがたまるアテローム性動脈硬化症である。MIは冠状動脈が完全に詰まって，心臓の筋肉が壊死を起こした状態をいい，完全に詰まってはいないが，血液の量が足りず，胸痛が起こる状態をAPという。これら心臓血管系疾患の医学的危険因子としては，血中コレステロールの濃度，高血圧，糖尿病，喫煙，塩分の摂りすぎ，肥満，運動不足などが挙げられてきた。しかし，上記の危険因子をうまく抑えてもなお冠動脈性心臓血管系疾患の発生率を劇的に抑えることはできなかった。そこで注目されてきたのが，性格や行動様式が心臓血管系疾患の発生に関係するという立場であった。

　現在の心臓血管系疾患の治療には，医学的治療と同等あるいはそれ以上に心理・社会的な側面に対する介入が重要視されている。さらに食事療法，運動療法，禁煙指導，飲酒指導に関しても重要な介入すべき問題である。以上の治療的介入や行動変容については，健康心理学や健康教育の概念・知識お

よび介入手法，技術が非常に有効である。

6.2節 │ 心臓血管系疾患患者の心理的特徴と予後に対する影響

A. 心臓血管系疾患と抑うつ

　心臓血管系疾患患者の約30％が，抑うつ状態，不安などを引き起こし，心不全患者の死亡や心血管イベント発生など，余命や予後に大きく影響している（Barefoot et al., 1996；Barth et al., 2004）。また，患者本人のみならず家族も長期間その精神症状によって苛まれるといわれている。一方，ストレス，不安感，抑うつ症状などはCHD危険因子，あるいは動脈硬化進行の予測因子でもある（Kubzansky et al., 2006）。また，心血管疾患が生じるリスクはうつ病群では高いといわれ（Frasure-Smith et al., 1999），うつ病を合併している症例では心室頻拍，心室不整脈による突然死が高率であるといわれている（菅・坪井，2006）。また，抑うつ状態，不安感だけではなく，敵意，怒り，心理的ストレスなどの心理的要因も心臓血管系疾患患者の健康状態に強く影響するという報告もある（Iribarren et al., 2000）。

　うつ症の合併により初発心臓血管系疾患患者における1年以内の心イベント（**コラム**）発生率が2倍になると予測されており（Carney et al., 1988），その後5年間において心イベントによる死亡率が高まると報告されている（Barefoot et al., 1996）。特に，抑うつは，急性心筋梗塞（acute myocardial infarction：AMI）後の予後に悪影響を及ぼす（Frasure-Smith et al., 1995）。

　心臓血管系疾患あるいは冠動脈硬化の発症以前において，抑うつや不安などが高い場合には，その後の心臓血管系疾患あるいはMIの発症に大きく関係し，病前の抑うつ状態は，CHD発症後においても抑うつ状態をさらに悪化させ，MI発症後の予後に大きな影響を与える。

　以上のような心理的状態は，心臓血管系疾患の再発，心不全の悪化，再入

🐻 Column　心イベント（心事故：cardiac event）

　心臓死（致死性心筋梗塞，心臓突然死，心不全死）または，急性冠症候群（ACS），不安定狭心症，急性心筋梗塞，不整脈などで4日以上の入院を要した状態をいう。

院の増加，死亡率の増加など身体的症状に大きく影響する。さらに，身体活動の低下，治療計画・生活指導のコンプライアンス低下，喫煙や食習慣の悪化，物質依存の増加，定着した適切な生活習慣のアドヒアランス低下（食習慣，運動習慣，禁煙行動，ストレス克服行動など）など生活習慣にもネガティブな影響を与える。以上より，心臓血管系疾患の介入のプログラムでは，その導入時に心理・社会的な障害をスクリーニングすることが重要になる。

B. 心臓血管系疾患とタイプA行動パターン

タイプA行動パターンの研究

アメリカの心臓学者，フリードマンとローゼンマン（Friedman & Rosenman, 1959）が，APやMIになりやすいタイプをタイプA行動パターン（Type A behavior pattern：TABP，**コラム**）と名づけた。その行動特徴は，主に過度の達成意欲，時間的切迫感，妨害因への攻撃性や敵対心などにより構成され，その反対傾向を示すものをタイプBとよんだ。タイプA者は，タイプBに比べ，2倍のCHD罹患率があり，好発年齢の39歳から49歳では，6倍の発症率があると報告された（Rosenman et al., 1975）。

現在では，TABP研究はほとんど行われなくなったが，身体疾患の発症に関連する個人差や行動パターンについて科学的かつ大規模に研究されたのは，タイプA行動パターンが最初であり，その意味では，タイプA行動パターン研究の貢献は大きい。

C. 心臓血管系疾患と怒り・敵意・攻撃性

タイプA行動パターンから怒り・敵意・攻撃性へ

1980年代以降になるとTABPとCHDの関連性を疑問視する研究が多くなった（e.g. Shekelle et al., 1985）。

Column　タイプA行動パターン（TABP）

TABP研究が低下していったのは，今までのCHD患者に冠動脈造影法を導入し，正確に心疾患の確定診断をしたところ，冠状動脈の狭窄度や冠動脈疾患の重症度について TABP の全体の得点には関連性は認められず，潜在的な敵意や内的怒りのレベルとは有意な関連性があるとの報告がなされるようになったからである。

その関連性において一貫した結果がみられない原因として，TABPのある構成要素だけが他の要素よりCHD発症に重要な影響を及ぼしている可能性が指摘されるようになった。その中でも125名のCHD患者に冠動脈造映法（コラム）を施行したところ，冠状動脈の狭窄度や冠動脈疾患の重症度についてタイプA行動パターンの全体の得点には関連性は認められなかったが，タイプA行動パターンの構成要素の一つである潜在的な敵意や内的怒りのレベルとは有意な関連性があるとの報告がなされるようになり，マサチューセッツ総合病院での冠動脈造映の検討結果についても同様な結果が認められるようになった。以上の報告をきっかけとして，対人関係やさまざまな状況などにおける怒りの表出性や敵意がCHD発症に対してより重要な要因と考えられるようになった。その後，怒り・敵意・攻撃性が最も高い予測因子であると結論づけられた（Williams et al., 1988）。特に，皮肉的に考え，怒りを感じ，敵意をもって行動するなど一連の敵意性は，動脈硬化症や不安定狭心症（コラム）と有意に関連し，独立してCHD発症や死亡率を予測すると報告されている。したがって，1990年代以降欧米ではTABPに代わって怒りや敵意と心臓血管系疾患との関連性が重視されるようになった。

D. 心臓血管系疾患とタイプDパーソナリティ
タイプDパーソナリティとCHD
CHDの発症に強力に関連する新たな心理特性として，近年タイプDパーソナリティが強調されるようになった（Denollet et al., 2000）。タイプ

🐻 **Column** 冠動脈造映法（coronary arteriography：CAG）

狭心症や心筋梗塞を確定するための検査で，足の付け根や手首からカテーテルを挿入し，冠動脈の中にX線に反応する造影剤を入れ，X線撮影する検査である。血管が詰まっているところや細くなっているところが造影剤によってX線写真に写るので，その様子が明確になり，確定診断ができるようになる。

不安定狭心症（unstable angina）

不安定狭心症は狭心症の発作の回数が増えたり，薬が効かなくなったり，ちょっとした動作で発作が起こったりするような状態で，心筋梗塞に移行する危険性が高い狭心症である。

Dパーソナリティは，ネガティブ感情（Negative Affectivity：NA）と社会的抑制（Social Inhibition：SI）の二つの要因から構成される。

NAは，神経不安，抑うつなどネガティブな感情を喚起することが多く，自己に対して消極的な考えをもつ傾向とされている。SIは，他者からの反感を避けるために社会的な場面においての感情表現を抑制する傾向とされている。両者がともに高い傾向をDistress（抑うつ，悲観的，不安，社会的不安と社会的孤独を伴った状態）とし，頭文字からタイプDパーソナリティと名づけた。

タイプDパーソナリティ研究の中でも，731名の冠動脈性心臓血管系疾患患者を5～10年，平均6.6年追跡し，タイプDパーソナリティなどの心理的要因と予後の関連性について検討した研究がある（Denollet et al., 2008）。この研究では，タイプDパーソナリティにおいてCHDによる死亡率や心イベント（心停止，心筋梗塞，狭心症，重い不整脈などの症状による再入院）の発生率に対するオッズ比が非常に高く，一般的に医学領域で用いられる左室駆出率（left ventricular ejection fraction: LVEF，**コラム**）

😀 Column 左室駆出率

心拍ごとに心臓が放出する血液量（駆出量）を，心室が広がって，中に血液が流れ込んでいる時の左心室容量で割って算出される。通常の左室駆出率は50～70％といわれており，その数値を基準にして心臓血管系疾患患者の状態・予後を把握することができる。

運動耐容能（exercise tolerance）

身体運動負荷に耐えるために必要な，呼吸や心血管系の能力に関する機能を意味し，体力指標の一つである。運動耐容能の測定には呼気ガス分析（CPX）検査を行い，心電図，血圧，呼気ガスを測定しながら，ペダルがだんだん重くなる自転車をこぐ運動を行う。

3枝病変（three（triple）- vessel disease）

心臓に栄養を施している冠動脈には，主に右冠動脈と左冠動脈および回旋枝の3つの冠動脈があり，このすべてに狭窄がある状態が3枝病変となる。3枝病変は，心臓血管系疾患の重症度を表し，生命予後が悪化する。

や運動耐容能（**コラム**）の低下，3枝病変（**コラム**）の有無などの危険因子よりも高い関連性を示した（**表6.1**）。

表6.1　心臓死と心イベントに及ぼす医学的・心理的要因（Denollet et al., 2008）

臨床的指標	オッズ比［95%信頼区間］	p
心臓死/MI（n＝91）		
抑制型対処行動	2.17［1.10-4.08］	.025
性別（男性）	1.21［0.55-2.66］	.639
年齢	0.98［0.95-1.01］	.269
タイプDパーソナリティ	3.80［2.17-6.64］	.0001
左室駆出率（LVEF）低下	1.81［1.10-3.00］	.021
運動耐容能の低下	2.63［1.61-4.31］	.0001
3枝病変の有無（あり）	2.22［1.33-3.68］	.002
エントリー時のMI指標	1.89［1.09-3.28］	.024
心イベント（n＝67）		
抑制型対処行動	2.16［1.01-4.65］	.047
性別（男性）	2.17［0.72-6.54］	.168
年齢	0.97［0.94-1.00］	.074
タイプDパーソナリティ	3.96［2.08-7.53］	.0001
左室駆出率（LVEF）低下	2.23［1.27-3.94］	.006
運動耐容能の低下	2.56［1.46-4.49］	.001
3枝病変の有無（あり）	2.01［1.12-3.61］	.020
エントリー時のMI指標	2.14［1.11-4.13］	.023

MIは心筋梗塞。LVEFは左室駆出率（left ventricular ejection fraction）で心臓機能を表す。LVEFは54%以下を低下とした。
高齢男性では120ワット以下，若年男性では140ワット以下，高齢女性では80ワット以下，若年女性では100ワット以下を運動耐容能（運動レベル）の低下とした。
タイプDパーソナリティのオッズ比から，MIによる死亡および心イベント（重い心臓の症状）に対する影響は有意に高い。

A. 心臓血管系疾患領域における心理アセスメント

　心臓血管系疾患領域における心理アセスメントに必要な心理テストは，比較的質問紙法が多く採用される。これはデータの収集や分析が容易であることからだと考えられる。しかし，質問紙法は意図的に歪められた反応も可能で，データの信頼性に問題が残ることを十分念頭に入れる必要がある。いずれの心理テストでも十分な患者－医療者の人間関係を構築したうえで行うことが重要である。また，一つの心理テストだけでなく，系統の違ういくつかの心理テストを組み合わせる（テストバッテリー）ことが重要である。**表6.2**に心臓血管系疾患領域でよく用いられる心理尺度を紹介する。

B. 心臓血管系疾患領域でよく用いられる抑うつに関するアセスメントツール

　抑うつスケールにおいては，以下が挙げられる。

- うつ性自己評価尺度（SDS：Self-rating Depression Scale；自己式質問紙，20項目，所要時間5-10分）
- ベック抑うつ質問票（BDI-Ⅱ：Beck Depression Inventory-Second Edition；自己式質問紙，21項目，所要時間5-10分）
- うつ病（抑うつ状態）自己評価尺度（Center for Epidemiologic Studies Depression Scale：CES-D；自己式質問紙，20項目，所要時間3-10分）

　不安と抑うつの両方を測定する尺度には，以下が挙げられる。

- HADS（hospital anxiety and depression scale；自己式質問紙，所要時間5-10分）
- PHQ（Patient Health Questionnaire）-9。アメリカ心臓協会（AHA）が推奨している。

　PHQ-9はアメリカ精神医学会（APA：American Psychiatric Association）の診断基準に準拠した尺度で，日本語版（村松・上島，2009）も存在する。本尺度は，9項目，4段階評定（全くない：0点，数日：1点，半分以上：2点，ほとんど毎日：3点）で構成される。また，時間短縮のため，まずPHQ-2（1. 物事に対してほとんど興味がない，また

表6.2　心臓血管系疾患領域で用いる主な心理テストの一覧

尺度名	英文名（略号）	項目数	所要時間（分）
（1）不安を測定するスケール			
顕在性不安検査	Manifest Anxiety Scale（MAS）	50	15
状態・特性不安検査	State-Trait Anxiety Inventory（STAI）	20・20	15
（2）抑うつを測定するスケール			
うつ性自己評価尺度	Self-rating Depression Scale（SDS）	20	5〜10
ベック抑うつ質問票	Beck Depression Inventory-Second Edition（BDI-II）	21	5〜10
うつ病（抑うつ状態）自己評価尺度	Center for Epidemiologic Studies Depression Scale（CES-D）	20	3〜10
ハミルトンうつ病評価尺度	Hamilton Depression Rating Scale（HDRS）	5-10	5〜10
ハミルトンうつ病評価尺度構造化面接版	Structured Interview Guide for the Hamilton Depression Rating Scale（SIGH-D）	17（20）	5〜10
病院不安・抑うつ尺度	Hospital Anxiety and Depression Scale（HADS）	14	5〜10
POMS短縮版	Profile of Mood States-Brief Form	30	5〜10
（3）敵意・怒り・攻撃性を測定するスケール，タイプDスケール			
バス・デューキー敵意インベントリー	Buss-Durkee Hostility Inventory（BDHI）	75	15
バス・ペリー攻撃性質問紙	Buss-Perry Aggression Questionnaire（BAQ）	29	10
STAXI-2	State-Trait Anger eXpression Inventory-2	57	15
タイプDスケール−14	Type D personality Scale（DS-14）	14	5
（4）認知機能検査			
ミニメンタルステート検査	Mini-Mental State Examination（MMSE）	11	6〜10
改訂長谷川式認知症スケール	Hasegawa's Dementia Scale-Revised（HDS-R）	9	6〜10
3語の即時再生と遅延再生及び時計描画	Mini-Cog	3	2分以内
MoCA	Montreal Cognitive Assessment	8	10
TMT	Trail Making Test	25 ポイントをたどる	15

は楽しめない；2．気分が落ち込む，憂うつになる，または絶望的な気持ちになる）の2項目によるスクリーニングを行う。2項目のいずれかが「はい」の場合は，PHQ-9全項目によるスクリーニングが推奨されている。なお，AHAから発表されている抑うつスクリーニングのプロセスに基づき精神科医師や公認心理師との連携を行うことが望ましい。

また，PHQ-9は，項目も少なく，臨床現場では容易に使用でき，利便性は高いが，その一方で，簡略化しすぎた質問票であることから，得られた得点結果から安易に診断する傾向が懸念され，必要以上に抑うつを疑う傾向にあることも念頭におく必要がある。

6.4節 ‖ 心臓血管系疾患患者に対する心理学的介入と効果

A. 抑うつに対する認知行動療法の効果

抑うつに対する認知行動療法（cognitive behavior therapy: CBT）について，有意な治療効果および再発予防効果が認められ（Lynch et al., 2010），持続的な認知行動療法の実施は，薬物療法よりも再発率は有意に低下しており，さらにメタ分析（**コラム**）の結果，認知行動療法の実施は，統制群やその他の心理療法（例えば，ブリーフセラピー，支持的心理療法）よりも治療効果が高い（Ekers et al., 2008），などさまざまな報告がなされている（**コラム**）。

Column メタ分析（meta-analysis）

メタ分析とは，複数の研究の結果を統合し，より高い見地から分析すること，またはそのための手法や統計解析のことである。メタ解析ともいう。ランダム化比較試験研究によるメタ分析は，根拠に基づく医療において，最も質の高い根拠（エビデンスレベル A）とされる。

心臓血管系疾患における認知機能の評価

近年，心臓血管系疾患における認知機能の評価が重要な課題となっている。特に心不全患者では認知機能障害が再入院や死亡率に大きく影響すると報告され，精神科疾患領域だけではなく，心臓血管系疾患領域でも認知機能の評価が重視されるようになっている。

表6.3　うつ病の認知行動療法治療全体の流れ

ステージ	セッション	目的	アジェンダ	使用ツール・配布物
1	1〜2	症例を理解する　心理教育と動機づけ　認知行動療法の考え方を身につける	症状・経過・発達歴などの問診　うつ病, 認知モデル, 治療構造の心理教育	うつ病とは　認知行動療法とは
2	3〜4	症例の概念化　治療目標の設定　患者を活性化する	治療目標（患者の期待）を話し合う　治療目標についての話し合い　活動スケジュール表など	問題リスト　活動記録表
3	5〜6	気分・自動思考の同定	三つのコラム	コラム法　〜考えを切り替えましょう
4	7〜12	自動思考の検証　（対人関係の解決）　（問題解決技法）	コラム法　（オプション：人間関係を改善する）　（オプション：問題解決）	バランス思考のコツ　認知のかたよりとは　人間関係モジュール　問題解決モジュール
5	13〜14	スキーマの同定	上記の継続　スキーマについての話し合い	「心の法則」とは　心の法則リスト
6	15〜16	終結と再発予防	治療のふりかえり, 再発予防, ブースター・セッションの準備, 治療期間延長について決定する	治療を終了するにあたって

（慶應義塾大学認知行動療法研究会（2009）, p.3を一部改変）
うつ病に対する認知行動療法の流れを示している。このプログラムは, 慶應義塾大学認知行動療法研究会が編集しており,「うつ病の認知療法・認知行動療法治療者用マニュアル」がウェブサイトにアップされているので, 参考にされたい。

　具体的な抑うつに対する認知行動療法の流れについて, **表6.3**に示した。ステージ1では, 治療が始まる前に十分な治療関係を構築し, 抑うつや認知行動療法について理解を深める。ステージ2では, 治療目標の明確化とセルフモニタリングによる活動表の活用を進める。ステージ3では, 主にコラム

法（**コラム**）を用いて日常の出来事と自分の気分や考え方（自動思考）の関連性を検討する。ステージ4，5では，適応的な思考の検討を行い，問題解決療法（①問題の明確化，②解決方法の探索，③解決法の吟味（長所，短所の検討），④実行，⑤結果の評価）を行う。ステージ6では，治療の終結に向けて，これまで身につけたことや変化したことのまとめを行う。詳細については，うつ病の認知療法・認知行動療法治療者用マニュアル（慶應義塾大学認知行動療法研究会，2009）を参照されたい。

　その他の抑うつに対する治療法としては，①うつや不安に対するストレスマネージメント，②リラクセーション法（自律訓練法，バイオフィードバック，筋リラクセーション法），③マインドフルネス認知療法，④対人関係療法，⑤瞑想法，⑥呼吸法・ヨガ，などが挙げられる（清水・鈴木，2011）。

B. 心臓血管系疾患に対する怒り・敵意の心理的介入

　心臓血管系疾患患者への治療的介入では，心臓病再発防止プロジェクト（The recurrent Coronary Prevention Project: RCPP）においてTABPカウンセリング群では，TABPおよびその要素である敵意や時間的切迫感なども低下したことを見い出し，1年後のフォローアップでもその傾向は維持されていた。さらに，心筋梗塞の再梗塞を44％も低下させ，とくに冠動脈バイパス術（coronary artery bypass graft surgery: CABG，**コラム**）後の患者では，心臓血管系疾患による死亡率も有意に低下していた

🐻 Column　コラム法（column method）

　自分の考えや判断がどの程度現実に合っているのかを，紙に書き出しながらチェックして気づく方法。「いやな考え」「認知の歪み」「代わりの考え」の項目による3コラム法から，徐々に4コラム，5コラムと増やしていき，最終的に「出来事」「感情」「いやな考え（自動思考）」「根拠」「反論」「代わりの考え」「結果」の7コラム法に進み，自分の自動思考などについて気づく方法である。

冠動脈バイパス術

　狭心症や心筋梗塞で，狭くなった血管の先に新しい血管（バイパス＝移植した血管）をつなぎ，血流の流れをつくる手術である。最近は，胸骨を切らずに肋骨の間を6～7cm小さく開けて行う低侵襲心臓手術も行われている。

と報告している（Burell, 1996）。

　さらに，上記と同様な方法を用いて，敵意の高いCHD患者に対して治療的介入を行っている。その結果，治療群は，統制群に比べ，2ヶ月後のフォローアップで有意に敵意得点が低下しており，拡張期血圧（diastolic blood pressure：DBP）についても有意な低下が認められた。また，敵意の低下とDBPの間には有意な正の相関が認められたと報告している。これらの結果から，認知行動療法的アプローチが，CHD発症に関係する敵意や怒りのコントロールにおいてCHD患者に対しても十分効果があり，その予後に重要な影響を与えると結論づけられている（Gidron et al., 1999）。

C. 心臓血管系疾患患者に対するタイプDパーソナリティの心理的介入

　近年注目されているタイプDパーソナリティについて，包括的心臓リハビリテーションにおける心理的介入プログラムと通常のケアの比較研究について大規模なメタ分析が行われている（Linden et al., 2007）。マルチコンポーネント心理療法（うつや不快感情に対するストレスマネージメント，認知行動療法，行動療法などの中から数種類の手法を専門家が実施），および生理学的あるいは自己コントロール心理療法（瞑想，自律訓練法，バイオフィードバック，呼吸法，ヨガ，筋リラクセーションを実施）した場合と一般的な医学的ケアあるいは薬物，運動，栄養に関する患者教育を実施した場合における心理的効果や死亡率や心イベントの発症率について比較検討した。心理的介入を加えたプログラムにおいて，男性では抑うつとソーシャルサポート，女性ではディストレス（タイプD）とソーシャルサポート，全体でソーシャルサポートやQOLがそれぞれ有意に改善した。さらに，心理的効果のみならず，死亡率が27％低下し，心イベントの発生率は43％も低下した。その際，2年以下の心理的介入の方が，2年以上の介入よりも死亡率が高く，比較的長い介入はかえって効果が消失すると考えられる。また，エントリー後即時の介入を行うよりも2ヶ月経過してからの心理的介入が効果的であることを報告している。さらに，心理的介入プログラムを行った場合で，タイプD傾向が低下した群では，54％も死亡率を低下させると報告している（Linden et al., 2007）。このことからタイプDに対する心理的介入を行うことにより，心臓血管系疾患の予防，再発の防止への効果が示されている。以上の結果を**表6.4**に示した。

表6.4　心理的介入と通常ケアが死亡率・心イベントに及ぼす影響

下位グループ	オッズ比	低下率（％）	有意性
心理的介入vs通常ケアの死亡率（2年以下の期間）	0.72	28	有意
心理的介入vs通常ケアの死亡率（2年以上の期間）	0.96	4	ns
心理的介入vs通常ケアの死亡率（2ヶ月後の介入）	0.28	72	有意
心理的介入vs通常ケアの死亡率（即時の介入）	0.87	13	ns
心理的介入vs通常ケアの心イベント率（2年以上の期間）	0.57	43	有意
タイプD傾向が低下した場合の死亡率	0.46	54	有意
タイプD傾向が低下しなかった場合の死亡率	0.67	33	ns

（Linden et al.（2007）を基に作成）

マルチコンポーネント心理療法あるいは生理学的あるいは自己コントロール心理療法，またその両方を行う心理的介入条件と一般的な医学的ケアあるいは薬物，運動，栄養に関する患者教育を実施した場合における心理的効果や死亡率や心イベントの発症率の比較である。オッズ比1は両条件とも同等の結果を示し，1以下であると心理的介入条件の方が改善傾向を示している。低下率は死亡率などの改善率である。

D. 心不全患者における心理的特徴と心理的介入

　初期における心臓リハビリの対象は，AMIやCABG後などの急性期における患者であったが，2000年以降心不全患者に対する治療の重要性が，注目されるようになった。近年注目されている心不全患者の心理的問題やその介入について論ずる。

i）心不全に合併する心理的症状

　心不全（慢性心不全 chronic heart failure：CHF）とは，心臓血管系疾患などの原因で心臓のポンプ機能が低下して，肺や全身に必要な量の血液を送り出せなくなった状態をいう。心不全における身体的症状としては，①低心拍出量徴候（乏尿，四肢冷感，めまい，倦怠感，血圧低下など），②肺うっ血徴候（労作時呼吸困難，発作性夜間呼吸困難，起座呼吸など），③全身うっ血徴候（浮腫，肝腫大，腹水など），④内分泌調節異常，運動耐容能低下，生命予後の短縮が挙げられる。以上の身体的症状に加え，心理的症状が合併する場合が多くある。それは，①抑うつ・不安の上昇，②QOLの低下，③セルフエフィカシー（自己効力感）の低下，④絶望感の上昇，⑤怒り・敵意の上昇などである。

以上の心理的症状は，心不全の悪化，その他の心臓血管系疾患の再発，再入院の増加，死亡率の増加など身体的症状に大きく影響する。さらに，身体活動の低下，治療計画・生活指導のコンプライアンス低下，喫煙や食習慣の悪化，物質依存の増加，定着した適切な生活習慣のアドヒアランス低下（食習慣，運動習慣，禁煙行動，ストレス克服行動など）など生活習慣にもネガティブな影響を与える。

ii）CHFと抑うつ

　抑うつにおけるシステマティックレビューでは，33論文において心不全患者の抑うつ合併率は10～60％であり，平均32.6％と報告されている（Yohannes et al., 2010）。さらに，心不全の重症度を示すNYHA（New York Heart Association）分類（**コラム**）における抑うつ合併率は，クラスⅠでは11％，クラスⅡでは20％，クラスⅢでは38％，クラスⅣでは42％と，心不全のレベルが悪化するほど抑うつの合併率が高くなる報告もある（Rutledge et al., 2006）。

　また，抑うつを合併する心不全患者における研究では，抑うつが合併すると入院期間（1年以上の入院）および死亡率が増加すること，抑うつが合併するとさまざまな疾患の中で心不全が最も高い死亡率と再入院率となること，抑うつを合併する心不全患者に対して心理的サポートや介入プログラムを実施すると，不安や抑うつ，QOL，再入院回数が改善すること，などが報告されている。

　さらに，近年の抑うつと死亡率や心イベント率に関するメタ分析では，心

😊 Column　NYHA分類

　ニューヨーク心臓協会から発表された，心不全の重症度を自覚症状からⅠ～Ⅳ度に分けた心機能分類である（Goldman et al., 1981を改変）。
Ⅰ度：心疾患はあるが，身体活動を制限する必要がない。日常の生活活動で疲労，心悸亢進，息切れ，狭心症状などが生じない。
Ⅱ度：心疾患はあるが安静時には無症状。日常的な身体活動では疲労，心悸亢進，呼吸促迫，狭心症状が生じる。軽度の身体活動制限が必要。
Ⅲ度：日常生活活動を軽度に制限しても疲労。心悸亢進，呼吸促迫，狭心症状等が出現する。中等度ないし高度の身体活動制限を要する。
Ⅳ度：高度の運動制限をしても心不全や狭心症が起こる。少しでも身体活動を行うと症状が増悪する。

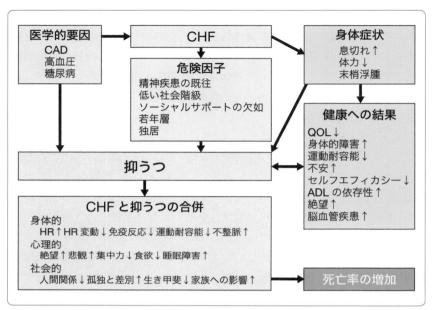

図6.1　心不全と抑うつにおける死亡率への相乗効果（Yohannes et al.（2010）を改変）
心不全患者における抑うつ合併による死亡率増加因果関係を示している。CAD：冠状動脈疾患（coronary artery disease）。CHDと同義語である。
QOL：生活の質（quality of life）　ADL：日常生活動作（activities of daily living）　HR：心拍数（heart rate）

不全において抑うつが合併した場合，死亡や心イベントの危険率が2.1倍（信頼区間1.7-2.6）との報告や1.2倍との報告がなされており，有意な死亡や心イベント発生率の増加が認められる。

　抑うつと心不全の関連性は，多変量的構造を有し，それぞれの要因が相互に作用する。その関連性について，**図6.1**に示す。すなわち，抑うつによる身体的，心理的，社会的状態が心不全に悪影響を与え，さらに心不全の症状自体が抑うつを生じさせる。抑うつの重要な危険因子としては，低い社会階級，NYHAクラスの重症度，心理的不健康の既往歴などが挙げられる。抑うつ自体も健康に悪影響を与えるが，同様に心不全によっても健康に悪影響を与える。心不全と抑うつの合併は，心身の健康に対して相乗的に影響を及ぼし，心不全患者における死亡率の増加を説明する一つの有力な原因であると考えられる（Yohannes et al., 2010）。

表6.5　心不全患者におけるCBTの抑うつへの効果

CBTセッション直後における抑うつ得点の改善		
著者	標準化平均差	95%信頼区間
Gary（2010）	−0.25	−0.95, 0.44
Dekker（2010）	−0.02	−1.04, 0.99
Dekker（2011）	−0.12	−1.05, 0.81
Dekker（2012）	−0.36	−1.00, 0.28
Freedland（2015）	−0.42	−0.77, −0.08
Overall effect（$p=0.01$）	−0.34	−0.60, −0.08
CBTセッション3ヶ月後における抑うつ得点の改善		
著者	標準化平均差	95%信頼区間
Dekker（2010）	0.37	−1.00, 1.73
Dekker（2011）	−0.14	−1.37, 1.09
Dekker（2012）	−0.19	−0.87, 0.49
Freedland（2015）	−0.40	−0.76, −0.03
Overall effect（$p=0.03$）	−0.32	−0.59, −0.04

CBT：認知行動療法（cognitive behavior therapy）（Jeyanantham et al.（2017）を改変）

iii）心不全患者に対する心理的介入

　CHF患者の認知パターンの特徴は，倦怠感や呼吸困難などの身体症状に強い不安を喚起させ，些細な症状にも過大評価する心気的反応を示す。さらに極端にネガティブな認知が生じ，それによってさらなる生理的覚醒が増加し，適切な対処行動を阻害する（Rose et al., 2002）。さらに，その認知パターンが，身体に悪影響を与えるような食行動や喫煙行動，心臓血管系疾患に関連する行動パターンなどにつながれば，心機能の悪化や心臓血管系疾患の再発にもつながる。

　近年，CHF患者における不安や抑うつの管理において，認知行動療法の適応が多くなされており，CHF患者に対する心理学的介入については，MIやCABGなどの心臓血管系疾患および糖尿病など，生活習慣病同様，主にCBTを中心とする行動科学的アプローチや自律訓練法など（あるいはその

組み合わせ）が，身体的疾患への予防のために認知パターンを変容する方法として用いられている。

　CHF患者における認知行動療法を実施した場合の抑うつに対する効果に関するメタ分析の結果，通常のケアと比較して，CBTセッション直後（標準化平均差＝－0.34, 95% CI －0.60～－0.08, p＝0.01）および3ヶ月後のフォローアップ（標準化平均差＝－0.32, 95% CI －0.59～－0.04, p＝0.03）において，抑うつ得点スコアの有意な改善が認められた。その他の結果として，QOL得点について，3ヶ月後のフォローでは差はなかったが，CBTセッション直後では有意な改善が認められた。以上のように，CHF患者においてCBT直後および3ヶ月後の抑うつ得点が有意に改善したことから，CBT介入は通常のケアよりも効果的であることが示唆されている（Jeyanantham et al., 2017; **表6.5**）。欧米では，CHF患者に対する心理学的介入の有効性を実証するには十分なエビデンスが存在する。今後，わが国においてもCBTの有効性について，詳細な検討が必要であろう。

6.5節 ‖ 心臓血管系疾患患者を有する家族・介護者のストレス

A. 家族・介護者が抱える問題

　心臓血管系疾患患者の療養生活による家族の身体的・心理的疲労が増加し，特に心不全患者では療養生活が長期化するため，より深刻な問題となる。また，患者およびその家族・介護者が，高齢者である場合が多く，高齢者特有の身体的・心理的限界による介護負担の増大が生じる。特に介護者が高齢の場合，自身の健康問題への不安も大きな問題となる。CHF患者の家族・介護者の74.4％が，精神障害の疑いがあり，メンタルヘルスの改善を目的とした効果的なプログラムを実施する必要があると報告されている（Ghasemi et al., 2014）。

　さらに，心臓血管系疾患特有の突然死や心不全への移行に対する不安が生じる一方で，回復への期待が生じるなどアンビバレンスな感情が生じ，この問題に対する対処が非常に困難となる。特に心不全の場合，症状の寛解と急速な増悪をくり返すため，今後の治療方針や終末期におけるアドバンス・ケア・プランニング（advance care planning: ACP, **コラム**）について患者自身や家族・介護者では，その意思決定が非常に困難となり，その意思決定に対する情報的・心理的支援が重要である。

B. 心不全患者における介護負担の現状

CHD患者でCHFを有する患者では，CHFを合併しないCHD患者と比較して，介護時間が16時間／週となり，他の心臓血管系疾患より3倍の介護時間との報告がある（Gure et al., 2008）。また，抑うつを合併するCHF患者では，抑うつを合併しないCHF患者よりも介護時間が増加することで介護負担が2倍に高まり，QOLの低下が認められた（Chung et al., 2016）。以上のように，CHF患者の家族・介護者の介護負担増加やQOLの低下など，いかに影響が及んでいるかを理解することが極めて重要である。

i）心理的負担を有する介護者の特性

より影響が大きくなる介護者の特徴として，若年層，女性，未婚，患者の子どもであること，不安に集中してしまうコーピングスタイルを有すること，セルフケアへの自己効力感が低い傾向などが報告されている（Chung et al., 2016）。以上のことから，心理的負担を受けやすい家族・介護者に対する介護負担の軽減と継続的な心理的介入が必要である。

ii）介護者への心理的支援

家族・介護者への心理的支援としては，カウンセリングマインドを基本とした家族・介護者の感情的側面に対する受容と傾聴が重要である。特に，患者の子どもであるが故の回復に対する期待感，予想通りの回復が得られないことによる苛立ち，患者に対する介護や支援への責任感や再入院などへの自責の念などを十分理解する必要がある。また，医療者は，患者－家族・介護者間の人間関係を調整し，情報の伝達役を果たすことが必要になる。また，医療者が，家族・介護者に対する支援者としての役割を担い，些細なことでも，相談をしてよいこと（電話相談でも可）を十分に伝えるとともに，患者や家族・介護者の感情に関する理解，支援ネットワーク，経済的問題，今後

🐻 Column　アドバンス・ケア・プランニング

患者本人と家族が医療者や介護提供者などと意思決定能力が低下する場合に備えて，あらかじめ，終末期を含めた今後の医療や介護について話し合うことや，意思決定ができなくなったときに備えて，本人に代わって意思決定をする人を決めておくプロセスのことをいう。この話し合いは，入院のたびごとにくり返し行われ，文書として残すことが行われる。

の見通しなど，必要な知識や情報を提供する。さらに，定期的な対面式のカウンセリング対応を行うことが重要である。

　しかしながら，わが国では心臓血管系疾患患者の家族・介護者に対する支援は，欧米に比較してかなり遅れているのが現状である。欧米では，専門的研究をはじめとして，ホームページなどで家族・介護者に対する心理・社会的，経済的などの問題について情報提供をしている。わが国では，家族・介護者に対する研究や一般的な情報提供や支援はほとんど認められない。今後この問題が重要な課題となろう。

〈引用文献〉

Barefoot, J. C., Helms, M. J., Mark, D. B., Blumenthal, J. A., et al. (1996). Depression and long-term mortality risk in patients with coronary artery disease. *American Journal of Cardiology*, 78, 613-617.

Barth, J., Schumacher, M., & Herrmann-Lingen, C. (2004). Depression as a risk factor for mortality in patients with coronary heart disease: a meta-analysis. *Psychosomatic Medicine*, 66, 802-813.

Burell, G. (1996). Group psychotherapy in Project New Life: treatment of coronary-prone behaviors for patients who have had coronary artery bypass graft surgery. In: Allen, R. & Scheidt, S. (Ed.), Heart and mind. The practice of cardiac psychology. Washington, D.C.: American Psychological Association, 291-310.

Carney, R. M., Rich, M. W., Freedland, K. E., Saini, J., et al. (1988). Major depressive disorder predicts cardiac events in patients with coronary artery disease. *Psychosomatic Medicine*, 50, 627-633.

Chung, M. L., Lennie, T. A., Mudd-Martin, G., Dunbar, S. B., et al. (2016). Depressive symptoms in patients with heart failure negatively affect family caregiver outcomes and quality of life. *European Journal of Cardiovascular Nursing*, 15, 30-38.

Denollet, J., Martens, E. J., Nyklíček, I. & Conraads, V. M. (2008). Clinical Events in Coronary Patients Who Report Low Distress: Adverse Effect of Repressive Coping. *Health Psychology*, 27, 302-308.

Denollet, J., Vaes, J. & Brutsaert, D. L. (2000). Inadequate response to treatment in coronary heart disease: adverse effects of type D personality and younger age on 5-year prognosis and quality of life. *Circulation*, 102, 630-635.

Ekers D., Richards, D. & Gilbody, S. (2008). A meta-analysis of randomized trials of behavioural treatment of depression. *Psychological Medicine*, 38, 611-623.

Frasure-Smith, N., Lesperance, F., & Talajic, M. (1995). Depression and 18-month prognosis after myocardial infarction. *Circulation*, 91, 999-1005.

Frasure-Smith, N., Lesperance, F., Juneau, M., Talajic, M., et al. (1999). Gender, depression, and one-year prognosis after myocardial infarction. *Psychosomatic Medicine*, 61, 26-37.

Friedman, M., Rosenman R. H. (1959). Association of specific overt behavior pattern with blood and cardiovascular findings. *Journal of the American Medical Association*, 169, 1286-1296.

Iribarren, C., Sidney, S., Bild, D. E., Liu, K., et al. (2000). Association of hostility with coronary artery calcification in young adults: the CARDIA study. Coronary Artery Risk Development in Young Adults. *Journal of the American Medical Association*, 283, 2546-2551.

Ghasemi, E., Negarandeh, R., Janani, L., Samiei, N., et al. (2014). Mental health in family caregivers of patients with heart failure. *Nursing Practice Today*, 1, 63-70.

Gidron, Y., Davidson, K., & Bata, I. (1999). The short-term effects of hostility-reduction intervention on male coronary heart disease patients. *Health Psychology*, 18, 416-420.

Goldman, L., Hashimoto, B., Cook, E. F. & Loscalzo, A. (1981). Comparative reproducibility and validity of systems for assessing cardiovascular functional class: advantages of a new specific activity scale. *Circulation*, 64, 1227-1234.

Gure, T. R., Kabeto, M. U., Blaum, C. S. & Langa, K. M. (2008). Degree of disability and patterns of caregiving among older Americans with congestive heart failure. *Journal of General Internal Medicine*, 23, 70-76.

Jeyanantham, K., Kotecha, D., Thanki, D., Dekker, R., et al. (2017). Effects of cognitive behavioural therapy for depression in heart failure patients: a systematic review and meta-analysis. *Heart Failure Reviews*, 22, 731-741.

慶應義塾大学認知行動療法研究会編 (2009). 厚生労働科学研究費助成金こころの健康科学研究事業 精神療法の実施方法と有効性に関する研究. うつ病の認知療法・認知行動療法治療者用マニュアル. https://www.mhlw.go.jp/bunya/shougaihoken/kokoro/dl/01.pdf

厚生労働省 (2019). 平成30年 (2018) 人口動態統計月報年計 (概数) の概況: https://www.mhlw.go.jp/toukei/saikin/hw/jinkou/geppo/nengai18/index.html

Kubzansky, L. D., Cole, S. R., Kawachi, I., Vokonas, P., et al. (2006). Shared and unique contributions of anger, anxiety, and depression to coronary heart disease: a prospective study in the normative aging study. *Annals of Behavioral Medicine*, 31, 21-29.

Linden, W., Phillips, M. J. & Leclerc, J. (2007). Psychological treatment of cardiac patients: a meta-analysis. *European Heart Journal*, 28, 2972-2984.

Lynch, D., Laws, K. R. & McKenna, P. J. (2010). Cognitive behavioural therapy for major psychiatric disorder: does it really work? A meta-analytical review of well-controlled trials. *Psychological Medicine*, 40, 9-24.

村松公美子・上島国利 (2009). プライマリ・ケア診療とうつ病スクリーニング評価ツール：Patient Health Questionnaire-9日本語版「こころとからだの質問票」診断と治療, 97, 1465-1473.

Rose, C., Wallace, L., Dickson, R., Ayres, J., et al. (2002). The most effective psychologically-based treatments to reduce anxiety and panic in patients with chronic obstructive pulmonary disease (COPD): a systematic review. *Patient Education and Counseling*, 47, 311-318.

Rosenman, R. H., Brand, R. J. & Jenkins, C. D. (1975). Coronary heart disease in Western Collaborative Group Study. Final follow-up experience of 8 1/2 years. *The Journal of the American Medical Association*, 233, 872-877.

Rutledge, T., Reis, V. A., Linke, S. E., Greenberg, B. H. & Mills, P. J. (2006). Depression in heart failure a meta-analytic review of prevalence, intervention effects, and associations with clinical outcomes. *Journal of the American College of Cardiology*, 48, 1527-1537.

Shekelle, R. B., Hulley, S. B., Neaton, J. D., Billings, J. H., et al. (1985). The MRFIT behavior pattern study. II. Type A behavior and incidence of coronary heart disease. *American Journal of Epidemiology*, 122, 559-570.

清水 馨・鈴木伸一 (2011). うつ病の認知行動療法の実際. 心身医学, 51, 1079-1087.

菅 重博・坪井康次 (2006). 心血管系疾患患者に対する心身医学的アプローチ. 山口 徹・堀 正二 (編著). 循環器疾患最新の治療 2006-2007. 南江堂, 459-461.

Williams, R. B. Jr, Barefoot, J. C., Haney, T. L., Harrell, F. E. Jr, et al. (1988). Type A behavior and angiographically documented coronary atherosclerosis in a sample of 2,289 patients. *Psychosomatic Medicine*, 50, 139-152.

Yohannes, A. M., Willgoss, T. G., Baldwin, R. C. & Connolly, M. J. (2010). Depression and anxiety in chronic heart failure and chronic obstructive pulmonary disease: prevalence, relevance, clinical implications and management principles. *International Journal of Geriatric Psychiatry*, 25, 1209-1221.

第 7 章 脳血管疾患

7.1節 脳血管疾患とは

A. 脳血管疾患とは

　脳の血管に異常が起こり，正常に機能しなくなる病気で，いわゆる脳卒中のことである。脳血管疾患は，高次脳機能障害患者の原因疾患として80%以上を占める（東京都高次脳機能障害者実態調査検討委員会，2008）。さらに，脳血管疾患の患者には高頻度で**うつ病**をはじめとした精神症状が認められる。公認心理師は神経心理学的手法を利用して認知機能を評価し，本人や家族とのカウンセリングを通して，以前とは大きく変わってしまった患者の生活に寄り添い，さらに新たな生活をはじめる過程への支援ができる。また，公認心理師は患者の症状や困りごとについて多面的に分析し，医師をはじめとする医療チームにわかりやすく情報提供する役割が期待される。

B. 脳血管疾患の分類

　脳血管疾患にはいくつかの種類があり，脳血管が詰まるタイプと脳血管が破れるタイプがある（**図7.1**）。脳血管が詰まるタイプを**脳梗塞**といい，細

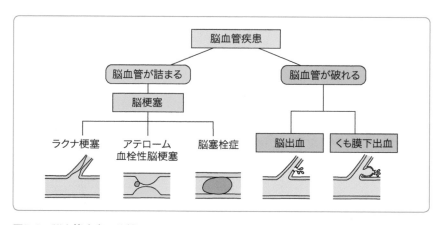

図7.1　脳血管疾患の分類

い血管が詰まる**ラクナ梗塞**，主幹動脈が詰まる**アテローム血栓性脳梗塞**，血栓が脳の血管に流れ込んで詰まる**脳塞栓症**に分けられる。

　血管が破れるタイプには**脳出血**と**くも膜下出血**がある。脳出血は，脳実質内の穿通枝という細かい血管が裂けて出血する。くも膜下出血は脳の表面のくも膜下腔を走る大きな動脈にできた動脈瘤や血管が裂けて破れることにより出血が起こる。

C. 脳血管疾患と脳血管性認知症

　脳梗塞，脳出血やくも膜下出血によって脳の細胞がダメージを受けて，高次脳機能障害（**コラム**）が発症することがある。高次脳機能障害とは，けがや病気によって脳がダメージを受け，脳の認知機能と情動，感情などに障害が生じて，日常生活や社会生活に支障を来す状態のことである。脳血管疾患を原因とした高次脳機能障害では，血管障害の部位や障害の程度に応じた症状が現れることが一般的である（7.2節C参照）。血管障害の再発を起こすたびに症状が段階的に進行・悪化し，やがて自立した生活ができない脳血管性認知症へと進行する。

D. 脳血管疾患と過労死等

　一般的に脳血管疾患は，高血圧，糖尿病，メタボリックシンドロームなどの生活習慣病や遺伝的要因によって血管病変が徐々に悪化し，発症に至る。そのため，生活習慣の改善や管理，指導を行うことが予防となる。一方で，仕事が特に過重であったために血管病変などが著しく増悪し，脳血管疾患や心臓疾患を引き起こすことがある。近年，このような過重な労働を原因とし

Column　高次脳機能障害

　高次脳機能障害には学術的な定義と行政的な定義の2種類が存在する。学術的には脳損傷に起因する失語，失認，失行，記憶障害，見当識障害，注意力障害，構成機能障害，遂行機能（実行機能）障害，発動性の低下，感情失禁，易怒性など認知機能や情動，感情の障害の総称をいう。行政的には，2001年より厚生労働省の「高次脳機能障害モデル事業」（国立障害者リハビリセンター，2004）において，高次脳機能障害の主症状を「事故による受傷や疾病の事実が確認されている」及び「記憶障害，注意障害，遂行機能障害，社会的行動障害などの認知障害が原因で日常生活または社会活動に制約がある」ことと定められている。

た労働災害が過労死等として注目されている。

　わが国では脳血管疾患・心臓疾患による過労死等の支給決定件数は平成14年に300件を超えて以降，200件台〜300件台で横ばい状態である（厚生労働省，2018）。脳・心臓疾患に係る過労死のリスクなどは50〜59歳の働き盛り世代の長時間労働者に多い。脳血管疾患・心臓疾患に係る過労死などを予防するには，脳・心臓疾患に結びつく生活習慣病を生じさせないための「健康管理」と，長時間労働を防ぐための「労働時間管理」が重要である。

7.2節 ｜ 脳血管疾患と高次脳機能障害

A. 高次脳機能障害の歴史

　18世紀まで脳は全体で精神機能を担うとした全体論が主流であったが，19世紀初頭にフランスの医師ブローカ（Broca, P. P.）が脳損傷による失語症を見い出して以降，大脳皮質は部位ごとに異なる機能を担っているとする**大脳局在論**が隆盛した。その後，再び失語症などの高次脳機能障害の背景には知能の低下が存在しているとする全体論が広く受け入れられたが，今日では大脳皮質下の神経線維ネットワーク，左右大脳半球をつなぐ交連線維のネットワーク，間脳や小脳を含めた多くの脳局在部位間のネットワークが認知機能に関係することを重視した機能局在論（**コラム**）が主流である。19〜20世紀初頭から大脳皮質の局在症状として失語・失行・失認は知られていたが，局在間のネットワークが重視されるにつれ，「記憶障害」「注意障害」「遂行機能障害（実行機能障害）」「言語機能の障害」「社会的行動障害」なども高次脳機能障害として知られるようになった。

🐻 Column　機能局在論

　脳は前頭葉，頭頂葉，後頭葉，側頭葉，脳幹部，小脳に機能が分類されており，それぞれの損傷部位により出現する症状が異なる（表7.1）。例えば，左半球の前頭葉にあるブローカ野が障害されると「話を聞いて理解することは可能だが，言葉が出てこなくなる症状（ブローカ失語）」が生じ，側頭葉のウェルニッケ野が損傷されると「流暢に言葉が出てくるが言い間違いが多く，理解ができなくなる症状（ウェルニッケ失語）」が生じる。

表7.1　障害された認知機能領域で現れる症状

障害された認知機能領域	特徴	現れる症状
注意機能障害	注意の持続や選択・分配ができない	・注意が散漫になり，集中力に欠ける ・一つの物事に固執して他に注意を移せない ・同時にいくつかのことができない
記憶機能障害	新たなことを覚えられない 記憶を思い出せない	・物の置き場所を忘れる ・同じことを何度も話したり，聞いたりする
遂行機能障害	物事を計画的に進められない	・見通しを自分で立てられない ・一つ一つ指示しなければ行動できない ・効率よく物事をやり遂げることができない
失語症	話す，読む，書く等の言語機能が失われる	・滑らかに話せない ・相手の話を理解できない ・読めない，書けない，計算できない
失行・失認	目的に合った運動ができない（失行） 対象物を正しく認識できない（失認）	・道具が使えない ・ジェスチャーができない ・動作がぎこちない
社会的行為障害	行動や感情を適切にコントロールできない	・依存的になる ・感情のコントロールがうまくできない ・無気力 ・状況に適した行動がとれない

B. 高次脳機能障害の特徴的な症候

　脳に損傷を受け，高次脳機能障害を発症した患者に，障害された機能ごとに生じやすい特徴を**表7.1**に示す（原，2005）。

C. 脳血管疾患による高次脳機能障害の特徴

　脳血管疾患を原因とする場合には，脳血管が支配する各脳領域の機能局在による高次脳機能障害が発現することが多い。**図7.2**は，大脳半球における主な局在部位である。**図7.3**に主な脳動脈の模式図を示す。また**図7.4**にそ

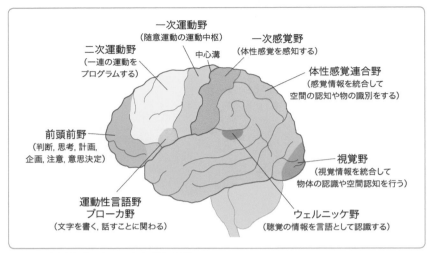

図7.2　大脳半球における主な局在部位

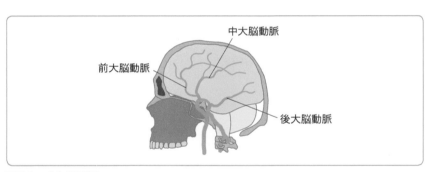

図7.3　主な脳動脈

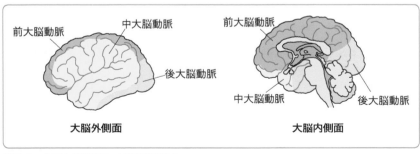

図7.4　主要な脳動脈による支配領域

れぞれの血管の支配領域を示す（原，2005）。

①前大脳動脈は**前頭葉内側面**を支配しており，その障害により補足運動野などの損傷を生じ，自発性低下などの遂行機能障害が起こる。また，脳梁や帯状回の損傷では記憶回路の一つである**パペッツの回路**を障害し，記憶障害が生じる。

②中大脳動脈は**前頭葉，側頭葉，後頭葉，頭頂葉**の外側面を支配している。ここを障害されると，視空間失認，観念失行，ゲルストマン症候群，失語症などが生じる。

③後大脳動脈は後頭葉，脳梁膨大後域，側頭葉内側面，視床の血流を支配する。側頭葉内側面の海馬への血流が損傷されると記憶障害が発現する。

7.3節 │ 高次脳機能障害の神経心理学的アセスメント

A. 神経心理学的アセスメント

高次脳機能障害は日常生活の中では表7.1のような症状として現れるが，高次脳機能障害の診断や介入のために**神経心理学的アセスメント**による定量的な評価が必要である。神経心理学的アセスメントとは，「脳損傷によってその人に神経心理学的に何がもたらされたのかを明らかにする（緑川ら，2018，p.54）」ことであり，具体的には神経心理学的検査を用いて高次脳機能障害のスクリーニング，障害プロフィールの把握，法的手続きにおける能力判定の補助的資料作成，より適切なケアやリハビリを行うための所見作成を行う。

B. 評価の流れ

神経心理学的アセスメントは，右表の①〜⑦の流れで行う。

① 情報収集（プリフェースシートの記入）
② 検査計画を立てる
③ インテーク
④ 神経心理学的検査
⑤ 心理検査
⑥ 結果の解釈
⑦ 報告書の作成

i）**情報収集**

インテーク面接の前に診療録から診断名や主訴，来院の経緯などについて情報を得ておく。**プリフェースシート**を作成し，まとめておく（**図7.5**）。さらに，**他職種**（医師や看護師，リハビリスタッフ，ソーシャルワーカーなど）から病棟での入院生活の様子や通院時の様子なども聞いておく。

前頭葉障害をはじめとした高次脳機能障害の患者は病識がなく，本人の弁と現実が乖離する場合があるため，家族から日常の様子について情報が得られるとなおよい。

ii）検査計画を立てる

　情報収集した内容と，MRIやCTなどの画像検査などからどのような高次脳機能障害が生じているのか仮説を立てておく。そのうえで，**検査の計画**を大まかに立てる。また，脳血管疾患発症直後は，意識障害，易疲労，病識の欠如などにより評価に対する動機が乏しいことが多い。

通し番号		検査日	
院内 ID		主治医	
名前		依頼科	
生年月日		入院日	
年齢		主訴	
最終学歴		診断名	
教育年数		脳部位	
職業		評価時期（治療　前・中・後・未）	
四肢麻痺		手術（有・無，手術日）	

神経心理学検査評価項目
現病歴
生活歴
医学情報
家族構成

図7.5　プリフェースシート例

検査の実施については患者の思いを聴く面接からはじめ，身体的・精神的に検査が可能かどうかを判断し，患者にとって負担が少なく無理のないように施行する必要がある。

iii）インテーク

　インテーク面接では，**ラポールの形成**と**検査への動機づけ**のほかに，日常生活の中での変化などを共感的に聞く。

C. 神経心理学的検査の考え方

i）主な神経心理学的検査

　汎用されている主な検査を**表7.2**に示す。

ii）テストバッテリー

　テストバッテリーとは複数の検査を組み合わせて施行し，認知機能を総合的に調べる方法である。基本的には①検査目的，②検査対象，③検査者の習熟度，④時間や料金などの現実的条件で組み合わせが決まる（橋本ら，2015）。**WAIS-Ⅳ，WMS-R，WCST**などボリュームのある検査でバッテリーを組み，全員に施行すれば得られる知見は多いが，長時間の検査は脳損傷の患者にとってかなりの負担になり，臨床の限られた資源（時間・場

表7.2　主な神経心理学的検査

認知機能の領域	神経心理学的検査の例
スクリーニング検査 （全般性認知機能）	改訂版ミニメンタルステート検査（Modified Mini Mental State Examination：3MS） ミニメンタルステート検査（Mini-Mental State Examination：MMSE） 日本語版コグニスタット認知機能検査（COGNISTAT） 改訂版長谷川式認知症スケール（HDS-R）
知能検査	ウェクスラー成人知能検査-IV（WAIS-IV） ウェクスラー小児知能検査-IV（WISC-IV） コース立方体組み合わせテスト Japanease Adult Reading Test（JART）
複雑性注意	数唱（順唱・逆唱）（Digit Span（WAIS-III）） Paced Auditory Serial-Addition Task（PASAT） 標準注意検査法（Clinical Assessment for Attention：CAT）
実行機能 （遂行機能）	トレイルメイキングテスト-A（Trail Making Test A） トレイルメイキングテスト-B（Trail Making Test B） ストループ検査（Stroop Test） 遂行機能障害症候群の行動評価（Behavioural Assessment of the Dysexecutive Syndrome：BADs） ウィスコンシンカードソーティングテスト（Wisconsin Card Sorting Test：WCST） アイオワギャンブリングタスク（Iowa Gambling Task）
学習, 記憶	Hopkins Verbal Learning Test（HVLT-R） レイ複雑図形検査（Rey-Osterrieth complex figure） ウエクスラー記憶検査（Wechsler Memory Scale－Revised：WMS-R） リバーミード行動記憶検査（RBMT）
言語	言語流暢性課題 失語症検査（Western Aphasia Battery：WAB） 標準失語症検査（Standard Language Test of Aphasia：SLTA）
知覚-運動	符号検査（Digit Symbol Test（WAIS-III）） ダブルペンタゴン 立体図形模写 積み木模様（Block（WAIS-III））

表7.3　琉大式簡易バッテリー検査（RBNB）

認知機能の領域	琉大式簡易神経心理検査バッテリー（所要時間40〜60分）
スクリーニング検査 （全般性認知機能）	改訂版ミニメンタルステート検査（Modified Mini Mental State Examination：3MS） ミニメンタルステート検査（Mini-Mental State Examination：MMSE） 改訂版長谷川式認知症スケール（HDS-R）
複雑性注意	数唱（順唱・逆唱）（Digit Span（WAIS-Ⅲ））
実行機能（遂行機能）	トレイルメイキングテスト−A（Trail Making Test A） トレイルメイキングテスト−B（Trail Making Test B） ストループ検査（Stroop Test）
学習，記憶	ホプキンス言語学習検査（HVLT-R）
言語	3MS内の言語流暢性検査 簡易版失語症検査（簡易版WAB）
知覚−運動	符号検査（Digit Symbol Test（WAIS-Ⅲ）） ダブルペンタゴン 立体図形模写 積み木模様（Block（WAIS-Ⅲ））

所・人材）の中では不可能であることが多い。しかし，高次脳機能障害の診断は，ミニメンタルステート検査（MMSE）などのスクリーニング検査のみでは不可能なため，多くの機能領域を測定する簡易的な神経心理学的検査を**網羅的に実施する**ことが必要である（原，2005）。そのため富永（2008）は脳損傷者のテストバッテリーについて，①臨床領域で頻繁に用いられている検査，②標準化された検査で，信頼性と妥当性を備えた定量的な分析が可能，③課題遂行過程の分析を定量的にできるもの，④脳の全般的な機能低下と局所的な機能低下が把握可能なもの，などを選定の要件として琉大式簡易バッテリー検査（RBNB）を開発した（**表7.3**）。ほかにもさまざまな疾患を対象とした簡易テストバッテリーの開発が行われており，HIVに関連する認知機能障害の診断基準に準拠したCoCoバッテリー（小松ら，2018）や，統合失調症の認知機能検査として統合失調症認知機能簡易評価尺度（BACS-J）（兼田ら，2008）などがある。

表7.4　報告書に含める内容

通し番号	脳画像	院内ID	検査目的
名前	検査項目	生年月日	素点, 遂行時間
年齢	T得点, 評価点	検査日	総合所見
主治医	ケアや介入の際の注意点	診断名	

iii）心理状態の評価

　脳血管疾患後は**うつ病**をはじめとする精神症状を発症する頻度が一般人口と比較して高いことがわかっている。そのため，インテーク面接や検査中の行動観察からそのような兆候がないかを判断し，必要であれば精神科への紹介が必要である。また，客観的な指標として**うつ性自己評価尺度（SDS）**や Profile of mood states Ⅱ（POMS Ⅱ）などを実施しておくとよい。

iv）結果の解釈と報告書の作成

　結果の解釈は，事前情報や神経心理学的検査の結果と合わせて総合的に行う。また，そのほかの臨床的な検査結果（画像評価，脳波，fMRI）などと合わせて関連性を追求する。結果の解釈やさまざまな情報を集約して神経心理学的検査の報告書を作成する。この報告書は治療やリハビリの参考資料になるだけでなく，法的手続きの補助資料となることもあるため，公的書類という意識が必要である。報告書には**表7.4**のような項目を記載し，内容は読む対象や目的によって変える必要がある。

v）神経心理学的アセスメントのタイミング

　神経心理学的アセスメントは治療やリハビリの開始時点，中間評価，治療後に施行し，治療効果やフォローアップの重要な指標となる。公認心理師は実施した神経心理学的検査の**量的評価**，**質的評価**，患者の特性や**残存機能**を含めて統合的に分析し，迅速に医師・看護師，リハビリスタッフと情報共有をする。神経心理学的アセスメントをくり返し行う際は，**学習効果**に留意して，適切な期間を置いて実施，またはくり返し再検査することを想定された検査を施行するなどの工夫が必要である。

A. 認知リハビリテーション

　脳血管疾患などによって低下したり，損傷した認知機能を，残存した言語や視覚認知情報などを刺激し，認知機能を改善していくプロセスのことを認知リハビリテーションという。認知リハビリテーションでは，一部の損傷されている認知機能改善のために，ほかの認知機能を可能な限り刺激して，認知機能全般の改善，あるいは代償的なメカニズムを利用していく。認知リハビリテーションの流れを**図7.6**に示す。急性期から回復期は高次脳機能障害の自然回復が期待される時期であり，また，リハビリテーションの効果も高い。この時期に速やかに神経心理学的アセスメントを行い，段階的な目標設定をし，患者と共有する。まずは注意機能をはじめとした，特定の認知機能の訓練を積極的に行う。その後は徐々に代償手段を身につけ，特定の環境に適応する訓練を行う（渡邉，2012）。段階的な目標設定は，基本的な日常生活動作（Activities of Daily Living：ADL）からはじまり，料理，洗濯，買い物，外出，金銭管理，交通機関の利用などに拡大され，個人のニーズに合わせて就学・就労にまで及ぶ。

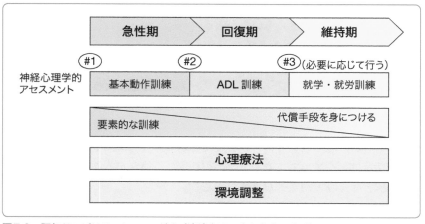

図7.6　認知リハビリテーションの流れ（渡邉（2012）を参考に作成）

B. 認知リハビリテーションの中での公認心理師の役割（生物心理社会モデルを意識した評価）

Engel（1977）が提唱した生物心理社会モデルは疾患を単一の病因から説明するのではなく，生物・心理・社会的な文脈で捉えようという考え方であり，多くの専門職間で共有すべき概念である（橋本ら，2015）。Lewis（1991）は，脳損傷の患者の生物心理社会的評価モデルを次の4つの構成要素からなるとしている。①損傷部位に関連する情動や認知，行動の障害である「神経学的徴候」，②その患者にとっての，脳損傷の後遺症の意味や影響の強さである「脳損傷の心理的影響」，③もともとのパーソナリティなどの「脳損傷とは関連のない心理的要因」，④周囲の人々の反応がどれだけ共感的，保護的，あるいは否定的かといった「社会的文脈」である。公認心理師はこれらの要素を統合的に評価し，介入計画を立てる必要がある。

C. 脳血管疾患とメンタルヘルス

脳血管疾患は，かつて日本人の死因第1位であったが，生活習慣病などの慢性疾患の治療が進歩したこと，また，救急救命医療の進歩により急性期の死亡率も格段に低下したことから2019年度の日本人の死因では脳血管疾患が第4位となっている（厚生労働省，2020）。今や脳血管疾患は以前と比較して致命傷となりうる事態は減っているが，脳血管疾患発症後の生活において**患者の生活の質**（Quality of Life：QOL）は依然として低い状態である。特に脳血管疾患発症後は**片麻痺**や**高次脳機能障害**を生じることが多く，この障害と一生涯にわたって付き合っていかなければならないケースもある。そのため，生命の危機を脱した後も元のような日常生活や社会復帰が困難になることがあり，その大きな喪失感から心理的な問題を生じる例は多い。花村（2016）はこのような患者が，最終的に**新しい自己を受け入れ，障害を受容する**までには，向き合わないようにしたり，怒りを表出したり，落ち込んだり，希望をもったりと，気持ちが揺れ動くとしている。個々のケースによりプロセスの進行はまちまちで，受容に至るまでの過程に心理的支援が必要となる場合もある。ソールベリ（2012）は，脳損傷の患者に共通する情動反応として以下を挙げている。

①**抑うつ**：自立や普通の活動を行う能力，仕事を効率よく行う能力などの喪失の結果引き起こされる。

②**不安**：機能的な能力低下を実感する，失敗経験の増加，未来への漠然と

した恐れや心配によって喚起される。

③自尊心の低下：脳損傷後の機能低下は患者の自己イメージに強いダメージを与え，自尊心を低下させる。

④依存性：環境をコントロール，管理する能力が低下することから無力感を覚える。そのため他者への過度の情動的・身体的な依存が高まる。

⑤困惑：患者が自らの機能低下について混乱や困惑を経験する。例えば会話中に簡単な単語でさえ思い出せないことに突然気づいて自分の能力低下に戸惑うといったことが起こる。

このように脳血管疾患後は心理的な問題を抱えることが多く，特に高頻度でうつ病がみられることがわかっている。脳血管疾患罹患後は，反応性のうつ病だけではなく，脳卒中後のうつ病（post stroke depression：PSD）に留意する必要がある。2017年の多施設共同研究による調査では急性期に18.2％，その後の時期には24.1％がPSDと診断された。PSDは反応性うつと異なり，脳の器質的な変化がうつ状態を引き起こすとされており，病巣部位とうつ病の頻度の相関について報告がされている（加治ら，2017）。ロビンソンら（1983）は左前頭葉の脳卒中でうつ病の頻度が高く，脳病変の局在が前頭極に近いほどうつ病の重症度も高いと報告している。PSDは長期にわたりADLの回復を遅らせるなど患者や家族にさまざまな問題を引き起こし，死亡率にも関係するといわれている（重野，1995）。ほかにも不安障害，強迫性障害，不穏，せん妄などが生じることがある。そのため，精神医学的な知識に基づいて評価し，精神科医と連携しながら心理療法を実施することが必要である。

D. 脳血管疾患における心理師の役割

i）チーム医療における心理師の役割

チーム医療とはさまざまな職種のメディカルスタッフが連携・協働し，それぞれの専門スキルを発揮することで，QOLの維持・向上，患者の人生観を尊重した療養の実現をサポートしていくことである。以前は医師がリーダーシップをとり，その指示のもと各職種が分業するという色彩が強かったが，近年は多職種が連携，情報共有を行いながら支援にあたることが求められている（花村，2016）。チーム医療における心理師の役割として，鈴木（2016）は以下のようにまとめている。

①心理専門職としての役割：心理学的評価－患者との面談や神経心理学的

検査を含む心理検査の結果を総合的に検討し，患者の状態を心理学的に評価する，心理教育－患者や家族に対して，心の仕組みや不安やイライラへの対処法について解説する，メンタルケア－患者が抱える心理的問題を受け止め，ケアを行う，といった心理師の専門的な介入のことである。

②**媒介者としての役割**：医師のインフォームド・コンセント後などに患者が少し落ち着いたころを見計らって心理師が面談を行い，理解度の確認や不安，疑問点がないかを確認したり，必要があれば医療者側の意図を説明・補足したりする。また，患者の理解度や疑問点，要望や不安を医療チームにフィードバックし，今後の対応について話し合う。このように患者と医師や医療スタッフ間のやりとりを円滑につなぐ役割のことである。

③**コンサルタントとしての役割**：状態が不安定な患者や配慮が必要とされる患者への対応などについて心理師が客観的な視点から状況を見極め，アドバイザー役としてスタッフの役割分担や対応方法をコンサルテーションしていくことで医療スタッフへのサポートをすることである。

ii）医療スタッフの心理的支援

医療従事者の多くは**過重労働とストレス**により身体的・精神的に疲弊している。医療現場特有のストレスとして花村（2016）は常に命を預かる現場であり緊張感が高い，常に医療訴訟などのリスクにさらされている，パーソナリティ障害などの難しい患者や権利意識の著しく強い患者など対応困難な場面に出会う，患者の死に遭遇することが多い，当直や交代勤務など，生活のリズムを一定に保ちにくい勤務体制を挙げている。このようなストレスが積み重なると**医療事故**を誘発することや，**うつ病**などを発症してしまうことが懸念される。医療機関によっては，心理師がこのようなストレスケアに関わる場合がある。

E. 脳血管疾患と家族

i）家族支援

脳血管疾患後の患者治療にとって，**家族との協働**は治療効果を高める大きな要因である。その反面，後天性の脳損傷を抱える患者との生活に伴う家族の負担は大きく，家族への心理支援もまた重要である。

ii）家族への影響

家族の置かれる状況を**図7.7**に示した。発症初期から回復期にかけて家族は「不安と混乱」に陥るが，生命の危機を脱すると回復への期待が高まる。

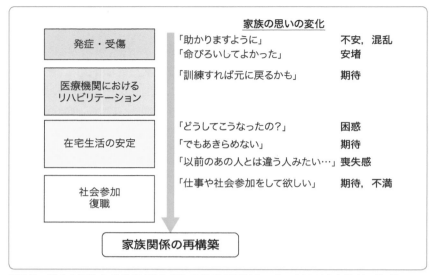

図7.7　家族の置かれる状況（東京都心身障害者福祉センター（2018）を参考に作成）

退院後の在宅生活において本人の変化を再認識し，現実と期待と否認の間で葛藤しながら家族関係の再構築へと進んでいく（東京都心身障害者福祉センター，2018）。この間，現状では適切かつ十分な情報を得られていない，または主体的に関われていないと感じていることが多いと指摘されており，その時々の家族の状況を鑑みた最適な情報提供を行うことが求められる。

iii）家族の抱えるストレス

　高次脳機能障害者の家族には高頻度でうつ傾向が認められると指摘されている（ソールベリ・マティーア，2012）。家族が抱えるストレスには**図7.8**のようなものが挙げられる。例えば，一家の大黒柱である夫が高次脳機能障害になった場合，経済的な不安，介護に対する負担などの**現在の生活に関すること**，夫の代わりに社会的な手続きをし，生計の維持の代行をするなどの**新たな役割に関すること**，自身の高齢化や介護継続の不安などの**将来に関すること**，患者の変化に対する困惑，喪失感などの**本人に対する感情**などである。なかでも，家族は身体的または認知的な変化よりも**パーソナリティの変化や社会的行動障害に起因する自己中心性，攻撃性に苦痛を感じる**という報告が多く存在する（ソールベリ・マティーア，2012）。そのため，公認心理師は，家族が以前とは変わってしまった当事者と生活することにより経験

現在の生活に関すること
経済的な不安，周囲（近親者や近所，関係者など）の理解不足による社会的な孤立，社会参加の機会の減少，慣れない介護に対する不安や負担，本人と他の家族との関係調整　など

新たな役割に関すること
本人の代理・代弁（社会的な諸手続きや事故処理），本人のサポーター（金銭管理，生活管理），本人のトレーナー（環境調整，メモリーノートや外出の練習），トラブル発生時の対応，本人の既存の役割の代行（生計の維持，家事）など

将来に関すること
自身の高齢化や体調不良に対する介護継続の不安　など

本人に対する感情
本人の変化に対する困惑・喪失感・自責感・期待・不満感，本人の怒りに対する恐怖

図7.8　家族の抱えるストレス（東京都心身障害者福祉センター（2018）を参考に作成）

する喪失感と困難感を理解し，寄り添う支援が必要である。

〈引用文献〉
Engel, G. L. (1977). The need for a new medical model: a challenge for biomedicine：Science, 8 ;196 (4286), 129-36.
原 寛美 (2005). 高次脳機能障害ポケットマニュアル. 医歯薬出版.
橋本忠行・佐々木玲仁・島田 修 (2015). 心理学の世界　専門編13　アセスメントの心理学こころの理解と支援をつなぐ. 培風館.
花村温子 (2016). 医療におけるメンタルヘルス. 下山晴彦・中嶋義文（編）. 公認心理師必携 精神医療・臨床心理の知識と技法. 医学書院.
加治芳明・平田幸一・片山泰朗・北川泰久他 (2017). 本邦におけるPost Stroke Depressionの多施設共同研究による実態調査. 神経治療, 34 (1), 37-42.
兼田康宏・住吉太幹・中込和幸他 (2008). 統合失調症認知機能簡易評価尺度日本語版（BACS-J）. 精神医学, 50 (9).
小松賢亮・渡邊愛祈・高橋（仲里）愛・中尾 綾他 (2018). HIV関連神経認知障害と神経心理検査バッテリー. 心理臨床学研究, 36 (1), 85-91.
国立障害者リハビリテーションセンター (2004). 高次脳機能障害支援事業
http://www.rehab.go.jp/ri/event/brain_fukyu/handankizyun.html
厚生労働省 (2018). 第13次労働災害防止計画.
https://www.mhlw.go.jp/content/11200000/000592898.pdf
厚生労働省 (2020). 令和元年 (2019) 人口動態統計（確定数）の概況.
https://www.mhlw.go.jp/toukei/saikin/hw/jinkou/kakutei19/index.html
Lewis, L. (1991). A framework for developing a psychotherapy treatment plan with brain-injured patients. The Journal of Head Trauma Rehabilitation, 6 (4), 22-29.
緑川 晶・山口加代子・三村 將編 (2018). 臨床神経心理学. 医歯薬出版.
Robinson, R. G., Starr, L. B., Kubos, K. L. & Price, T. R. (1983). A two-Year longitudinal study of post-stroke mood disorders: findings during the initial evaluation, Stroke, 14, 736-741.

重野幸次著, 平山惠造・田川皓一編（1995）. 脳血管障害と神経心理学. 医学書院.

ソールベリ, M. M., マティーア, C. A.（著）（2012）. 尾関誠・上田幸彦（訳）. 高次脳機能障害のためのリハビリテーション　統合的な神経心理学的アプローチ. 協同医書出版社.

鈴木伸一（2016）. 身体疾患に伴う心理的問題. 下山晴彦・中嶋義文（編）. 公認心理師必携 精神医療・臨床心理の知識と技法. 医学書院.

東京都高次脳機能障害者実態調査検討委員会（2008）. 高次脳機能障害者実態調査報告書平成20年度版.
https://www.fukushihoken.metro.tokyo.lg.jp/joho/soshiki/syougai/seishiniryo/os-hirase/kouji.files/gaiyou1.pdf

東京都心身障害者福祉センター（2018）. 高次脳機能障害者地域支援ハンドブック.
https://www.fukushihoken.metro.tokyo.lg.jp/shinsho/tosho/hakkou/pamphlet/ko-jinohandbook.files/2018handbook-4shou.pdf

富永大介（2008）. 脳画像との対応による脳障害者の認知機能評価システムの開発. 平成18〜19年度科学研究費補助金（基盤研究C）研究成果報告書

渡邉 修（2012）. 認知リハビリテーション効果のエビデンス. 認知神経科学, 13（3）, 219-225.

第 **8** 章 チーム医療と多職種連携

　現在，公認心理師は医療現場のさまざまな領域に従事している。例えば，国立精神・神経医療研究センター（2020）が行った全国1,598施設の医療機関（精神科主体病院529施設，総合病院・身体科主体病院481施設，精神科などの診療所588施設）を対象にした公認心理師の実態調査によると，公認心理師の所属部署としては，精神科，心療内科，児童精神科，小児科，リハビリテーション科，がん・緩和ケア関連の診療科，産婦人科・周産期関連の診療科など多岐にわたることが示されている。また，連携する職種も，医師，看護師，ソーシャルワーカー，作業療法士，薬剤師，栄養士など多様である。さらに，連携内容については，多職種による情報共有や治療方針の決定，多職種でのケースカンファレンス，多職種に対するコンサルテーションが約8割以上の医療機関で日常的に行われていると報告されている。この調査からもわかるように，医療現場に従事する公認心理師にとって，多職種連携は至極当然のこととなりつつある。本章では，医療現場で働く公認心理師の基盤となるチーム医療や多職種連携について説明する。

8.1節 チーム医療と多職種連携の定義

A. チーム医療とは

　厚生労働省（2010）は，チーム医療について，「医療に従事する多種多様な医療スタッフが，各々の高い専門性を前提に，目的と情報を共有し，業務を分担しつつも互いに連携・補完し合い，患者の状況に的確に対応した医療を提供すること」と定義している。さらに，チーム医療に期待される効果として，「疾病の早期発見・回復促進・重症化予防など医療・生活の質の向上」「医療の効率性の向上による医療従事者の負担の軽減」「医療の標準化・組織化を通じた医療安全の向上」などを挙げている。そして，チーム医療を推進するためには，「各医療スタッフの専門性の向上」「各医療スタッフの役割の拡大」「医療スタッフ間の連携・補完の推進」を基本とした取り組みが必要としている。

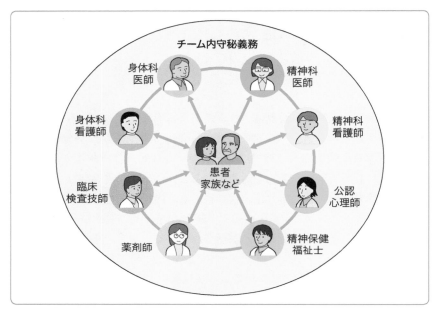

図8.1　チーム医療とチーム内守秘義務

　チーム医療は，患者やその家族を中心として，複数の医療専門職によって行われる（**図8.1**）。チーム内では個別性の高い情報を共有することになるため，チーム全員がチーム内守秘義務について十分に理解しておく必要がある。

B. 多職種連携とは

　多職種連携とは，チーム医療を包含するより広い意味をもった用語である。医療現場だけでなく，公認心理師の活動分野である保健，福祉，教育，司法・犯罪，産業・労働の分野においても必要不可欠となる（**コラム**）。なお，多職種連携の定義は各分野や研究者によって異なる。さらに，類似した用語として，「専門職連携」「専門職間連携」などがあるが，これらはInterprofessionalの翻訳の違いであり，同義と考えられている。加えて，Interprofessional Collaboration（IPC）という用語もしばしば用いられており，日本では，「多職種連携協働」「専門職連携協働」「専門職間連携協働」などと訳されている。本章では，多職種連携を専門職連携実践（Interprofessional Work：IPW）と同義と考え，「複数の領域の専門職および，患者・サービス利用者とその家族が，平等な関係性の中で相互に尊重し，各々

Column 公認心理師法における連携の位置づけ

　2017年9月に施行された公認心理師法（平成27年法律第68号）第42条第1項には，「公認心理師は，その業務を行うに当たっては，その担当する者に対し，保健医療，福祉，教育等が密接な連携の下で総合的かつ適切に提供されるよう，これらを提供する者その他の関係者等との連携を保たなければならない」と連携について明記されている。さらに，同条第2項には，「公認心理師は，その業務を行うに当たって心理に関する支援を要する者に当該支援に係る主治の医師があるときは，その指示を受けなければならない」と記されている。そして，万が一，上述した第2項の規定に違反した場合には，当該公認心理師は資格登録が取り消されるか，または期間を定めて公認心理師の名称およびその名称中における心理師という文字の使用の停止を文部科学大臣および厚生労働大臣から命じられる可能性がある。このように，公認心理師は，連携を行うことが法律によって定められているため，常にそれを念頭に置いて心理臨床実践に臨まなければならない。

の知識と技術と役割をもとに，自律しつつ，患者・サービス利用者中心に設定した共通の目標の達成を目指し，協働すること」という専門職連携教育研究センター（玄鼻IPE学習ガイド）の定義を用いることとする。

　公認心理師が精神科医療で関わる機会の多い専門職とその役割を**表8.1**に示した。公認心理師はこのような医療専門職と連携体制を築いていく必要がある。患者中心の医療を実現するためには，各医療専門職がそれぞれの職能について最善を尽くすだけでなく，多職種連携にもとづくチーム医療を実践する必要がある。こうしたチーム医療は，良質な医療サービスの提供に加えて，医療経済的利点，医療専門職の負担緩和などの観点からも必要不可欠なものとして認識されている。一方，多職種連携の欠如が招いた悲劇も報告されている（**コラム**）。医療安全・患者安全（8.5節参照）の観点からも多職種連携は重要となる。

8.2節 ┃ コンサルテーション・リエゾン精神医学

A. コンサルテーション・リエゾン精神医学とは

　コンサルテーションとは，ある領域の専門家（コンサルタント）がそれ以外の専門家（コンサルティ）が抱える特定の問題や課題に対して，効果的に解決できるよう相談，助言，指導を行う一連のプロセスである。他方，リエゾンとは「連携」を意味する言葉であり，精神科医などが一般身体科病棟に

表8.1　精神科医療で関わる機会の多い専門職とその役割

職種	役割
精神科医	診察をして治療方針を立案し向精神薬などを処方する。治療計画に基づき，各医療専門職の役割を明確にし，その専門性が発揮できるように指導・調整する。チーム医療においては，治療方針を的確に具体的に指示し，他職種からの情報を集約してリーダーシップを発揮する。
看護師	診察や治療の補助，療養の世話などを提供することを通して，当事者のセルフケア能力をアセスメントし，当事者の自己決定を促しながら本人のもつ力を最大限に伸ばすことを目指す。チーム医療では，他の職種と役割が重なることも多い。
精神保健福祉士	精神障害者を「生活者」として捉え，当事者に関わる多職種チーム間，医療機関や保健所，社会復帰施設などの関係機関との中間的存在としてコーディネートの役割を担い，当事者およびその家族に対する生活支援を行う。他職種との連携が業務の基盤となる職種である。
薬剤師	処方された薬に関して単に正しい知識や情報を提供するだけでなく，薬を取り巻く社会環境を十分に把握し，医師以外の情報提供者として，また薬物治療の協働作業の一員としての役割が重視される。適正な薬物療法の一層の推進のために果たすべき役割は大きい。
作業療法士	リハビリテーションの専門職として，精神科作業療法やデイケア，ナイトケアなどに従事している。患者の自立を促すために，実生活場面で必要な判断や選択をしながら行動するためのスキル，対人関係スキル，生活に楽しみを見出せるスキルなどの回復・習得を目指す。
管理栄養士	患者の栄養状態を改善・維持するために，患者の栄養状態を評価したうえで，食事内容や特別治療食の導入について，他職種に提案し情報共有を図る。さらに，患者が病院から地域へ生活の場を移した後も，個々の食生活習慣や問題を捉えて，必要な配慮を提案する。

（福田・坂本（2013）を参考に作成）

常駐して機能することを指す。この両者を合わせたコンサルテーション・リエゾン精神医学とは，一般身体科部門の中で起こるさまざまな精神医学的問題に対して，精神科医を含む精神科スタッフが一般身体科部門の医師や看護師などと連携して行う診断，治療，教育，研究活動全般を意味する。コンサルテーションとリエゾンの両者を分ける立場もあるが，医療現場では両者は特に区別せずに用いられ，リエゾンと略してよばれることも多い。

B. 精神科リエゾンチーム

　精神科リエゾンチームとは，一般身体科病棟に入院している身体疾患を抱

Column 多職種連携に関する英国での三つの事件

　英国では 2000 年前後に，保健医療および福祉の現場において，多職種連携の重要性を痛感させられる事件が起きた。

　一つ目は，1998 年に英国のクリニックで起こった事件である。家庭医（General Practitioner：GP）であるシップマンは，200 名以上の患者を麻薬の過剰投与などにより殺害し，逮捕後に獄中で自殺により亡くなった。英国の GP では，複数の医師，看護師，薬剤師，理学療法士，事務職員などが勤務しているが，シップマンのクリニックで働いていた専門職たちは，彼の犯罪に気づいていなかった。

　二つ目は，ブリストル王立小児病院で起きた事件である。麻酔科医が，同病院の 2 人の心臓外科医の手術後の死亡が多いことを病院長に内部告発したが，この告発は蔑ろにされた。最終的に，英国医道審議会にかけられ，1998 年に病院長と心臓外科医たちは処罰された。同病院の多くのスタッフが，この心臓外科医たちの能力に疑問を感じていたが，一人の麻酔医の内部告発以外には何の動きもなかったのである。英国政府が設置した特別調査委員会の報告書では，本事件は，個人ではなくシステムに問題があったという点が強調され，さらに過剰死亡の要因はコミュニケーション不足，チームワーク不十分，リーダー不在などの複合的なシステム不全がもたらした結果であると指摘された。

　三つ目は，2000 年に起こった児童虐待に関する事件である。8 歳の少女ビクトリアが，救急搬送された病院で低体温と低栄養により死亡した。ビクトリアが養育者（伯母とその男性友人）からくり返し虐待を受けていたことは，地域の GP，救急病院，小児保健センター，保健師，ソーシャルワーカー，そして近隣住民も知っていたが，それぞれの専門機関や専門職がもっている情報は共有されず，結果的に少女の虐待死という最悪の事態を防ぐことができなかった。

　三つの事件に共通している問題は，保健医療，福祉などの各現場において，多職種連携が十分に実践されていなかったことである。英国内では，これらの事件を契機として，多職種連携の必要性が広く認識されるようになり，専門職連携教育が英国政府の推進によってさまざまな教育機関へ導入されることになった。

（森（2008）を参考に作成）

える患者の精神症状（せん妄，抑うつ気分，不安・焦燥，希死念慮など）や不適応行動に対する予防，早期発見，早期治療を行うことを目的に精神科医療サービスを提供する精神科スタッフで構成されるチームである。支援の対象は全入院患者やその家族，および治療に携わる医療スタッフである。チームによる定期的な病棟回診を行い，身体科主治医や担当看護師などが抱える困りごとや疑問などにも適宜応えていく。

C. コンサルテーション・リエゾン・サービスの対象

　精神科リエゾンチームが行うコンサルテーション・リエゾン・サービスについて，中嶋（2013）は四象限モデルを提唱している（**図8.2**）。これは，コンサルテーション・リエゾン・サービスを「医学的複雑さ」と「心理・社会的複雑さ」の高低によって四象限に分割するモデルである。

　まず，第一象限（ハードリエゾン）は医学的および心理・社会的に複雑な事例であり，精神科医や心療内科医が対応することになる。これは全入院患者の2%程度とされている。次に，第二象限は医学的な複雑さは高くはないが，心理・社会的に複雑な事例であり，この領域は公認心理師などが対応することが望ましいとされている。最もニーズが多いのは，医学的にも心理・社会的にも複雑さが高くない第三象限の事例であり，慢性疾患に伴う心理的問題などがターゲットとなる。この領域に対しても，公認心理師などが対応することが望ましいとされている。最後の第四象限は，心理・社会的な複雑さはほとんどない純粋な医学的問題を抱える事例であり，この領域は医師が対応することになる。

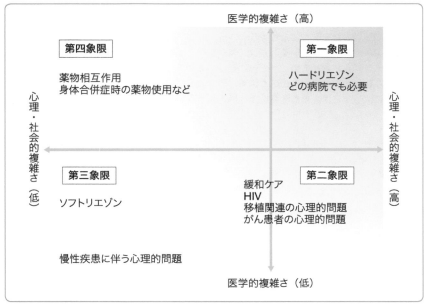

図8.2　精神科コンサルテーション・リエゾン・サービスの四象限モデル（中嶋（2013）を基に作成）

D. 精神科リエゾンチームにおける公認心理師の活動と診療報酬

　2012年に診療報酬（**コラム**）として新設された「精神科リエゾンチーム加算（A230-4)」には，多職種から構成される精神科リエゾンチームの一員として臨床心理技術者が挙げられた。加えて，2016年の診療報酬改訂では精神科リエゾンチームと密接に関連した「救急患者精神科継続支援料（I002-3)」が新設され，臨床心理技術者を含む医療従事者が，自殺企図などにより入院した精神疾患を有する患者に対して，生活上の課題解決のための援助や助言などを行った場合に診療報酬算定が可能となった。その後，臨床心理技術者の表記は「公認心理師」へと変更され，心理専門職の国家資格である公認心理師は，医療制度の枠組みの中に組み込まれている（**表8.2**)。公認心理師が行う心理アセスメントや心理面接などが診療報酬化され，保険診療の中で支援を提供できるようになれば，今よりもさらに多くの要支援者へ必要な心理的支援を届けることができるようになる。一方，診療報酬化を果たすためには医療経済上の問題，エビデンスの構築，人材育成（支援の質の保証）などさまざまな課題がある。医療分野で働く公認心理師は，自身の臨床実践のスキルを研鑽しつつ，その活動の場を広げる努力を続ける必要がある。

 診療報酬

　診療報酬とは，社会保険により患者を診療・診察した際に，医療機関や薬局がその行為に対する対価として保険者から受け取る報酬のことである。金額は診療報酬点数表で定められている。診療報酬算定基準や金額は2年に一度改定され，厚生労働大臣が中央社会保険医療協議会（通称，中医協）での議論内容を踏まえて決定する。1点＝10円であり，例えば，「発達及び知能検査」のWAIS-IVやWISC-IV，「人格検査」のロールシャッハテストは450点（4,500円）で，「臨床心理・神経心理検査」の中で最も高い点数となっている。医療機関で働く公認心理師は，所属するチームや自身の行為が診療報酬評価のどの項目に該当するのか，さらに患者の保険はどの形態で医療費の負担割合はどの程度かについて知っておく必要がある。患者の経済的負担への配慮，病院経営への貢献といった視点を総合的に考えて，患者の希望やニーズに応じた治療や支援を行う必要がある。

表8.2　精神科リエゾンチームに関連する診療報酬評価

項目	点数	概要
精神科リエゾンチーム加算	300点（週1回）	一般病棟に入院する患者の精神状態を把握し，精神科専門医療が必要な者を早期に発見し，可能な限り早期に精神科専門医療を提供することにより，症状の緩和や早期退院を推進することを目的として，精神科医，専門性の高い看護師，薬剤師，作業療法士，精神保健福祉士，公認心理師等の多職種からなる精神科リエゾンチームが診療を行った場合に算定する。
1. 入院中の患者	900点（6ヶ月以内の期間に週1回に限り算定）	適切な研修を受講した精神科医又は精神科医の指示を受けた看護師，作業療法士，精神保健福祉士，公認心理師又は社会福祉士が，自殺企図等により入院した精神疾患の状態にある患者に対し，自殺企図や精神症状悪化の背景にある生活上の課題の状況を確認した上で，解決に資する社会資源について情報提供する等の援助を行う他，かかりつけ医への受診や定期的な服薬等，継続して精神疾患の治療を受けるための指導や助言を行った場合に算定する。
2. 入院中の患者以外	300点（退院後24週を限度として，週1回に限り算定）	

（診療点数早見表（2022）を参考に作成）

8.3節 チーム医療における公認心理師の役割

A. 患者への直接的な支援

公認心理師の専門性の一つである心理アセスメントや心理面接のスキルを十分に活用し，対象となる患者へ直接支援を行うことでチームに貢献する。例えば，患者が表出する症状や非適応的な行動などを，身体状況だけでなく，環境因，本人の人格構造，知能・発達水準，社会生活機能，宗教文化的背景などの観点から横断的かつ縦断的にアセスメントする。家族関係が現症に関連する場合は，家族機能の評価を力動論やシステム論などの視点から行う。さらに，神経心理学的検査や人格検査を用いて，現症の裏づけとなる情報を収集することも有用である。そして得られた結果の中から治療や支援に必要な部分を選択して，チーム内守秘義務が遵守できる構造のもとで共有し，治療や支援計画の立案に活かす。あるいは，うつ状態や不安の強い患者に対して，認知行動療法などを実施することで，患者の精神症状の改善に貢献する。

B. コンサルテーション

コンサルタントとして，一般身体科部門のチームやスタッフが抱える治療

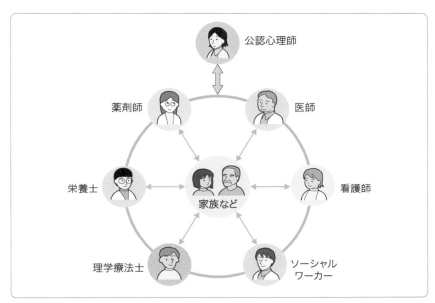

図8.3　コンサルテーションのモデル

や職務上の問題・課題に対して，心理専門職の立場から相談や助言を行う（**図8.3**）。例えば，精神疾患や自殺念慮を抱える患者が一般身体科病棟に入院した場合，担当スタッフの中には恐怖心や抵抗感を抱く人もいる。そしてそのような態度は，その後の治療や支援に悪影響を与えることもある。このような場合，公認心理師は，身体科主治医や看護師に対して，患者理解を促すための情報を提供し，精神症状や自殺念慮への対応方法，患者との安全なコミュニケーションの図り方，入院環境の調整などに関して助言を行う。このように，患者に間接的に関わることを通して治療や支援に貢献する。

C. 調整役

　身体科主治医や看護師に言えない患者の思いを代弁する役割を担うこともある。また，患者およびその家族と多職種との関係をつないだり強化したりする調整役としての役割を求められることもある（**図8.4**）。患者・家族と医療スタッフとのつながりが回復したり強化されたりした後は，その役割を降り，外側から両者の関係性が維持されるように見守る。

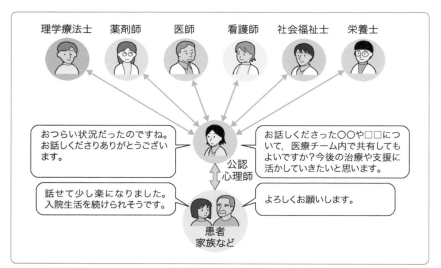

図8.4　調整役としての役割

D. スタッフケア

医療スタッフの個人的な悩みや課題，あるいは医療チームが抱える問題に対して，相談や助言を行うこともある（**図8.5**）。2020年の新型コロナウイルス感染拡大に伴い，強い不安や抑うつ気分を抱えるスタッフが増えている。こうしたパンデ

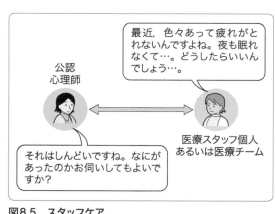

図8.5　スタッフケア

ミックの状況下における医療スタッフへのサポートも公認心理師の重要な役割である（**コラム**）（第14章・コラム参照）。

8.4節 | **チーム医療や多職種連携で必要な知識とスキル**

A. 多職種連携コンピテンシー

日本には，多職種連携を行う際必要な能力である多職種連携コンピテン

新型コロナウイルス感染拡大状況下での チーム医療の重要性と心理職の役割

　2020年の新型コロナウイルス感染拡大は，医療者のメンタルヘルスに多大な影響を与えた。例えば，感染拡大状況下で働く医療者の約4人に1人が不安あるいは抑うつ症状を呈していることが複数のメタ分析により示されている（Pappa et al., 2020 ; Luo et al., 2020）。パンデミックという危機的状況の最前線で治療や支援を行う医療者は，業務過多や感染への恐怖に加えて，スティグマや疎外などに苦しむこともあり，自身のメンタルヘルスを維持・向上することは重要な課題となる。そして，この課題への対処としてはチームアプローチが欠かせない。世界五大医学雑誌の一つである British Medical Journal（通称 BMJ）に掲載された Kisely ら（2020）の系統的レビューでは，「感染防止のためのスタッフ同士の支え合い（バディシステム）」「同僚間の励まし」「明瞭なコミュニケーション」を心理的問題への対処方法として推奨している。加えて，心理面へのアプローチとして，「スタッフの努力へのねぎらい」「心理的問題の特定とそれに対処するためのトレーニング」「心理的介入の活用」を推奨しており，これらは心理専門職である公認心理師が担える重要な役割といえる。さらに，当該レビューでは，「家族への感染を心配しているスタッフのための代替宿泊施設の提示」「スタッフが家族と連絡を取り合い，家族の心配を和らげるためのビデオ整備」「家族や友人からのさらなるサポート」といった社会資源の活用促進も推奨事項として挙げており，公認心理師としては，コミュニティ・アプローチの視点を活かしてこうした支援を行いチームに貢献することが期待される。

シーの円形モデルがある（**図8.6**）。他の専門職と同様に公認心理師も，専門職連携教育などを通して，多職種連携コンピテンシーを獲得する必要がある。

B. 心理専門職として必要な知識とスキル

　チーム医療を実践するうえで，多職種連携コンピテンシーの獲得は必須である。これに加えて，各専門職が有する職能に合わせた知識やスキルの習得が必要となる。医療分野で心理職が多職種連携を行う際に必要なスキルを探索した系統的レビュー（川島ら，2019）によると，医療分野で働く心理職に必要なスキルは，「分野普遍的な知識とスキル」を基盤として，「医療分野特有の知識とスキル」「診療科や専門領域特有の知識とスキル」といった階層構造を成すと考えられている（**図8.7**）。

　まず，「分野普遍的な知識とスキル」は医療に限らず，保健，福祉，教育，司法・犯罪，産業・労働分野に共通して求められるものであり，「心理アセスメント，心理検査，心理面接の知識とスキル」「コミュニケーションスキル」

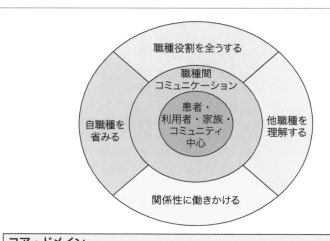

コア・ドメイン	
患者・利用者・家族・コミュニティ中心	患者・サービス利用者・家族・コミュニティのために，協働する職種で患者や利用者，家族，地域にとっての重要な関心事／課題に焦点を当て，共通の目標を設定することができる
職種間コミュニケーション	患者・サービス利用者・家族・コミュニティのために，職種背景が異なることに配慮し，互いに，互いについて，互いから職種としての役割，知識，意見，価値観を伝え合うことができる

コア・ドメインを支える4つのドメインの定義	
職種役割を全うする	互いの役割を理解し，互いの知識・技術を活かし合い，職種としての役割を全うする
関係性に働きかける	複数の職種との関係性の構築・維持・成長を支援・調整することができる。また，時に生じる職種間の葛藤に，適切に対応することができる
自職種を省みる	自職種の思考，行為，感情，価値観を振り返り，複数の職種との連携協働の経験をより深く理解し，連携協働に活かすことができる
他職種を理解する	他の職種の思考，行為，感情，価値観を理解し，連携協働に活かすことができる

図8.6　多職種連携コンピテンシー（多職種連携コンピテンシー開発チーム（2016）を参考に作成）

「心理専門職としての知見を他職種へ提供するスキル」「所属機関の組織体制の知識」など，心理専門職の職能に関する知識やスキルが集約される。多職種連携とは，専門職としてのアイデンティティの形成がなされてはじめて可能となる。この最下層にある「分野普遍的な知識とスキル」は心理専門職のアイデンティティに関わる基礎的かつ必要不可欠な知識とスキルであり，多職種連携を効果的に行うためには，これらを着実に習得していく必要がある。

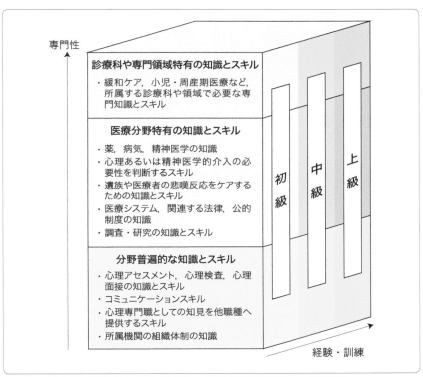

図8.7　医療分野で心理職に必要とされる知識とスキルの階層図（系統的レビューによる知見）
（川島ら（2019）を参考に作成）

　そして，二つ目の階層である「医療分野特有の知識とスキル」としては，
「薬，病気，精神医学の知識」「心理あるいは精神医学的介入の必要性を判断
するスキル」「遺族や医療者の悲嘆反応をケアするための知識とスキル」「医
療システム，関連する法律，公的制度の知識」「調査・研究の知識とスキル」
がある。これは，医療分野に特化した知識やスキルである。そして最後に，
「診療科や専門領域特有の知識とスキル」として，「緩和ケア，小児・周産期
医療など，所属する診療科や領域で必要な専門知識とスキル」がある。公認
心理師は，日々の臨床実践や訓練を通して，これら各階層の知識とスキルを
研鑽していく必要がある。

C. 公認心理師が多職種連携を行う際の留意点

　多職種と情報共有を行う際，公認心理師は固有の困難さや葛藤を抱く可能

性がある。その理由は，公認心理師が有する情報は，クライエントとセラピストとの信頼関係のもとに打ち明けられた個別性の高い内容を含む場合があるためである。金沢（2018）が指摘しているように，多職種連携において公認心理師は，「秘密保持」の主旨を十分に理解し，チームにとって，そして何より患者にとって最善最適な方法は何かを慎重に検討し，患者への十分なインフォームド・コンセントと同意取得を経た後に，多職種と必要な情報を共有する必要がある。

8.5節 医療安全

A. 医療安全と患者安全

　医療サービスを安全に提供し，患者やその家族から信頼を得るために最善を尽くすことは医療者としての責務である。医療機関で働く公認心理師は，医療専門職のひとりとして，医療安全に関する正しい知識を身につけておかねばならない。なお，近年では，患者中心の医療という観点から，医療安全ではなく「**患者安全**（Patient safety）」という言葉を使用する機会も増えている。WHOは，患者安全を「医療に関連した不必要な害のリスクを許容可能な最小限の水準まで減らす行為」と定義している（WHO, 2011）。

B. 医療事故と予防対策

　医療事故は，最悪の場合，患者の命を奪うことや心身に深刻な後遺症を残すこともある。そして，関係する医療者は，民事責任だけでなく，刑事責任や行政責任を追及されることもしばしばある。医療事故に関連する事象としては，医療過誤やインシデントなどがある（**表8.3**）。

　医療事故を予防するためには，「人は誤りを犯す」ことを前提とした組織的対策が重要となる（厚生労働省，2002）。「誤り」に対する個人の責任追及よりも，起こった「誤り」の原因を究明し，その防止に向けた対策を立案する必要がある。また，十分なインフォームド・コンセントと自己決定により，患者が主体的・積極的に治療へ参加すること，医療者との信頼関係を強化していくことも医療安全対策の重点の一つである。加えて，医療安全の組織体制を構築し，各専門職が十分に連携を図ることが重要である。日本看護協会（2013）は，医療安全管理体制の整備について7つのポイントを挙げている（**表8.4**）。

表8.3　医療事故に関する用語

医療事故	医療に関わる場所で医療の全過程において発生するすべての人身事故を包含するもので，医療行為とは直接関係しない場合（例えば，患者が廊下で転倒する）や患者だけでなく医療者に被害が生じた場合なども含む。アクシデントは医療事故と同義である。
医療過誤	医療事故のうち，医療者が注意を払い慎重に対応していれば防ぐことができたにもかかわらず，医療者の過失により患者が不利益を被ることになった場合を指す（例えば，手術ミス，診断ミス，連携ミスなど）。
インシデント	日常診療の場で，誤った医療行為などが患者に実施される前に発見されたもの，あるいは，誤った医療行為などが実施されたが，結果として患者に影響を及ぼすに至らなかったものである。ヒヤリ・ハットはインシデントと同義であり，"ひやり"としたり，"はっと"した経験を有するものである。

表8.4　医療安全管理体制の整備に関する7つのポイント

1. 医療機関としての目標設定
2. 医療安全管理に携わる人員の配置
　1）医療安全管理責任者，感染管理責任者，医薬品安全管理責任者，医療機器安全管理責任者の配置
　2）専従医療安全管理者の配置
　3）専任医療安全管理者の配置
　4）各部門の医療安全推進者の配置
3. 医療安全管理のための組織体制の整備
　1）医療安全推進のための委員会設置
　2）医療安全管理部門の設置
　3）各部門の医療安全推進者を招集した会議の設置
4. 医療安全管理に関する指針・マニュアル類の整備
5. 医療安全に関する医療機関における報告制度の整備
6. 患者相談窓口等との連携
7. 研修体制の整備

（日本看護協会（2013）を参考に作成）

C. チームで行う医療安全対策

　チームで行う医療安全対策としては，**5S活動**や**KYT（危険予知トレーニング）** が知られている。5S活動とは，整理（Seiri）・整頓（Seiton）・清掃（Seisou）・清潔（Seiketsu）・しつけ（Shitsuke）を全員参加で徹底して行う活動であり，頭文字をとって5S活動とよばれる。この活動は，作業中に潜む，無理・ムラ・無駄を省き，作業を効率化することで，ミスや事故を防止することを目指す。元々は建築現場での安全確保から発展した活動

であるが，医療現場でも医療安全活動の一貫として導入されている。

　後者のKYTとは，危険（Kiken），予知（Yochi），トレーニング（Training）の頭文字をとったものである。職場や作業状況を描いたイラストを提示したり，実際に現場で作業したりしながら，その作業に潜む事故の原因となりうる危険要因とそれによって生じる事故について職場の小集団で話し合い，解決策を検討する訓練である。

〈引用文献〉

福田祐典・坂本沙織（2013）. 医療（特に精神科医療）で働くさまざまな専門職とその役割. 臨床心理学, 13(1), 64-71.

医学通信社（編）（2022）. 診療点数早見表2022年4月版. 医学通信社.

金沢吉展（2018）. 情報の適切な取り扱いについて―守秘義務・プライバシー・連携. 野島一彦（編）. 公認心理師の職責. 遠見書房, 48-60.

川島義高・大槻露華・安東友子・山田光彦（2019）. 医療領域での他職種協働 心理職に必要とされるスキルとその評価に関する系統的レビュー. 臨床心理学, 19(2), 221-232.

Kisely, S., Warren, N., McMahon, L., Dalais, C., et al. (2020). Occurrence, prevention, and management of the psychological effects of emerging virus outbreaks on healthcare workers: rapid review and meta-analysis. *BMJ*, 369, m1642.

国立精神・神経医療研究センター（2020）. 厚生労働省令和元年度障害者総合福祉推進事業 公認心理師の養成や資質向上に向けた実習に関する調査.
https://www.ncnp.go.jp/hospital/news/docs/ec328acccf3db1be68e791f3c9d-8c562e710d37e.pdf

厚生労働省（2002）. 医療安全推進総合対策～医療事故を未然に防止するために～医療安全対策検討会議. https://www.mhlw.go.jp/topics/2001/0110/tp1030-1y.html

厚生労働省（2010）. チーム医療の推進について（チーム医療の推進に関する検討会報告書）.
https://www.mhlw.go.jp/shingi/2010/03/dl/s0319-9a.pdf

Luo, M., Guo, L., Yu, M., Jiang, W., et al. (2020). The psychological and mental impact of coronavirus disease 2019 (COVID-19) on medical staff and general public - A systematic review and meta-analysis. *Psychiatry Research*, 291, 113190.

森臨太郎（2008）. イギリスの医療は問いかける. 医学書院.

日本看護協会（2013）. 医療安全推進のための標準テキスト.

中嶋義文（2013）. 医療領域におけるメンタルケアとコンサルテーション・リエゾン. 臨床心理学, 13(1), 85-89.

Pappa, S., Ntella, V., Giannakas, T., Giannakoulis, V. G., et al. (2020). Prevalence of depression, anxiety, and insomnia among healthcare workers during the COVID-19 pandemic: A systematic review and meta-analysis. *Brain, Behavior, and Immunity*, 88, 901-907.

専門職連携教育研究センター. 玄鼻IPE学習ガイド. https://www.iperc.jp/inohanaipe/wp-content/uploads/2019/04/0da0dd623f0dd59912b771d1000d7c15.pdf

多職種連携コンピテンシー開発チーム（2016）. 医療保健福祉分野の多職種連携コンピテンシー.
http://www.hosp.tsukuba.ac.jp/mirai_iryo/pdf/Interprofessional_Competency_in_Japan_ver15.pdf

World Health Organization. WHO Patient Safety Curriculum Guide: Multi-professional Edition 2011. 東京医科大学医学教育学・医療安全管理学（訳）. WHO患者安全カリキュラムガイド：多職種版　2011.

第 9 章 遺伝カウンセリング

9.1節 遺伝カウンセリングとは

　20世紀末に始まったヒトゲノム計画は2003年に完了し，ゲノム医学が急速に進歩した。ヒトゲノムとはヒトの遺伝情報の1セットをいい（**図9.1**），生命の「設計図」といえるが，このプロジェクトでヒト染色体の遺伝情報（DNA配列）のすべてが解読され，染色体のどこにどのような遺伝情報があるかが明確になった。そして，2015年，当時のオバマ米国大統領が一般教書演説において発表したPrecision Medicine Initiativeは，ゲノム医療を推進し，患者個々のゲノム情報を用いた医療を行うことをうたっている。遺伝子によって病気を診断確定することや，遺伝子治療の開発が進み，症状の劇的な改善が可能になり，また，がんパネルを利用して腫瘍組織の遺伝子を調べ，効果のある薬剤を選択するような個別化医療へも発展してきている。このように，遺伝子情報を利用した医療には恩恵も大きいが，その一方で遺伝をめぐる個人あるいは家族に苦悩や葛藤を引き起こしうる可能性も考えな

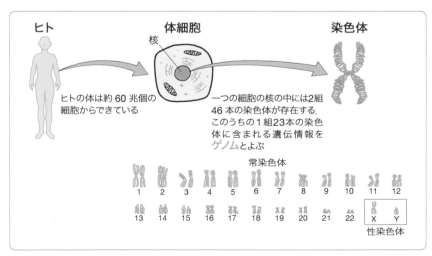

図9.1　細胞，染色体，ゲノム

くてはならない。

遺伝医療は，狭義には遺伝性疾患の患者あるいはその家族を対象としてきたが，体質や疾患に遺伝子が必ず関わるため，すべての人々の問題として考えるようになっている。遺伝カウンセリングも同様に，当初は遺伝性疾患の患者・家族に関わる相談から始まった。米国遺伝カウンセラー学会（NSGC：National Society of Genetic Counselors）が2006年に公表した定義では，「疾患の遺伝学的関与について，その医学的影響，心理学的影響，および家族への影響を，人々が理解し適応していくことを助けるプロセスである。このプロセスには，次項が含まれる。
　・ 疾患の発生および再発の可能性を評価するための家族歴および病歴の解釈
　・ 遺伝，検査，マネジメント，予防，情報リソースや研究についての教育
　・ インフォームドチョイス（十分な情報を得たうえでの自律的意思決定）
　　とリスクや病態への適応を促すためのカウンセリング」
とされている（NSGC，2006）。

つまり，遺伝カウンセリングでは，情報を求める患者（以下，クライエント）が心の負担や重荷を抱えることなく，遺伝性疾患に関するさまざまな情報を得て，自己決定できるようにすることが肝要である。したがって，心理支援を中心に行う通常の心理カウンセリングとは異なり，遺伝に関する問題の情報提供を主とし，そこから生じるさまざまな不安，葛藤などの支援をしていくことが重要となる。

関わるスタッフは臨床遺伝専門医，対象となる疾患の専門医，認定遺伝カウンセラー，看護師，臨床心理士や公認心理師などの心理専門職，臨床検査技師などさまざまである。遺伝カウンセリングに同席するスタッフは施設により多少の違いはあるが，臨床遺伝専門医と認定遺伝カウンセラーという場合が多い。

9.2節 ｜ 遺伝医療の特殊性

遺伝医療は遺伝子の情報を扱うが，遺伝情報には次のような特殊な側面があることを十分に考慮する必要がある（日本医学会，2011）。
・ 生涯変化しないこと。
・ 血縁者間で一部共有されていること。
・ 血縁関係にある親族の遺伝型や表現型が比較的正確な確率で予測できる

こと。
- 非発症保因者（将来的に発症する可能性はほとんどないが，遺伝子変異を有しており，その変異を次世代に伝える可能性のある者）の診断ができる場合があること。
- 発症する前に将来の発症をほぼ確実に予測することができる場合があること。
- 出生前診断に利用できる場合があること。
- 不適切に扱われた場合には，被検者および被検者の血縁者に社会的不利益がもたらされる可能性があること。

　以上のような特性があるため，この点をよく理解してクライエントに情報提供されることが望ましい。クライエントがこの遺伝情報を有益に利用し，主体的に自己決定していくように支えるのが遺伝カウンセリングの大きな役割である。

<h2>9.3節　遺伝カウンセリングの主な領域</h2>

　遺伝カウンセリングの主な対象は，以下の3領域に主に分けられる（福嶋，2011）。

① **出生前遺伝カウンセリング**：妊娠中の胎児あるいはこれから妊娠を考える際のリスクについての相談である。例えば，第一子が乳幼児期に発症する遺伝性疾患（例えば筋ジストロフィー等）と診断されており，次子妊娠に関して，妊娠中に調べることができるかどうか，あるいは高齢妊娠，超音波検査で胎児の形態異常が発見された場合や習慣流産など産科診療とも密接に関わる相談が主となる。

② **小児期の遺伝カウンセリング**：先天異常など小児期発症の疾患の子どもの正確な診断と情報を得たい，あるいはその患者の両親から生まれる次子，あるいは両親の同胞から生まれる子のリスクに関しての相談をしたい，などである。発端者[1]である患者の診断を正確に行うことが最も重要である。

③ **成人期の遺伝カウンセリング**：家族に家族性腫瘍や神経変性疾患など成

1　発端者とは，probandもしくは初発症例（index care）ともいう。遺伝性疾患をもつ家系において遺伝学的問題に気づく契機となった患者のこと。

人期発症の遺伝性疾患の患者がおり，クライエントは患者の子どもや血縁者である。すなわち，クライエントは自分が将来同じ病気を発症するかどうかについて，自分が保因者（症状は持たないが遺伝子の変化を有する）かどうか相談したい場合などが考えられる。

　昨今，がんゲノムの急速な発展により，がんの組織を用いて，多数の遺伝子を同時に調べ，遺伝子変異を明らかにし，治療などを行う医療が進んできている。多数の遺伝子を調べるのはがんパネル検査とよばれる。がんパネルから得られた情報をクライエントにわかりやすく提供する必要があるため，遺伝医療に携わるスタッフはより高度な専門的知識を求められてきている。

　それぞれの領域によって倫理的に留意すべき側面は異なるため，内容に合わせて，スタッフ間での協議やガイドラインについての検討が必要になる。

9.4節 ｜ 遺伝カウンセリングの流れ

　遺伝カウンセリングのプロセスは，主に**図9.2**のような流れで行われる。予約の際に相談内容と目的を聞き，疾患についての情報収集がなされる。遺伝学的検査を希望する場合には，実施施設を調べ，また患者会やサポート組織の情報も収集しておく。

　初回の遺伝カウンセリングでは，臨床遺伝専門医が発端者の遺伝情報，診断，家系図などの聴取を行い，それに基づいた病気や遺伝の説明，遺伝子検査の内容などが解説される。さまざまな情報提供がなされるため，心理職，看護職などのスタッフはクライエントと同じ立場で話を聞き，心理面でのサポートを心がける。

　遺伝カウンセリング終了後には，スタッフ間で検討内容があれば，倫理的な問題などについて話し合いを行う。相談内容によっては，一度でカウンセリングが終了することもあるが，複数回の相談が続く場合も多い。

　精神科などで行われるようなカウンセリングと大きく違うのは，遺伝性疾患や遺伝子に関する医学情報の提供の位置づけが大きいことである。医学情報に基づいた選択肢により，さまざまな葛藤が生じるが，それを支えるのが医療スタッフの役割である。抱える葛藤の解決方法などにより，心理職が関わるのがよいのか，ソーシャルワーカーが関わるのが適当なのか，スタッフ間で検討しながらクライエントを援助していくことになる。

	予約	スタッフ打ち合わせ	初回
内容	相談内容・目的, 同伴者の確認, 疾患についての資料収集	遺伝学的検査の可能性があれば, 実施施設等の確認 倫理的問題の有無	発端者の遺伝情報, 医学情報の聴取, 家系図作成, 診断の確認, 遺伝医学的な情報提供
心理職の役割	電話予約の際の CI の語り口調, 内容説明などからアセスメントする	心理的な介入が必要な状態があるかどうかの判断をし, 同伴者がいた方がよいかを考える	CIの心理的状況, それぞれの相談者の価値観の把握, 検査後のフォローの希望, 児が亡くなって間もないようであれば危機介入の可能性を考える

	カンファレンス	2回目以降	フォローアップ
内容	症例検討	遺伝学的検査の実施, 発端者情報の補遺的収集 遺伝医学的な情報提供	電話等でのフォローアップ, on demand の外来受診等
心理職の役割	初回時の CI の精神状態や理解度, あるいは家族の力動を評価し, スタッフ間で共有する	初回と同様に CI や家族の心理的状況の把握を主とし, 遺伝カウンセリングの促進を図る	電話等でのフォローアップ, 個別の心理面接が必要であれば予約を取る

図9.2　遺伝カウンセリングの流れ

9.5節 | 遺伝カウンセリングにおける心理職の役割

　遺伝カウンセリングでの心理職の関わりとしては, 遺伝子による確定診断や出生前, 発症前診断後に生じるさまざまな感情の整理を援助することがまず挙げられる。

確定診断

　疾患の確定診断では, 診断を告げられた後の心理的に揺れ動く本人や家族のケアが重要になる。まだ幼い年齢であると本人には病名への意識が乏しいことも多く, 年齢に沿った告知も必要になるため, その後の診療での支援も継続することになる。本人の知的水準や病気への関心度などを量りながら, 状態に合った告知の仕方を考えていかなければならない。例えば, 知的水準が高く, 自分の状況をきちんと知りたいと考え, ある程度自我も発達してい

る患児には病名そのものを伝え，行っている医療処置，投薬についての意味も説明することもあるかもしれない。また，理解力はあるが，不安が高く，病名までは知りたがらない患児には，状態像についての説明で留める場合もあるだろう。その見極めをし，主治医と連携を図りながら疾患受容を促していくことが重要である。

告知された本人へは自分の体に関する話への受け止めがどのようになされたかを心理面接を行い，把握する。過度に不安を喚起することになっていないか，また病状の理解はどの程度であったかなどを本人との話の中から取り上げるように心がける。疾患への受け止めはその後のケアにも関わるため，その本人の受容段階を見極める必要がある。

図9.3　メディカルスタッフの一員として

出生前診断

出生前診断に伴う遺伝カウンセリングでは，絨毛穿刺か羊水穿刺[2]によって採取された組織により，児が疾患を有しているかどうかが判明する。児が何らかの疾患を有するとわかった場合には，妊娠継続を断念する例が多い。児を喪失する体験，喪の作業（モーニングワーク，mourning work）[3]に寄り添う必要が出てくる。妊娠・出産への捉え方は家族によってさまざまな価値観がある。例えば，両親が亡くなった後，あるいは面倒をみられない状況になったときに，病児を支えてくれるように健康な兄弟姉妹がいてくれるといいと，健康な子どもを望む夫婦もいれば，本家の長男夫婦の自分たちには，どうしても跡取りがいないと困るので健康な子どもを，という家族もいる。価値観はその人が育ってきた過程において，関わってきた人や集団からの影響によって構築されていく。最も身近な環境が家族であり，家族ごとに特有の考え方，生活の仕方がある。病気や障がいについて，どのように捉え

2　絨毛穿刺：妊娠10～12週頃に胎盤の根本の組織を採取し，遺伝子や染色体を調べる。
羊水穿刺：妊娠15～17週頃に母体の腹部から針を刺して羊水を採取し，羊水中に浮遊する胎児細胞を用いて検査する。
3　愛する対象を失うことによって引き起こされる一連の心理過程で，フロイト（Freud, S.）が最初に論述した概念である。

ているかを考えてみると，家族に，あるいは近所に障がいをもった人がいた人と，病気を患った人に接したことのない人では思いや考えが大きく違っていても不思議はない。そのため，それぞれの家族の価値観に応じた対応が求められる。

発症前診断

発症前診断では，遺伝学的検査が陽性であった場合には将来の発症の可能性を示唆する。検査が可能な疾患は成人期に発症する進行性の家族性腫瘍や神経難病が多いため，今後の生活変化を余儀なくされるかもしれず，本人はもちろんのこと家族への衝撃は計り知れない。そのため，事前に陽性だった場合の心の準備が必要で，その作業は**予備的ガイダンス**（anticipatory guidance）といわれ，検査実施前に自分が結果を聞いた時に想定される自分自身に起こる気持ちの変化やそれに対する具体的な対応方法などを考えてもらうが，そのような心の準備に寄り添うことも肝要である。

遺伝カウンセリング時の心理として心がけていること

実際の遺伝カウンセリングの場面ではクライエントが過度の緊張を生じないように配慮し，自由に話せる雰囲気を作っていくことや，時には質問の援助などの役割が求められることもある。質問の援助は，クライエントの理解が追いついていないように思えるとき，代弁する形で「○○というのはどういうことですか？」とか「もう少し詳しく教えて頂けますか？」など医師に問いかけをする。遺伝子やDNA，遺伝医学の耳なれない言葉は，一度の説明ではわかりにくいことが多い。また，初対面の医師に思うように聞けないクライエントもいるためである。それと同時に，クライエントの話し方や身振りなどの様子を観察し，クライエントの心理的な評価を行う。重い精神病理を抱えているクライエントが来院することも珍しいことではない。あるクライエントは父親が神経変性疾患に罹患しており，自分が発症するかどうか，原因遺伝子を調べてほしいと希望した。話を聞くうちに，精神科通院し，服薬等の治療を継続していることがわかった。このクライエントは発症前に将来の発症を診断された場合には精神的に耐えられない状態になりうると考えられた。そのため，精神科主治医への連絡の許可を得て，相談をすると主治医からも同様の回答があり，クライエントは遺伝学的検査を受けるのを断念された，といった例もある。このように，心理師は遺伝カウンセリングに同席

しながら，クライアント
の心理的な状況をアセス
メントする役割を果たす。

複数の家族で来院され
た場合には，その関係を
アセスメントし，家族を
理解する情報を得る。誰
がクライアントを精神的
に支える対象になるか，
などを見極めることが重
要である。夫婦あるいは
兄弟姉妹の価値観が違っ

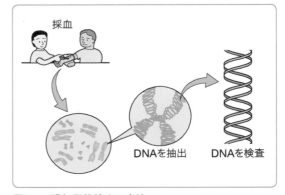

図9.4　遺伝学的検査の方法
採血してDNAを調べる。遺伝子による確定診断，保因者診断，
発症前診断もこの方法を用いる。

ていると理解されたときには，別々に話す機会を設ける必要が生じるかもし
れない。特に出生前診断のように，児の成長を日々実感できる妊婦である女
性と，出産してから父になる男性とは児に対する思いや意識の差があり，そ
の後の決定に影響する。

また，遺伝にまつわる悩みは，自分自身の問題，あるいは家族との関係に
影響を与え，心理的な葛藤を引き起こすことも稀ではない。例えば，「遺伝
子」という世代間に伝達されるという特徴から，家族関係の絆に関しての深
い悩みにつながることもある。遺伝カウンセリング終了後，継続した心理カ
ウンセリングにつなげ，一人一人の思いを個別に聴いていくこともある。

さらに，遺伝学的検査などの新しい医療領域には，さまざまな心理的葛藤
を個人や家族に起こしうる側面が存在する。ある遺伝情報は将来の病気のな
りやすさや健康状態を示唆するが，こうした情報が個人のパートナーの選択
や，子どもをもつかどうかの選択に関わることもある。このように個人だけで
なく，家族にも影響を及ぼす問題があるとき，その多様なニーズに応じる必
要がある。そのために，遺伝カウンセリングではいろいろな職種が家族に関わ
り，専門家同士の知識や技術を共有して問題に取り組むことが求められている。

9.6節 チーム医療での関わり

多職種が関わる遺伝カウンセリングでは，それぞれが捉えたクライアント
をつなげ，統合的なアプローチをしていくことで，よりよい援助が達成され

ると考えられる。遺伝性疾患との関係だけでなく，クライエントの人生や家族をも含んだケアが望まれ，専門家同士の知識，技術を共有することで患者とも協働して取り組むことが可能になってくると考える。心理職は専門性に応じた仕事の範囲と責任を十分に認識し，チーム全体の動きを見渡し，それに応じて動ける柔軟性が必要となる。

　遺伝カウンセリングで話題となる遺伝性疾患は，進行性で根本治療に乏しい疾患も多い。そのため，本邦のガイドラインでは許可されていない疾患で，受精卵の段階での遺伝子診断（**着床前診断**）を実施してほしいなどのクライエントの強い要望が突きつけられることもある。そのようなときには医療者自身の倫理観が揺らされ，悩みに直面する。そのようなときには関わるスタッフの精神衛生にも配慮することが求められることもあるだろう。

　今後の遺伝医学の発展で，多くの疾患の原因遺伝子が同定され，治療に結びつくことも考えられるが，人間の感情は技術の進歩に即座に応じられるわけではない。加えて，遺伝学的検査の情報が一般の人にも容易に入手できる時代となったが，情報があるがゆえに漠然とした不安が生じ，安心を得るために検査を希望する人も出てくる。しかし，その時点で，思わぬ結果が出た場合，その先に待ち構えるさまざまな問題までを想像できるとは限らず，私たちは社会全体として遺伝子解析技術の進歩の一方でもたらされる生命倫理的，あるいは心理社会的な課題を真摯に考える時期にきていると考えられる。

Column　難病とは

　難病の患者に対する医療等に関する法律（以下，難病法）では，難病の定義を，発病の機構が明らかでなく，かつ，治療方法が確立していない希少な疾病であって，当該疾病にかかることにより長期にわたり療養を必要とすることとなるものをいう，と定めている。指定難病はさらに，患者数が本邦において一定の人数（人口の約0.1%程度）に達しないこと，客観的な診断基準（またはそれに準ずるもの）が成立していること，という2条件が加わっている。平成30年4月より，333疾病が医療助成の対象となっている（厚生労働省，2004）。

　難病といわれる疾患の原因には遺伝子の変化によるもの（遺伝性）と，遺伝子の変化でないもの（孤発性）がある。遺伝性の疾患は家族で遺伝子を共有するため，患者本人だけでなく，家族への影響も考える必要がある。孤発性であれば，次の世代には影響しないと考えられる。

　遺伝子は人間の身体を構成する設計図ともいえる。人の身体は約60兆個の細胞からなっており，細胞には核とよばれる部分がある。その中に染色体に遺伝情報が蓄え

られている。遺伝情報を担っている物質がDNA（デオキシリボ核酸）であり，これがヒトゲノムである。DNAにはアデニン（A），グアニン（G），シトシン（C），チミン（T）の4つの塩基があり，この塩基の並び方（塩基配列）により遺伝子，さらにはタンパク質の種類が特定される。遺伝子は2万3千個あるとされ，人間の身体はこの遺伝子の指令に基づいて維持されている（図9.1参照）。

遺伝性の場合に，難病の原因は，1個の遺伝子の変異が原因で起こる単一遺伝性疾患と複数の遺伝子（遺伝要因）および環境要因の相互作用で起こる多因子遺伝性疾患がある。単一遺伝性疾患は，遺伝する形式によって，常染色体優性遺伝，常染色体劣性遺伝，X連鎖性遺伝などがある。それぞれにより，次の世代に遺伝する確率が違ってくる。

難病の各疾患の詳細については「難病情報センター」「GeneReview Japan」「MGenReviews」などのホームページを参照するとよいだろう（章末参照）。

上述したように，難病といわれる疾患は数多くあるが，公認心理師として精神科領域でも接する可能性がある成人の神経・筋疾患を列挙しておく。デュシェンヌ型筋ジストロフィーは乳幼児期に発症する最も頻度が高い筋ジストロフィーであり，脊髄性筋萎縮症は遺伝子治療が進んでいる疾患で，治療がない時代には予後不良と考えられていた。研究成果の目覚ましい進歩がわかる疾患であり，知識として得ておくとよいだろう。

筋萎縮性側索硬化症（ALS）（福嶋，2016）

身体を動かすための神経系（運動ニューロン）の変性に基づいて，四肢・体幹の筋萎縮と筋力低下等が起こる。孤発例（その疾患が散発的に起こること）が多いが，約10％は家族性といわれている。アメリカのメジャーリーガーだったルー・ゲーリッグがこの疾患だったことからルー・ゲーリッグ病ともよばれている。日本のALS患者数は，難病情報センター「特定医療費（指定難病）受給者証所持者数」（厚生労働省，2016）によると約9,800人と報告されている。

パーキンソン病（福嶋，2016）

脳の黒質とよばれる場所に存在するドパミン神経が脱落してなくなるために，身体の動きに症状が現れる疾患である。手足が震える，動作が遅くなる，といった症状が主である。ほとんどが孤発性であるが，約5％は家族性である。発症年齢は50歳代が最も多く，緩徐進行性の経過をたどる。

クロイツフェルト・ヤコブ病（福嶋，2016）

異常プリオンタンパクが中枢神経系に沈着し，脳神経細胞の機能が障害されるプリオン病の一種である。孤発性と家族性（約10〜15％）がある。認知症や運動障害等が主な症状で多くの場合は急速に進行し，発病後数ヶ月以内で自発運動がほとんどなくなるのが特徴である。

ハンチントン病（福嶋，2016）

4番染色体短腕16.3に局在するハンチンチン遺伝子の塩基配列の一部が伸長するという変化によって症状が起こる。発症年齢はこの伸長の度合いに依存するが，平均

的には 30 〜 40 歳代である。常染色体顕性（優性）遺伝形式をとり，性別にかかわらず，50%（1/2）の確率で次の世代に引き継がれる可能性がある。世代を経ると発症が早くなる表現促進現象が知られており，特に父親由来の場合にはその傾向がより大きい。主な症状は不随意運動であり，精神症状には抑うつ，意欲低下，易怒性，興奮，不眠などが含まれる。

デュシェンヌ型筋ジストロフィー（福嶋，2016）

X 染色体短腕 21.2 に原因となるジストロフィン遺伝子があり，X 連鎖性遺伝形式をとる。男児の 3500 人に 1 人の頻度で出生する疾患で，筋ジストロフィーの中では最も頻度が高い。患者の母親の 2/3 は保因者（遺伝子の変化を生まれながらにもっているが症状はもたない）であるが，1/3 はその子どもだけの遺伝子の突然変異で起こることが知られている。ジストロフィン遺伝子が変化することによって筋肉の膜を支えるジストロフィンタンパク質が作られず，筋萎縮に伴って進行性の筋力低下が起こる疾患である。

脊髄性筋萎縮症（SMA）（福嶋，2016）

5 番染色体長腕 13.2 にある *SMN1* が原因遺伝子で，常染色体潜性（劣性）遺伝形式をとる。発症年齢と最高到達運動により I 〜IV型まで区分される。最重症の I 型は通常生後 6 ヶ月以内に発症し，人工呼吸器の補助がない場合には 2 歳未満で亡くなる。本邦では 2017 年にアンチセンス核酸医薬品のスピンラザ® が保険適用となり，続いてアデノ随伴ウイルスベクターによるゾルゲンスマ® が遺伝子治療として承認された。寝たきりであった児が治療することにより，歩行機能を獲得し，2020 年現在，遺伝子治療が最も進んでいる疾患である。

〈引用文献〉
福嶋義光（編）(2011)．遺伝医学MOOK別冊　遺伝カウンセリングハンドブック．メディカルドゥ．
福嶋義光（監修）(2016)．遺伝カウンセリングマニュアル改訂第3版．南江堂．
厚生労働省 難病情報センター（2004）．　https://www.nanbyou.or.jp/
厚生労働省 難病情報センター（2016）．特定医療費(指定難病)受給者証所持者数．
　　　https://www.nanbyou.or.jp/entry/5354
National Society of Genetic Counselors（NSGC）（2006）. A new definition of Genetic
　　　Counseling: National Society of Genetic Counselors' Task Force report. *Journal of
　　　Genetic Counseling*, 15（2）, 77 -83.
日本医学会（2011）．医療における遺伝学的検査・診断に関するガイドライン．

〈参考URL〉
GeneTests Medical Genetics Information Resource（database online）.
　　　https://www.ncbi.nlm.nih.gov/gtr/ Copyright, University of Washington, Seattle.
　　　1993 -2015. Available at http://www.genetests.org. Accessed September 1,202
GeneTests Medical Genetics Information Resource（database online）
　　　日本語版 GeneReview Japan　http://grj.umin.jp/
MGenReviews　https://mgen.ncgm.go.jp/medical

保健活動における心理的支援

第3部

第10章 自殺対策と職場復帰支援

10.1節 自殺対策

　自殺とは，人の命を奪う悲劇であり，それは家族や友人の人生，あるいはその人が所属するコミュニティに対して強烈な影響を及ぼし，後々までさざ波のようにその衝撃が続くものである。また，自殺とは，対人援助職だけでなく，一般の人々にとっても身近に起こる可能性がある，心の健康に重大な影響を与える出来事である。「国民の心の健康の保持増進に寄与する」ことを使命とする公認心理師が，自殺防止への正しい知識と支援方法を身につけておく必要がある。そこで本節では，自殺対策について概説する。

A. 日本の自殺の実態

i）自殺者数の年次推移

　自殺で亡くなった人の数は，1997年まで毎年25,000人前後で推移していたが，1998年に32,863人に急騰した（**図10.1**）。その後，2012年に3万人を下回り，2019年には20,169人となり，警察庁が「自殺統計」をはじめて以来最も少ない数となった。しかし，それでも交通事故死亡者数の約6倍の多さである。さらに，諸外国と比較すると，日本の自殺率（人口10万人当たりの自殺者数）は先進主要7ヵ国（日本，フランス，米国，ドイツ，カナダ，英国，イタリア）の中でトップに位置づけられている（**図10.2**）。

ii）性差と年齢構成

　自殺者数の性差については，女性よりも男性が多く（図10.1），この傾向は諸外国においても同様である。一方，自殺未遂者数については，男性よりも女性が多い。

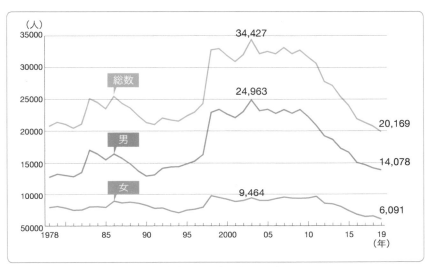

図10.1　自殺死亡者数の推移（警察庁（2020）を基に作成）

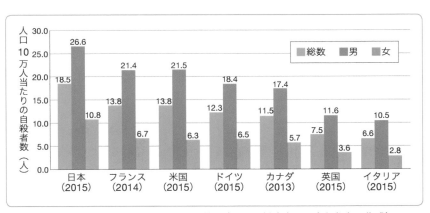

図10.2　日本と先進主要7ヵ国の自殺率の比較（厚生労働省（2020）を参考に作成）

　自殺者数の年齢構成については，年度によって多少変動はあるが，40歳代と50歳代に多く，次に60歳代，70歳代あるいは30歳代と続く（警察庁，2020）。若い世代については，年代別の死因順位をみるとその深刻さがわかる。厚生労働省の人口動態統計では，死因は自殺以外に，悪性新生物（がん），心疾患，不慮の事故，脳血管疾患などに分類されるが，10歳から39歳までの死因の第1位が自殺なのである（厚生労働省，2020）。なお，40歳から64歳までの死因の第1位は悪性新生物であり，自殺は40歳から49

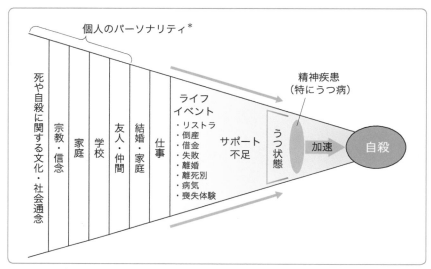

図10.3　自殺に至るプロセス（張（2011），p.58，図1を一部改変）
＊個人のパーソナリティは，養育環境や友人関係，さらに宗教や文化・社会通念などの影響を受けながら形成される。これら幼少期の体験は自殺の萌芽を検討する際に重要となる。

歳までの第2位，50歳から54歳の第3位に位置づけられている。先進主要7ヵ国において，若い世代の死因の第1位が自殺となっているのは日本だけである。

iii）原因・動機

　自殺とは単一の原因で起こるものではなく，多様かつ複合的な原因や背景が複雑に絡み合い，それらが連鎖する中で起こる（**図10.3**）。警察庁の「自殺統計」では，原因・動機を最大三つまで計上することになっている。この「自殺統計」によると，自殺の原因・動機としては「健康問題」が最も多く，次に「経済・生活問題」「家庭問題」「勤務問題」が続く。この最も多い「健康問題」とは，うつ病や統合失調症などの精神疾患を含むものであり，自殺は心の健康と深く関連しているといえる。

iv）地域差

　厚生労働省の人口動態統計に基づく自殺者数および自殺率によると，自殺者数は東京が最も多く，次に大阪，埼玉，神奈川と続く（厚生労働省，2020）。一方，自殺率では，年度により変動はあるが，青森，岩手，秋田の東北3県が毎年上位に位置している。なお，警察庁の「自殺統計」は自殺者の居住地ではなく自殺の発生地で集計されるため，人口動態統計に基づい

た結果とは異なる。

B. 自殺対策基本法と自殺総合対策大綱

　1998年に自殺者数が3万人に上り，自殺問題は社会全体で取り組むべき課題という認識のもと，2006年に「自殺対策基本法」が施行された。そして，翌2007年にこの基本法に基づき，政府が推進すべき自殺対策の指針として「自殺総合対策大綱」が策定された。現在，都道府県および市町村は，この大綱に基づいて地域の実情に合わせた自殺対策計画を立案し実行することが義務づけられている。

　2016年に改正された最新の基本法の目的と基本理念を**表10.1**に示す。また，大綱はおおむね5年を目途に見直され，直近の2022年の見直し後に，①子ども・若者の自殺対策のさらなる推進・強化，②女性に対する支援の強化，③地域自殺対策の取組強化，④新型コロナウイルス感染症拡大の影響を踏まえた対策の推進など総合的な自殺対策のさらなる推進・強化が重点として推進されている（厚生労働省，2022）。

C. 自殺のリスク因子と防御因子

　自殺のリスク因子として最も重要なものは，過去の自殺企図歴である。自殺企図の既往は，その後の自殺再企図や自殺完遂に至る最も強力なリスク因子であることが，日本だけでなく諸外国のさまざまな研究で示されている（日本自殺予防学会，2018）。自殺企図後に助かることができた命を失うことがないように，自殺未遂者の自殺再企図予防は重要な自殺対策の一つとされている。そのほかにも，個人が抱える自殺のリスク因子としては，精神疾患，自傷歴，アルコール・薬物の乱用，失業・経済的損失，身体疾患，自殺の家族歴，心的外傷体験，虐待，人間関係の葛藤・不和，喪失体験，孤立・ソーシャルサポートの不足，事故傾性（セルフネグレクトなど）などがある。また，社会が抱えるリスク因子としては，メンタルヘルスリテラシーの低さ，ヘルスケアへのアクセスの障壁，自殺手段へのアクセスの容易さ，不適切なメディア報道，援助希求に関連するスティグマなどがある。一方，防御因子としては，健康的で親密な人間関係，適切なセルフケア能力，宗教的な信念などが挙げられる（WHO, 2014）。

表10.1　自殺対策基本法の目的（第一条）と基本理念（第二条）（2016年改正時）

（目的）
第一条　この法律は，近年，我が国において自殺による死亡者数が高い水準で推移している状況にあり，誰も自殺に追い込まれることのない社会の実現を目指して，これに対処していくことが重要な課題となっていることに鑑み，自殺対策に関し，基本理念を定め，及び国，地方公共団体等の責務を明らかにするとともに，自殺対策の基本となる事項を定めること等により，自殺対策を総合的に推進して，自殺の防止を図り，あわせて自殺者の親族等の支援の充実を図り，もって国民が健康で生きがいを持って暮らすことのできる社会の実現に寄与することを目的とする。
（基本理念）
第二条　自殺対策は，生きることの包括的な支援として，全ての人がかけがえのない個人として尊重されるとともに，生きる力を基礎として生きがいや希望を持って暮らすことができるよう，その妨げとなる諸要因の解消に資するための支援とそれを支えかつ促進するための環境の整備充実が幅広くかつ適切に図られることを旨として，実施されなければならない。
2　自殺対策は，自殺が個人的な問題としてのみ捉えられるべきものではなく，その背景に様々な社会的な要因があることを踏まえ，社会的な取組として実施されなければならない。
3　自殺対策は，自殺が多様かつ複合的な原因及び背景を有するものであることを踏まえ，単に精神保健的観点からのみならず，自殺の実態に即して実施されるようにしなければならない。
4　自殺対策は，自殺の事前予防，自殺発生の危機への対応及び自殺が発生した後又は自殺が未遂に終わった後の事後対応の各段階に応じた効果的な施策として実施されなければならない。
5　自殺対策は，保健，医療，福祉，教育，労働その他の関連施策との有機的な連携が図られ，総合的に実施されなければならない。

（自殺対策基本法より抜粋。下線は2016年改正時に追加された項目）

D. 精神疾患と自殺との関連

　自殺の心理学的剖検研究[1]によると，自殺で亡くなった人の90％以上が精神疾患の診断がつく状態にあったと報告されている（Cavanagh et al., 2003）。救急医療機関を受診した自殺未遂者においてもその多くが精神疾患に罹患していることが示されている。その内訳は，ICDあるいはDSM（**コラム**）を基準とした場合，うつ病などの気分障害の割合が最も高く，次にストレス関連疾患および適応障害，統合失調症，パーソナリティ障害，物質関連障害と続く（Kawashima et al., 2014）。そのため自殺対策では，

1　自殺で亡くなった方の家族などから故人の生前の話を伺い，故人の人生を辿りながら自殺に至った背景を多角的に分析する研究。

　国際疾病分類（International Classification of Diseases：ICD）は，疾病や死因に関する用語を統一し，異なる国のデータの記録や比較などをすることを目的に，世界保健機関（WHO）が作成している世界共通の診断基準である。最新版は2018年に公開されたICD–11である。一方，精神疾患の診断・統計マニュアル（Diagnostic and Statistical Manual of Mental Disorders：DSM）は，精神疾患に関する疫学データの収集を目的に，アメリカ精神医学会が作成している精神疾患のみを対象にした診断基準である。最新版は2013年に公開されたDSM–5である。ICD–11とDSM-5はともに操作的診断基準であるが，成り立ちが異なるため疾患概念などに違いがある。臨床実践や研究で使用する際は両者の相違点を正しく理解して用いる必要がある。

（参考文献：高橋三郎・大野裕監訳（2014）．DSM-5精神疾患の診断・統計マニュアル．医学書院．／融 道男ほか（2005）．ICD-10精神および行動の障害　臨床記述と診断ガイドライン（新訂版）．医学書院．）

精神疾患に対する治療や支援が重要となる。以下に自殺と特に関連が深い精神疾患（うつ病，統合失調症，パーソナリティ障害，依存症）について概説する。

i）うつ病

①疾患の概要： うつ病は，私たちの身近にある精神疾患の一つである。日本でのうつ病の生涯有病率は6.1％であり（16人に1人が生涯に一度はうつ病に罹患する），男性よりも女性に多く，年代を問わずさまざまなライフステージで出現する可能性がある（Ishikawa et al., 2016）。また，うつ病は自殺で亡くなった人および救急医療機関を受診した自殺未遂者が抱える精神疾患の中で最も出現頻度が高い（Bertolote et al., 2002; Kawashima et al., 2014）。症状としては，抑うつ気分，興味・喜びの喪失，食欲低下，不眠または過眠，精神運動焦燥（そわそわした落ち着きのなさ）または制止（思考・行動の緩慢さ），疲労感や気力低下，無価値観や過剰な罪責感，思考力・集中力・判断力の低下，死についての反復思考・自殺念慮および自殺企図などが挙げられる。重症の場合は，混迷状態を呈することや，うつ病の三大妄想として知られる貧困妄想・心気妄想・罪業妄想が出現することもある。

②治療： うつ病の治療としては，休息，環境調整，薬物療法，心理療法および心理教育が基本とされている。薬物療法としては，脳内で低下したセロ

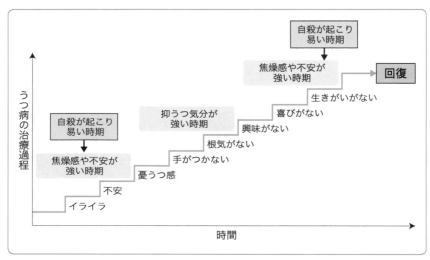

図10.4　うつ病の回復過程と自殺リスク（笠原（2002），日本医師会編（2014）を一部改変）

トニンやアドレナリンなどの神経伝達物質を調整する作用のある抗うつ薬が主として使用される。抗うつ薬は，嘔気などの副作用が生じることがあるため，胃腸薬などを併用して服用しやすくする。心理療法も薬物療法と同様に，治療効果や安全性に関するエビデンスを参照しながら，本人のニーズに合わせた最適な手法を選択する必要がある。加えて，疾病教育を含めた心理教育を本人および家族へ実施し，治療への動機づけを高めることも重要である。また，身体疾患や薬剤がうつ状態の原因と考えられる場合は，身体疾患の治療や薬剤の中止あるいは変更を検討する。

③**自殺予防のポイント**：うつ病の自殺リスクは，発症後早期の段階，そして発動性が向上しはじめる回復期の段階に高まるとされているため注意が必要である（**図10.4**）。発動性が向上すると一見すると改善したようにみえるものの，注意・集中力や思考の柔軟性などは十分に回復していない場合もある。この時期に焦って社会復帰をしたり，治療を中断したりすると抑うつ症状や自責感が再発することや自殺念慮が再燃することもあるため，治療や支援の方針を本人と細目に共有し不安や焦りを緩和できるよう努め，スモールステップで社会復帰へのプランを検討する必要がある。また，うつ病の自殺のリスク因子としては，男性，精神疾患の家族歴，自殺企図歴，重度のうつ状態，不安・焦燥感，アルコールや薬物乱用などがあり，これ

らを有する人には特に注意が必要である。

　公認心理師としては，治療アドヒアランスを高めるために本人および家族などに対して心理教育を行うことも有用であろう。また，心身のエネルギーや思考力の回復をみつつ，適宜認知行動療法などの心理療法を導入し，現在の症状軽減に加えて再発防止も視野に入れた支援を行う必要がある。その際，現症を捉える横断的アセスメントだけでなく，心理専門職が得意とする本人の発達や人格形成過程を捉える縦断的アセスメントを織り交ぜることも重要である。うつ病に至るまでの傷つき，絶望，悲嘆などを含んだ語りに十分に耳を傾けつつ，包括的な心理アセスメントによって，うつ病発症前に元々機能していた個々人の健康的な力や強さを見い出し，その力の回復を目指して本人と共同作業を進める必要がある。

ⅱ）統合失調症

①疾患の概要：統合失調症は，約100人に１人が罹患する稀ではない精神疾患である。思考障害，自我障害，感情障害，認知障害が出現し，慢性に経過する病気である。特徴的な症状としては，幻覚や妄想，まとまりに欠ける思考や会話といった健康な状態では体験されないものが出てくる陽性症状と，認知機能や意欲の低下，感情の平板化といった，備えていたものが発揮されなくなる陰性症状がある。発症年齢は，10歳代後半から30歳代が多い。中学生以下の発症は少なく，40歳以降も減少していく。男性よりも女性の方が発症年齢は遅い。発症割合は男性の方が女性よりも若干高いとされている。統合失調症は，若くして発症しやすいこと，さらに再発しやすいことから，早期発見・早期治療，そして治療継続が重要となる。

②治療：幻覚や妄想などの陽性症状が活発な急性期においては，症状軽減を目的とした薬物療法が中心となる。本人や家族などの安全確保，休養，薬剤調整，環境調整などを目的として精神科病棟へ入院する場合もある。急性期後は，疲労感，意欲減退，将来への不安が生じる回復期に入り，その後安定期に至る。治療や支援は入院・外来いずれの場合でも，薬物療法と心理社会的支援（心理療法，生活技能訓練，作業療法など）を組み合わせて行い，社会生活機能の回復と社会復帰を目指す。

③自殺予防のポイント：統合失調症における自殺関連行動が出現しやすい時期としては，疾患発症後初期の段階，早期の再燃，入院の直前および直後，退院直後，回復期の早期などが挙げられる。また，統合失調症の自殺のリスク因子としては，無職の若年男性，違法薬物やアルコールの乱用・依存，

症状の再燃，回復期や安定期における抑うつ症状・将来への悲観・絶望感などがある。公認心理師としては，このような自殺リスクの高い時期やリスク因子を抱える場合は，個人療法あるいは集団療法などの場において本人との治療的つながりをより強固にし，他機関や他職種との連携のもとで本人を見守り支える支援の輪を構築して社会的孤立を防ぐ必要がある。さらに，気分の変動を含めた症状の変化，認知機能や社会適応力を臨床心理学的知見を活かして慎重にアセスメントしつつ，身近な生活圏の中で居場所や楽しみ，そして社会的役割を見い出せるよう支援を続ける必要がある。

iii）パーソナリティ障害

①**疾患の概要**：パーソナリティ障害の分類は，DSM-5によるとAからCの3群に分けられる。**A群**は奇妙で風変わりな特性をもつ群で，妄想性パーソナリティ障害，スキゾイドパーソナリティ障害，統合失調型パーソナリティ障害が含まれる。**B群**は演技的で情緒的な特性をもつ群で，反社会性パーソナリティ障害，境界性パーソナリティ障害，演技性パーソナリティ障害，自己愛性パーソナリティ障害が含まれる。そして**C群**は不安または恐怖を感じやすい特性をもつ群で，回避性パーソナリティ障害，依存性パーソナリティ障害，強迫性パーソナリティ障害が含まれる。

　これらの中で，境界性パーソナリティ障害は特に自殺との関連が深い。境界性パーソナリティ障害は，対人関係や感情の不安定さなどを特徴とし，男性よりも女性に多い傾向がある。この疾患の背景には，家庭環境や外傷体験がある場合も多い。症状としては，見捨てられ不安，理想化とこき下ろしとの両極端を揺れ動く不安定で激しい対人関係，不安定な自己像，自己破壊的な衝動性，感情の不安定さ，慢性的な空虚感，不適切で激しい怒りなどが挙げられる。うつ病，依存症といった他の精神疾患が併存することも多い。

②**治療**：安定した持続的な対人関係が築きにくく治療が中断しやすいことや治療が長期にわたることが多いため，本人と治療者が共同して地道に努力を重ねていく必要がある。薬物療法としては，抗うつ薬，抗精神病薬，気分安定薬などが対症療法的に用いられることが多い。心理療法としては，認知行動療法や精神分析的心理療法などが行われる。本人の不安定な対人関係様式に巻き込まれないように治療構造を意識した関わりがより重要となる。

③**自殺予防のポイント**：パーソナリティ障害にうつ病やアルコール乱用が併

存する場合は自殺のリスクが高まるため，抑うつ気分の増悪や飲酒量の変化に注意しつつ，合併した場合にはそれに対する治療や支援を導入する必要がある。また，境界性パーソナリティ障害の場合は，**自傷行為**がくり返し出現することがある。治療者となる公認心理師は，その行為は本人が耐え難い不安や絶望を一人で和らげようと必死に対処した表れであることを理解し，孤独な苦しみの中にありながらも懸命に生き延びようとしている本人の姿勢や置かれた境遇に支援の目を向ける必要がある。そして，自傷行為と自殺企図は区別する必要があり，自傷行為がエスカレートした先に自殺へ至るケースが少なくないことを知っておく必要がある。心理療法としては，弁証法的行動療法（**コラム**）が境界性パーソナリティ障害の自殺関連行動を減少させる効果が実証されているが（Storebø et al., 2020），実践するには十分なトレーニングとサポート体制を築く必要がある。

iv）依存症

自殺予防のポイント

依存症の疾患概要と治療については11章で解説されているので，ここでは依存症に対する自殺予防のポイントについて述べる。

依存症に罹患する人はうつ病やパーソナリティ障害を同時に抱える人が多く，アルコールや薬物の乱用・依存がそのような精神疾患を悪化させることで自殺のリスクが高まるとされている。また，依存症が失職や逮捕・服役，離婚や家族との絶縁といった社会的孤立を招くことにより自殺のリスクが高まることが知られている。加えて，アルコールや薬物の薬理作用が酩酊状態を引き起こし，衝動性の亢進あるいは脱抑制を惹起させることで自殺のリス

Column　弁証法的行動療法

米国の心理学者リネハン（Linehan, M. M.）が境界性パーソナリティ障害に対する認知行動療法として開発した治療法である。特徴としては，相反するもの（例えば，「変化しなければならない」と「今のままでよい」など）の間を行き来することにより治療的変化を起こさせるという弁証法的概念を用いていることである。方法としては，個人心理療法，グループスキルトレーニング（マインドフルネス・スキル，対人関係保持スキル，感情調節スキル，苦悩耐性スキルの習得），電話相談などがあり，治療者は定期的にスーパービジョンとコンサルテーションを受ける。

（参考文献：リネハン, M. M.（2007）. 弁証法的行動療法実践マニュアル. 金剛出版）

表10.2　TALKの原則（日本医師会（編），2014）

Tell	"あなたのことを心配している"ということをはっきりと言葉に出して伝える。
Ask	自殺のことをうすうす感じているならば，はっきりとその点について尋ねる。真摯な対応はそれを話題にしても危険ではなく，むしろ自殺予防の第一歩となる。
Listen	傾聴，絶望的な気持ちを真剣に聴く。
Keep safe	危ないと思ったら，その人を決してひとりにしないで，安全を確保したうえで，必要な対処をする。危険だと考えられる人については，確実に精神科受診につなげる。

表10.3　死にたいと打ち明けられたら（高橋，2014）

1. 誰でもよいから打ち明けたのではない
2. 患者は生と死のあいだで揺れ動いている
3. 時間をかけて訴えに傾聴する
4. 沈黙を共有してもよい
5. 話を逸らさない
6. 安易な激励をしない
7. 批判をしない
8. 世間一般の価値観を押しつけない
9. 悩みを理解しようとする態度を伝える
10. 十分に話を聴いたうえで，他の選択肢を示す

クが高まるとされている。公認心理師としては，こうした依存症特有の自殺のリスク因子に着目しながら，依存症の専門治療プログラムや個人および集団心理療法の担い手として治療や支援に貢献していく必要がある。

E. 自殺のリスクアセスメント

　自殺のリスクがあると判断した場合は，TALKの原則（**表10.2**）などを活用して率直に自殺念慮について尋ねる必要がある。自殺のリスクに気づきながらも自殺念慮に触れることを恐れ，見て見ぬふりをすることは心理専門職として働くうえであってはならない。また，もし相手から死にたいと打ち明けられた際は，勇気をもって打ち明けてくれたことを労い，十分にその語りに耳を傾ける必要がある（**表10.3**）。また，命の門番とよばれるゲートキーパーの養成研修会でも使用されるメンタルヘルス・ファーストエイド

（B. キッチナーら，2012）の「りはあさる：り（リスクを評価する）・は（判断や批評せずに話を聞く）・あ（安心と情報を提供する）・さ（サポートを得るように勧める）・る（セルフヘルプを勧める）」のエッセンスも自殺のリスク評価と支援導入を進めるうえで有用である。なお，自殺のリスク評価は，臨床経験に基づいた直観で判断すべきものではなく，単一の評価尺度の結果のみで判断すべきものでもない。統合的で包括的なアセスメントを実践する必要がある。

F. ポストベンション

　自殺予防は，プリベンション（予防），インターベンション（危機介入），ポストベンション（事後対応）の3段階に分類されるが，ポストベンションとは，不幸にして自殺が起こってしまった場合に，遺された人々に及ぼす心理的影響を可能な限り和らげるための支援である。遺された人は，「どうして気づけなかったんだろう」，「なぜ相談してくれなかったんだろう」，「なぜ自分を置き去りにしたんだろう」，「自分も同じようになるかもしれない」などさまざまな気持ちがわき起こり，自責感，孤独感，怒りなどの感情や身体反応が生じることもしばしばある。職場，学校，病院では群発自殺（自殺が生じた後に他の複数の自殺が続いて生じる現象）が起こる可能性があり，迅速な対応が求められる。遺された家族，友人，職場や学校の関係者などに対する適切なケアを検討する必要がある。さらに，これまで治療や支援にあたってきた治療者や支援者に対するケアも重要となる。

10.2節 ｜ 職場復帰支援

　労働者の自殺対策も国民の心の健康の保持増進を考えるうえで重要な課題である。自殺総合対策大綱にも重点施策の一つとして「勤務問題による自殺対策を更に推進する」が挙げられており，「長時間労働の是正」「職場におけるメンタルヘルス対策の推進」「ハラスメント防止対策」の重要性が示されている。1998年に自殺者数が急騰した後，一時は年間9,000人もの労働者（被雇用者・勤め人）が自殺により命を失った（厚生労働省，2020）。近年では減少傾向にあるものの，2019年における労働者の自殺者数は6,202人であり高止まりの状態である。加えて，2020年に生じた新型コロナウイルス感染症（COVID-19）感染拡大による労働者のメンタルヘルスへの影響

も懸念される。そのため，労働者の心の健康を保持増進するための体制整備は今後より一層重要となる。本節では，労働者のメンタルヘルスに関連する主な指針や制度に触れたうえで，職場復帰支援について概説する。

A. 労働者のメンタルヘルスの実情

厚生労働省が2018年に行った労働安全衛生調査（実態調査）によると，職業生活などにおいて強いストレスを感じる労働者の割合は約60％に上り，その要因としては「仕事の質・量」が60％，「仕事の失敗，責任の発生等」が34％，「対人関係（セクハラ・パワハラ含）」が31％と報告されている。また，事業場を対象にした同調査では，メンタルヘルス上の理由により連続1ヶ月以上休業した労働者がいる事業場の割合は約7％，退職者がいる事業場の割合は約6％とされている。心の健康の問題を抱え休業あるいは退職に至る労働者への対応は，多くの事業場にとって喫緊の課題となっている。

B. 労働者の心の健康の保持増進のための指針

厚生労働省は2006年に「労働者の心の健康の保持増進のための指針」（メンタルヘルス指針）を定め，職場におけるメンタルヘルス対策を推進している。本指針は，労働安全衛生法第69条第1項「事業者は，労働者に対する健康教育及び健康相談その他労働者の健康の保持増進を図るため必要な措置を継続的かつ計画的に講ずるように努めなければならない」，および第70条の2第1項「厚生労働大臣は，第69条第1項の事業者が講ずべき健康の保持増進のための措置に関して，その適切かつ有効な実施を図るため必要な指針を公表するものとする」に基づくものであり，事業場の事業者は本指針に沿ってメンタルヘルスケア対策を実施することが努力義務となっている。

具体的には，事業者はメンタルヘルスケアを積極的に推進することを表明するとともに，「心の健康づくり計画」の策定やストレスチェック制度の実施方法などに関する規程の作成が義務づけられている。さらに，4つのケア（**表10.4**）を継続的かつ計画的に実施し，メンタルヘルス不調の未然防止（一次予防），メンタルヘルス不調の早期発見と適切な措置（二次予防），そしてメンタルヘルス不調となった労働者の職場復帰支援など（三次予防）を円滑に行う必要がある。なお，本指針ではメンタルヘルス不調という用語について，「精神および行動の障害に分類される精神障害や自殺のみならず，ストレスや強い悩み，不安など，労働者の心身の健康，社会生活および生活

表10.4　4つのケアの概要

セルフケア	**事業者が行うこと** ・ストレスチェックなどを活用して，労働者（管理監督者含む）が自身のストレスに気づき，これに対処するための知識や方法を身につけられるようにする ・労働者に対してセルフケアに関する教育研修や情報提供を行い，心の健康に関する理解の普及を図る ・相談体制の整備を図り，労働者自身が管理監督者や事業場内産業保健スタッフなどに自発的に相談しやすい環境を整える
ラインによるケア _{注1）}	**事業者が行うこと** ・管理監督者に対してラインによるケアに関する教育研修，情報提供を行う **管理監督者が行うこと** ・職場環境などの把握と改善を行う ・労働者からの相談に応じる
事業場内産業保健スタッフ^{注2）}によるケア	**産業保健スタッフが行うこと** ・セルフケア及びラインによるケアが効果的に実施されるよう，労働者及び管理監督者に対する支援を行う ・「心の健康づくり計画」に基づいて，具体的なメンタルヘルスケアの実施に関する企画立案を行う ・メンタルヘルスに関する個人の健康情報を取り扱う ・事業場外資源とのネットワークを形成しその窓口を担う
事業場外資源によるケア	**事業者が行うこと** ・産業保健スタッフを窓口として適切な事業場外資源から必要な情報提供や助言を受ける ・労働者が事業場内での相談などを望まない場合に，事業場外資源を活用できるようにする ・必要に応じて労働者を速やかに事業場外の医療機関及び地域保健機関に紹介するためのネットワークを形成する

（厚生労働省・(独)労働者健康安全機構（2020a）を参考に作成）

注1）ラインによるケアとは，管理監督者によるケアを指す。
注2）産業保健スタッフとは，産業医，保健師，衛生管理者，心の健康づくり専門スタッフ，人事労務管理スタッフなどを指し公認心理師も含まれる。

の質に影響を与える可能性のある精神的および行動上の問題を幅広く含むもの」と定義されている。

　公認心理師は，産業保健スタッフとして産業医などと連携を図りつつ，管理監督者へのコンサルテーション，労働者との面接，社内教育研修など行い，事業場内の心の健康の保持・増進に貢献することが期待される。

C. ストレスチェック制度

労働者のメンタルヘルス不調の未然防止（一次予防）を主な目的として，2015年12月に「ストレスチェック制度」が施行された。これにより，労働者が常時50人以上の事業場は，労働者のストレスチェックと，本人が希望した場合にその結果に基づいた医師による面接指導を実施することが義務づけられた。なお，2018年8月より，公認心理師も厚生労働省の所定の研修を受ければストレスチェックの実施者になることが可能となった。

D. 心の健康問題により休業した労働者の職場復帰支援の手引き

前述したように，約7%の事業場がメンタルヘルス不調により休業した労働者を抱えており，職場復帰に対する支援は産業保健上の大きな課題となっている。厚生労働省は2004年に休業者の職場復帰を促進するために「心の健康問題により休業した労働者の職場復帰支援の手引き」を公表した。本手引きは安全衛生法と関連づけられていないため，本手引きに沿った取り組みは事業者の義務や努力ではないものの，事業場で行われるべき標準的な活動内容が示されている。本手引きの初版が公表されて以降も，メンタルヘルス不調による休業者の増加が止まらず，症状の再燃や再発により再休業に至る例も後を絶たない状況が続いたことから2009年に手引きの増補改正がなされ，その後も何度か改正されている。2020年に公表された最新版の手引きでは，**図10.5**に示した5つのステップが示されている。

i) 第1ステップ

病気休業開始および休業中のケアを行う段階である。まず，労働者が管理監督者へ主治医が作成した診断書（病気休業診断書）を提出することにより休業が始まる。管理監督者は，人事労務管理スタッフなどに診断書が提出されたことを伝え，休業する労働者に対して必要な事務手続きや職場復帰支援の手順を説明する。そして，労働者が病気休業期間中に安心して療養に専念できるように，「傷病手当金などの経済的な保障」，「不安や悩みの相談先の紹介」，「公的または民間の職場復帰支援サービス」，「休業の最長（保障）期間」などに関する情報提供を行う。

ii) 第2ステップ

主治医が職場復帰の可能性を判断する段階である。休業中の労働者から職場復帰の意思が表示された場合，事業者は労働者に対して職場復帰可能という主治医の判断が記された診断書の提出を求める。この診断書には就業上の

第 1 ステップ	病気休業開始及び休業中のケア

・労働者からの診断書（病気休業診断書）の提出
・管理監督者によるケア及び事業場内産業保健スタッフなどによるケア
・病気休業期間中の労働者の安心感の醸成のための対応
・その他

第 2 ステップ	主治医による職場復帰可能の判断

・労働者からの職場復帰の意思表示と職場復帰可能の判断が記された診断書の提出
・産業医などによる精査
・主治医への情報提供

第 3 ステップ	職場復帰の可否の判断及び職場復帰支援プランの作成

・情報の収集と評価
・職場復帰の可否についての判断
・職場復帰支援プランの作成

第 4 ステップ	最終的な職場復帰の決定

・労働者の状態の最終確認
・就業上の配慮などに関する意見書の作成
・事業者による最終的な職場復帰の決定・その他

職　場　復　帰

第 5 ステップ	職場復帰後のフォローアップ

・疾患の再燃・再発，新しい問題の発生　　　・治療状況の確認
　などの有無の確認　　　　　　　　　　　　・職場復帰支援プランの評価と見直し
・勤務状況及び業務遂行能力の評価　　　　　・職場環境等の改善など
・職場復帰支援プランの実施状況の確認　　　・管理監督者，同僚などへの配慮など

図10.5　職場復帰支援の流れ（厚生労働省・(独)労働者健康安全機構（2020b）を参考に作成）

配慮に関する主治医の具体的な意見を記してもらうように依頼する。なお，主治医は，労働者の日常生活の様子から職場復帰の可能性を判断していることが多いため，職場で求められる業務遂行能力の回復程度が十分に評価されていない可能性がある。そのため，主治医の判断と職場で必要とされる業務

遂行能力の内容などについて，産業医などが精査したうえで今後の対応を判断し，意見を述べる必要がある。また，事前に主治医へ職場で必要な業務遂行能力に関する情報を伝え，当該労働者が就業可能な状態にまで回復していることを主治医の意見として提出してもらうように依頼するなどの工夫が必要となる。

iii）第3ステップ

職場復帰の可否を判断し職場復帰支援プランを作成する段階である。職場復帰に向けた最終決定の前段階として，「労働者の職場復帰に対する意思確認」「産業医等による主治医からの意見収集（本人同意のもと）」「労働者の状態等の評価」「職場環境等の評価」といった情報収集と評価を行い，事業場内産業保健スタッフなどが職場復帰の可否を適切に判断する。そして，職場復帰を支援するための具体的なプラン（職場復帰支援プラン）を作成する。プランを作成する際は，事業場内産業保健スタッフなどが中心となって，「職場復帰日」「管理監督者による就業上の配慮」「人事労務管理上の対応」「産業医等による医学的見地からみた意見」「管理監督者や産業保健スタッフ等によるフォローアップの方法」などについて検討し，休業中の労働者と管理監督者などを交えて十分に話し合いながら進める。

iv）第4ステップ

第3ステップを踏まえて最終的な職場復帰の決定を行う段階である。ここでは，休業中の労働者の疾患の再燃・再発の有無などについて最終的な確認を行い，産業医などは「職場復帰に関する意見書」などを作成する。そして，事業者は最終的な職場復帰の決定を行い，就業上の配慮の内容についても併せて労働者へ伝える。また，労働者を通じて主治医へ，職場復帰に関する事業場の対応や就業上の配慮の内容などが的確に伝わるようにする。

v）第5ステップ

職場復帰後のフォローアップの段階である。管理監督者による観察および支援，事業場内産業保健スタッフなどによるフォローアップを行い，必要に応じて職場復帰支援プランの評価や見直しを行う。

E. 職場復帰支援における留意点

i）プライバシーの保護

労働者のメンタルヘルスに関する健康情報は大変繊細な内容であるため，慎重に取り扱う必要がある。労働者の健康情報などを収集する場合は本人の同意を得たうえで本人を通して行い，収集した個人情報を第三者へ提供する

場合にも本人から同意を得て行う。収集した情報は特定の部署で一元的に管理し，業務上必要と判断される場合に限り，集約・整理された情報を必要とする者に伝えられる体制を構築する。そして，情報漏洩防止を十分に検討し，健康情報などを取り扱う者に対して，個人情報保護に関する教育や研修を行う。さらに，健康情報などの取り扱いについて，衛生委員会などの審議を踏まえて一定のルールを策定し，関係者に周知する必要がある。

ii）主治医との連携方法

　主治医と連携する際は，事前に労働者から同意を得たうえで，主治医へ職場復帰支援に関する事業場の制度，当該労働者に求められる業務などについて十分な説明を行う。主治医と情報交換を行う際は，職場で配慮すべき事項を中心として必要最小限に止める必要がある。主治医から情報を提供してもらう際は，その費用負担について事前に主治医と話し合っておくとスムーズに進む。

iii）職場復帰可否の判断基準

　職場復帰の可否は，労働者の個別性に配慮して総合的に判断する。労働者の業務遂行能力が完全に回復していない可能性も考えて職場の受け入れ態勢を勘案しつつ判断しなければならない。職場復帰の判断基準としては，「労働者が十分な意欲を示している」「業務に必要な作業ができる」「作業による疲労が翌日までに十分回復する」などが挙げられる。

iv）試し出勤制度の導入

　職場復帰前に試し出勤（職場へ一定期間継続して出勤する）制度を導入すると，より早く職場復帰を開始することができるとされている。試し出勤制度は休業中の労働者の不安を緩和し，労働者本人が職場の状況を確認・体感しながら復帰の準備を進める手助けとなる。試し出勤に関連する試みとしては，模擬出勤（通勤時間と同じ時間帯に本人が行きやすい場所へ行きそこで時間を過ごす），通勤訓練（通勤していた道順で職場付近まで行ってみる）などがある。

v）職場復帰後における就業上の配慮など

　職場復帰は休業前の職場へ戻ることが一般的だが，休業の原因や背景によって，職場の配置転換や異動となる場合もある。そして，復帰後は，「短時間勤務」「軽作業や定型業務への従事」「残業・深夜業務の禁止」「苦情処理業務などの制限」といった就業上の配慮を行う必要がある。

〈引用文献〉

Bertolote, J. M. & Fleischmann, A. (2002). Suicide and psychiatric diagnosis: a worldwide perspective. *World Psychiatry*, 1(3), 181-185.

B. キッチナー・A. ジョーム (著). メンタルヘルスファーストエイドジャパン (編訳)(2012). 専門家に相談する前のメンタルヘルス・ファーストエイド：こころの応急処置マニュアル. 創元社.

Cavanagh, J. T., Carson, A. J., Sharpe, M. & Lawrie, S. M. (2003). Psychological autopsy studies of suicide: a systematic review. *Psychological medicine*, 33(3), 395-405.

張賢徳 (責任編集)(2011). 自殺予防の基本戦略. 中山書店.

Ishikawa, H., Kawakami, N., Kessler, R. C. & World Mental Health Japan Survey Collaborators (2016). Lifetime and 12-month prevalence, severity and unmet need for treatment of common mental disorders in Japan: results from the final dataset of World Mental Health Japan Survey. *Epidemiology and Psychiatric Sciences*, 25 (3), 217-29.

笠原 嘉 (2002). 精神科治療学. 17(増刊), 79-84. 星和書店.

Kawashima, Y., Yonemoto, N., Inagaki, M. & Yamada, M. (2014). Prevalence of suicide attempters in emergency departments in Japan: a systematic review and meta-analysis. *Journal of Affective Disorders*, 163, 33-9.

警察庁 (2020). 令和元年中における自殺の状況.
https://www.npa.go.jp/safetylife/seianki/jisatsu/R02/R01_jisatuno_joukyou.pdf

厚生労働省 (2006). 労働者の心の健康保持増進のための指針.
https://www.mhlw.go.jp/hourei/doc/kouji/K151130K0020.pdf

厚生労働省 (2022). 自殺総合対策大綱～誰も自殺に追い込まれることのない社会の実現を目指して～.
https://www.mhlw.go.jp/content/001000844.pdf

厚生労働省 (2018). 平成30年労働安全衛生調査 (実態調査) 労働者調査.
https://www.mhlw.go.jp/toukei/list/dl/h30-46-50_kekka-gaiyo02.pdf

厚生労働省 (2020). 令和2年版自殺対策白書.
https://www.mhlw.go.jp/stf/seisakunitsuite/bunya/hukushi_kaigo/seikatsuhogo/jisatsu/jisatsuhakusyo.html

厚生労働省・(独) 労働者健康安全機構 (2020a). 職場における心の健康づくりrelax～労働者の心の健康保持増進のための指針～.
https://www.mhlw.go.jp/content/000560416.pdf

厚生労働省・(独) 労働者健康安全機構 (2020b). 心の健康問題により休業した労働者の職場復帰支援の手引き～メンタルヘルス対策における職場復帰支援～.
https://www.mhlw.go.jp/content/000561013.pdf

日本自殺予防学会 (監修)(2018). HOPEガイドブック 救急医療から地域へとつなげる自殺未遂者支援のエッセンス. へるす出版.

日本医師会 (編)(2014). 自殺予防マニュアル (第3版) 地域医療を担う医師へのうつ状態・うつ病の早期発見と早期治療のために. 明石書店.

Storebø, O. J., Stoffers-Winterling, J. M., Vollm, B. A., Kongerslev, M. T. et al., (2020). Psychological therapies for people with borderline personality disorder. *Cochrane Database Systematic Review*. 5(5):CD012955.

日本医師会 (編)(2014). 自殺予防マニュアル (第3版) 地域医療を担う医師へのうつ状態・うつ病の早期発見と早期治療のために. 明石書店.

高橋祥友 (2014). 自殺の危険 (第3版)―臨床的評価と危機介入. 金剛出版.

WHO (2014). Preventing suicide: A global imperative. (国立精神・神経医療研究センター精神保健研究所自殺予防総合対策センター (訳). 自殺を予防する；世界の優先課題.)

第11章 依存症（嗜癖性障害）

11.1節 依存症の概念

A. 拡大する疾患概念

　依存症と聞くと，多くの人は違法薬物やアルコールなどの物質依存症のことを思い浮かべるのではないだろうか。しかし，依存症の概念は今まさに大きく変化を続けている。例えば，2016年に施行されたいわゆるIR推進法に伴って，ギャンブル依存症に注目が集まるようになった。ギャンブル依存症というのは，**行動の依存症（行動嗜癖）**である。依存症というのは，本来は物質依存症のみを指す用語であり，行動の場合は行動嗜癖とよぶべきである。しかし，本章では煩雑さを避けるため，物質・行動双方をまとめて指す場合も**依存症**（**addiction**）とよぶことにする。

　実際，DSMの疾患概念も大きく変化している。DSM-IV-TR（American Psychiatric Association, 2000）までは，依存症というと物質使用障害のことを指し，そこにはアルコール，ニコチン，大麻，覚醒剤，コカインなどへの依存症が含まれていた。DSM-5（American Psychiatric Association, 2013）では，このカテゴリーが物質関連障害および嗜癖性障害群という名称となり，それまで「衝動制御の障害」のカテゴリーに含まれていた病的賭博が，ギャンブル障害という名称でここに含まれるようになった。さらに，2019年に改訂されたICD-11（World Health Organization, 2019）では，ギャンブル障害に加えて，ゲーム障害（gaming disorder）も新たに嗜癖性障害のカテゴリーに加わった。DSM-5では，嗜癖性障害に対する診断基準として，**表11.1**のような基準を定めている。

　物質依存症と行動嗜癖は，その病態は一見大きく異なっているが，病因，生理学的プロセス，症状，経過，治療などに共通点があることを指摘する研究知見の蓄積を受けて，これらを一つの障害群とすることになったのである。例えば，これら嗜癖性障害に共通する中核的症状の一つが，コントロールの喪失である。つまり，「やめたくても，やめられない」という状態に陥っているということである。これと関連して，さまざまな害が生じているにもか

表11.1　DSM-5における嗜癖性障害の診断基準

1	当初の思惑よりも, 摂取量が増えたり, 長期間使用する
2	やめようとしたり, 制限しようとする努力や, その失敗がある
3	物質に関係した事象(入手, 使用, 影響からの回復)に多くの時間を費やす
4	物質使用への渇望や強い欲求がある
5	物質使用の結果, 社会的役割を果たせない
6	社会・対人関係の問題が生じたり, 悪化しているにもかかわらず, 使用を続ける
7	物質使用のために, 重要な社会的, 娯楽活動を放棄または縮小する
8	身体的に危険な状況下で反復使用する
9	心身に問題が生じたり悪化することを知っていながら, 使用を続ける
10	反復使用による効果の減弱, または, 使用量の増加
11	中止や減量による離脱症状の出現, または, その回避のために再使用

（American Psychiatric Association（2013）を基に作成）

かわらずやめられないということ，その結果日常生活に大きな支障が生じるに至っているということも共通する重要な症状である。

　さらに，現時点ではこのカテゴリーに含まれていないものの，同じように依存症として考えられる障害がほかにもいくつかある。それは，摂食障害（過食症），自傷行為，性的嗜癖（パラフィリア障害，強迫的性行動症），窃盗癖などである。

B. 物質依存症

　今や「古典的」依存症となった物質依存症にはどのようなものがあるのだろうか。合法的に使用できる物質としては，**アルコール，タバコ（ニコチン），カフェイン**がある。

　アルコールは，かつては「酒は百薬の長」といわれ，適量の摂取であれば健康増進効果があるとされていた。しかし，近年多くの研究によって，たとえ少量であっても害があることが見い出されている。厚生労働省は，**健康増進法**に基づいて，「**国民の健康の増進の総合的な推進を図るための基本的な方針**」（**健康日本21**）を策定し，その中で適度な飲酒量の目安を定めている

が，それは1日当たり純アルコール20g（1単位）であり，これはビール中ビン1本，日本酒1合程度に相当する（厚生労働省，2013）。40gを超えると生活習慣病のリスクを高める飲酒だとみなされ，1日の飲酒量が純アルコール60g以上だと多量飲酒となる。わが国の大規模疫学調査によれば，アルコール依存症者が107万人，リスクの高い飲酒者が1,036万人と推定されている（尾崎，2016）。つまり，成人の約10人に1人が問題のある飲酒をしているという計算になる。

　喫煙については，2020年4月に改正健康増進法が施行され，公共の場所での屋内での喫煙がほぼ禁止された。世界保健機関（World Health Organization: WHO）の「**タバコ規制枠組み条約**」では，受動喫煙の全面的防止のほか，タバコ製品の広告の禁止，タバコのパッケージへの警告の掲載などを求めているが，日本の遵守状況は未だ不十分である。また，わが国の喫煙率は，年を追って低下しているが，それでも2018年現在，男性の平均喫煙率は29.0%となっている（厚生労働省，2020b）。「健康日本21（第2次）」では，喫煙に関する目標として，①成人の喫煙率の減少，②未成年の喫煙防止，③妊娠中の喫煙防止，④受動喫煙の減少の4つを設定している。

　違法薬物に関しては，国連の「**麻薬に関する単一条約**」「**向精神薬に関する条約**」などに基づいて国内法を整備し，適切な取り締まりや対処をするこ

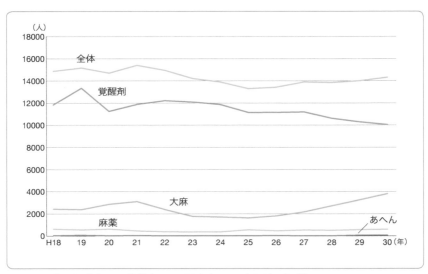

図11.1　薬物検挙人員の推移（厚生労働省（2020a）を基に作成）

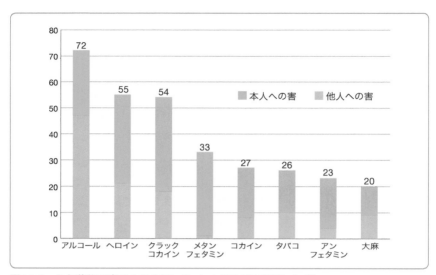

図11.2　主な薬物の害の大きさ（Nutt et al.（2010）を基に作成）

とが国際的に定められている。国連薬物・犯罪事務所（United Nations Office on Drugs and Crime: UNODC）によれば，世界の違法薬物使用者は2億7,100万人と推計されており，使用人口が多い順に大麻（1億8,800万人），ヘロイン，あへんなどのオピオイド（5,300万人），覚醒剤（2,900万人）となっている（UNODC, 2019）。わが国では，違法薬物使用人口は，海外に比べると非常に少なく，公的な統計もないが，検挙人員の推移をみると**図11.1**のようになっている。

　これら依存性物質の害の大きさについては，比較をすることが非常に困難であるが，専門家パネルが**図11.2**のように見積もっている（Nutt et al., 2010）。これをみると，最も害が大きな薬物はアルコールである。これは，入手しやすく多くの人々が使用しているからという理由が大きいが，その脱抑制作用によって粗暴な言動が前面に出やすくなることや長期的な大量飲酒による健康被害が大きいことなどが関係している。また，この研究結果をみて，大麻やタバコなどに害や依存性が小さいと誤解しないように留意することが必要である。これらはいずれも害が大きな薬物の比較をしたものであるから，この中では比較的小さいとはいっても，それは害自体が小さいことを意味するのではない。さらに，使用量や使用方法によっては，さらに害が大きくなる。

C. 行動嗜癖

　行動嗜癖としてDSM-5やICD-11の嗜癖性障害の中に含まれているものは，今のところ**ギャンブル障害**と**ゲーム障害**の2種類のみである。ギャンブル障害の有病人口は，わが国の疫学調査によれば約70万人であり，有病率は0.8％となっている（樋口・松下，2017）。欧米では，ギャンブル障害というとカジノでのギャンブルが問題視されるが，日本ではパチンコが一番のギャンブル障害の温床となっている。一方，ゲーム障害自体の疫学調査はまだ少ないが，わが国では中高生を対象とした「インターネット依存」の調査がある。それによると，93万人が依存症の疑いがあるとされている（尾崎ら，2018）。いずれの障害も，嗜癖性障害として認識されてからまだ日が浅いため，今後の研究の蓄積が待たれている。

11.2節　依存症のメカニズム

　物質依存症と行動嗜癖が同一の障害群として認識されるに至った大きな理由の一つは，その生理的メカニズムの類似性にある。依存症の生理的メカニズムにおいて着目されるのは，大脳辺縁系にある**報酬系**とよばれる神経回路である。これは，腹側被蓋野から側坐核および前頭前野に至る回路である（**図11.3**）。依存性のある物質を摂取したり，嗜癖行動を行ったりすると，この回路が活性化し側坐核のシナプス間隙に多量のドパミンが放出される。

　これを学習心理学の説明に置き換えると，ドパミンの放出を主観的には快感として経験し，その快感が報酬となって薬物摂取行動や嗜癖行動が強化されるということになる。そして，これが反復されることで報酬系は当該物質や行動に対して選択的に過敏な状態となる。逆にそれ以外のものに関しては，報酬系の反応が弱まることも指摘されてい

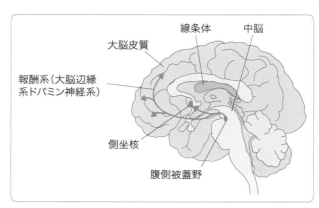

図11.3　報酬系

る。例えば，アルコール依存症患者は，アルコールやそれに関連する刺激には敏感であるが，それ以外のもの（家族，友人，仕事など）への関心が低下してしまっている。つまり，家族や仕事よりもアルコールが大事だという状態に陥っているのである。

また，近年のPETスキャンを用いた研究では，依存が進んだ物質依存症患者は，その物質を投与してもドパミンの放出量がむしろ低下していることが見い出されている（高橋，2019）。つまり，依存が進むに従って従前の薬物摂取量では，快感や陶酔感を得ることができなくなっており，そのために快感を得ようとしてさらに摂取量が増えていくという悪循環に陥ってしまっている。これを耐性とよび，依存症の重要な症状の一つである。

11.3節 依存症のアセスメント

A. アセスメントにおける基本的考え方

依存症の医学的診断は，DSMやICDなどを用いて医師が行うものである。公認心理師をはじめとする心理専門職に期待される役割は，依存症の重症度や依存症に関連する要因（リスクファクター）の査定などであろう。

前者については，すでにさまざまな質問紙が開発されている。例えば，アルコール依存症のスクリーニングには，AUDIT（Saunders et al., 1993）という簡便な質問紙があるので，これを用いるのが一般的である（表11.2）。その他，依存症のアセスメントに用いる主な質問紙を表11.3にまとめた。

依存症のリスクファクターについては，これまで多くの疫学的研究で明らかになっているが，それがクライエントにどの程度当てはまるのかを査定することが必要になる。それらを多く有していればいるほど，問題が根深く治療も困難になる可能性が大きい。さらに，治療にあたってのターゲットを知ることにもつながり，ケースマネジメントに役立つ。例えば，陰性感情への脆弱性は，代表的なリスクファクターである。多くの依存症患者は，些細なことで陰性感情を抱きやすく，それに対するコーピングとしてアルコール，薬物，ギャンブルなどを用いる傾向にある。だとすると，このようなリスクファクターを有しているクライエントには，陰性感情のコーピングを学習させることが治療の標的となるというわけである。

リスクファクターの査定には，単一の質問紙を用いるというよりは，要因に応じた質問紙をバッテリーで用いたり，面接によって査定したりする必要

表11.2　AUDITの質問項目

1	どのくらいの頻度でアルコール飲料を飲みますか？
2	飲酒時は1日平均して何単位飲みますか？
3	どれくらいの頻度で一度に3単位以上飲むことがありますか？
4	飲み始めると止められなかったことが，過去1年間にどのくらいの頻度でありましたか？
5	飲酒のせいで，通常あなたが行うことになっていることを行うことができなかったことが，過去1年間にどれくらいの頻度でありましたか？
6	飲み過ぎた翌朝，アルコールを入れないと動けなかった，ということは過去1年でどれくらいの頻度ですか？
7	飲酒後に罪悪感・後ろめたさを感じたり，後悔をしたことが，過去1年でどれくらいの頻度ありますか？
8	飲酒翌朝に夕べの行動を思い出せなかったことが，過去1年でどれくらいの頻度ありますか？
9	あなたの飲酒により，あなた自身か他の人がケガをしたことがありますか？
10	肉親や親戚，友人，医師，あるいは他の保健従事者が，あなたの飲酒について心配をしたり，飲酒量を減らすようにとあなたに勧めたことがありますか？

（Saunders et al.（1993）を基に作成）

がある。それでは，依存症のリスクファクターにはどのようなものがあるのだろうか。次項以降ではそれを多面的にみていきたい。

B. 生物学的要因

　さまざまな依存症の中でも最も研究が進んでいるアルコール依存症については，その遺伝性を支持する研究が数多くみられる。例えば，俗にいう「アルコールに強い」人は，そうでない人よりも飲酒量が多くなりやすく，その結果アルコール依存症にもなりやすい。アルコールに強いか弱いかを決めるのは，体内でアルコールを代謝する際に働くアルコール脱水素酵素やアセトアルデヒド代謝酵素の活性であり，それは遺伝子タイプによって決まる。低活性型は，アジア人にしか存在しないといわれており，日本人の場合は約半数近い人がこのタイプである。このタイプの人々は，まったく酒が飲めないか，飲んでもすぐ気分が悪くなるタイプであるので，当然のことながらアル

表11.3　依存症の主な質問紙

対象	質問紙	特徴
アルコール	アルコール使用障害特定テスト（AUDIT）（Saunders et al.,1993）	問題飲酒者のスクリーニングのための尺度
	新久里浜式アルコール依存スクリーニングテスト（KAST）	日本人向けのアルコール依存スクリーニング尺度
タバコ	ファーガストローム・ニコチン依存度テスト（FTND）	ニコチン依存の程度について，身体的側面から評価する尺度
	加濃式社会的ニコチン依存度調査票（KTSND）	喫煙者の心理的ニコチン依存度などを評価する尺度
覚醒剤	刺激薬物再使用リスク評価尺度（SRRS）	覚醒剤など刺激剤依存症者の再使用リスクを判定する尺度
インターネット	インターネット依存度テスト(IAT)	あらゆるオンライン機器の使用に対する依存度を判定する尺度
ギャンブル	サウスオークス・ギャンブル・スクリーン（SOGS）	病的賭博者のスクリーニング尺度

コール依存症にはなりにくい。

　ほかにも，さまざまな遺伝子が依存症に関連することが見い出されており，遺伝要因の寄与率はおよそ50～70％と見積もられている（Bevilaqua & Goldman, 2009）。とはいえ，「依存症遺伝子」のような単一の病因があるわけではなく，前述した遺伝的体質に加えて，後述するような心理的傾向などの基盤となる生物学的脆弱性，特にストレスやネガティブな情緒性などの脆弱性が遺伝の寄与が大きいと指摘されている。したがって，生物学的要因と心理・社会的要因との相互作用によって，依存症が発展すると考えるべきである。

C. 心理学的要因

　依存症の病因について最も研究が進んでいるのは，心理的要因やパーソナリティ要因についてである。これを，情緒，行動，認知に分けて説明する。まず，情緒的要因であるが，先述のように，依存症のクライエントは，抑うつ，不安，孤独感，怒りなどの陰性感情を抱きやすい傾向があると指摘され

ており，これは依存症のリスクファクターとしては最大のものである（Wit-kiewitz & Marlatt, 2005）。依存症は気分障害との併存が高いこともよく指摘される。

　行動的要因としては，刺激希求性，衝動性，孤立傾向，反社会性などさまざまな特性が指摘されている。例えば，**刺激希求性**とは，常に変化を求め刺激がないと退屈しやすい傾向のことであるが，こうした傾向は過度な飲酒，違法薬物摂取などと関連があることが見い出されている（Witkiewitz & Marlatt, 2005）。

　依存症患者特有の認知傾向に関しても，多くの研究がある。最もよく研究されているのは，結果期待（outcome expectancy）である。これは，特定の行動をとった際の結果に対する認知のことをいう。例えば，違法薬物について一般の人々は，薬物を使用したら逮捕されるし，健康を害したり，社会生活が破綻したりするというネガティブな結果期待を抱いているのが通常である。したがって，違法薬物を使おうとは思わないし，万一誘われたとしても拒絶するだろう。一方，薬物使用者は，「薬物はよいものだ」「よい気持ちになれる」などというポジティブな結果期待を抱いている。違法性や害の認識がないわけではないが，それよりも即時的な快感や高揚感などへのポジティブな期待のほうが大きいのである。

　依存症の認知的リスクファクターとして近年注目を集めているのが，時間展望（time perspective）である。時間展望とは，個人が時間に対して抱く認知的傾向のことをいう。ジンバルドとボイドは，時間展望を，過去指向型，現在指向型，未来指向型に分け，現在指向型は薬物使用や犯罪などの逸脱行動との関連が大きいことを指摘した（Zimbardo & Boyd, 1999）。現在指向型とは，時間展望のスパンが短く，目先のことに価値を置き将来の結果を考慮しないタイプのことであり，まさに依存症行動そのものであるといえる。

　さらに，時間展望と関連する認知傾向として，遅延価値割引（delay dis-counting）がある。これは，将来の大きな価値（遅延大報酬）よりも，目の前の小さな価値（即時小報酬）に飛びつきやすい傾向をいう。つまり，将来の大きな価値を割り引いて捉えやすい傾向である。このような認知傾向は，薬物依存，喫煙，非行・犯罪などとの関連が指摘されている。例えば，薬物依存症者は，薬物による快楽という目先のことに価値を置き，将来の健康，仕事や人間関係などの大きな価値を軽視する傾向がある（Yi et al., 2010）。

D. 社会的要因

　依存症の社会的要因として一番重要であるのは，仲間の影響である。これは，直接的に誘われる場合もあれば，間接的に影響する場合もある。飲酒行動を例にとると，飲酒仲間からの誘い（ピアプレッシャー）は直接的な影響の最たるもので，飲酒行動に多大な影響を及ぼす。また，飲酒仲間の顔を見ただけで，飲酒したくなる（キューへの曝露）という間接的影響も非常に大きい。

　対人葛藤や孤立も依存症の要因としては重要である。対人葛藤を慢性的に抱えていれば，それに対するコーピングとして依存症を発展させることが多い。また，コミュニケーション能力が欠如している者が，対人的緊張感を緩和し周囲の人々とのコミュニケーションを図ろうとして，アルコールやタバコ，違法薬物などを使用することがあるし，孤立しやすい人が孤独感を紛らわせようとして，飲酒や薬物に頼ることもある。

　より大きな社会的要因としては，依存対象へのアクセスのしやすさや社会の認識などの影響が挙げられる。先述のように，アルコールはあらゆる薬物の中で，最も害が大きいことがわかっているが，それは入手しやすいことや飲酒が社会的に容認されていることの影響が大きい。

　また，性的嗜癖の態様も，社会要因の影響を大きく受ける。わが国で一番多い性的嗜癖は痴漢や盗撮であるが，いずれも混雑した駅や電車内などで頻発するものである。これは，超満員電車での通勤という社会状況や，被害者が声を上げにくいという文化的状況が影響していると考えられる。一方，欧米に目を転じると，痴漢の発生はきわめて稀である（原田，2019）。

　社会の認識については，喫煙率の変化がこれを一番よく反映している。1966年のわが国の喫煙率をみると，男性の83.7％が喫煙していた。喫煙は特に男性であれば当たり前の行動で，社会的に容認された行動であったためである。しかし，禁煙や受動喫煙に対する意識の高まりを反映して，喫煙率は減少の一途をたどっており，前述のように2018年の男性喫煙率は29.0％である（厚生労働省，2020b）。

　これまで述べてきたように，依存症のリスクファクターには，多様な生物学的要因，心理学的要因，社会学的要因があり，その相互作用に着目する必要がある。これに対し，トラウマや機能不全家族（共依存，アダルトチルドレン）のような単一の要因で依存症を説明することがしばしばなされるが，それは正確な原因の理解を妨げるものである。事実，機能不全家族が依存症

のリスクファクターであることを実証した研究はないし，共依存やアダルトチルドレンなどという用語自体が，厳密な学術用語ではない。フィクションの世界ならともかく，心理専門職としてはこのような世俗的な用語による単純な理解は慎むべきである。

A. 認知行動療法

依存症の治療において，最も確実なエビデンスがあり，治療の第一選択肢となるのは認知行動療法である。依存症治療に特化した認知行動療法の治療モデルとして，リラプス・プリベンション（relapse prevention）がある。リラプスとは，再発のことを指すが，依存症治療で重要なのは，問題となっていた物質の使用や行動を単にやめることではなく，「やめ続ける」ことである。作家のマーク・トゥエインは，「禁煙なんて簡単だ。これまで何千回と禁煙したよ」と述べたというが，このように単にやめるだけならばいつでもだれでも簡単にできる。したがって，リラプス・プリベンションとは，リラプスを防止し，長く「やめ続ける」ことを目的とした治療モデルなのである（Marlatt & Witkiewitz, 2005）。

リラプス・プリベンションは，複数の認知行動療法的技法を組み合わせた包括的治療モデルであり，中核的治療要素と周辺的治療要素に分けることができる。前者はほぼ全員に行うべきものであり，後者は各クライエントが有するリスクファクターや問題性に合わせて実施すべきものである。

i) 中核的治療要素

中核的治療要素の中で最も重要なものは，引き金の同定とその対処である。引き金とは，ハイリスク状況ともよばれるが，まさに問題となっている行動を引き起こす刺激のことである。いくら意志の力で薬物をやめようと固く誓っても，引き金が引かれると渇望が生じ，結局はリラプスへと至ってしまう。多くの薬物依存症者に共通する引き金は，薬物仲間と陰性感情である。薬物をやめようと思っていても，仲間から誘われたり，ストレスのあるときなどには，リラプスのリスクが高まる。したがって，治療においては，まず各自にとって何が引き金なのかを同定したうえで，それに対するコーピングを学習することが最も重要になる。薬物仲間に対しては，関係を断ったり，誘いを断ったりする回避的コーピングが有効であるし，陰性感情に対しては，

ストレス・マネジメントやアンガー・マネジメントなどを学習することなどが挙げられる。

　渇望へのコーピングスキルを学習することも重要である。引き金にいくら気をつけていても，意図せずに引き金が引かれてしまうことがある。ギャンブルをやめ続けていたのに，かつてのギャンブル仲間に駅前でばったり会ってしまったとか，テレビを見ていてパチンコ店のCMが流れたなど，突発的に引き金が引かれ，渇望が生じてしまうことは実際によくあることだ。このようなときのために，渇望への対処スキルを訓練しておく必要がある。代表的なスキルとしては，「思考ストップ法」がある。これは，渇望がわき起こってきたらすぐに，あらかじめ手首に巻いてあった輪ゴムをパチンとはじき，友達に電話をしたり，冷たい水を飲んだりするなどの方法である。

ii）周辺的治療要素

　次に，周辺的治療要素として，先述の依存症のリスクファクターに対処する治療アプローチがある。どのリスクファクターを有しているかは，クライエントによって異なるため，アセスメントを通してリスクファクターを査定し，それに対処する方略を組み合わせるケースマネジメントが必要となる。具体的には，結果期待などの認知的リスクファクターに対しては認知再構成，対人関係についてはソーシャルサポート・ネットワークの構築，対人スキル訓練などがある。これらの治療要素をパッケージとした包括的な治療を実施することがリラプス・プリベンションの治療である。

　とはいえ，個々のセラピストが自分で治療モデルを構築することは現実的ではない。実際には，既存の構造化されたワークブックやマニュアルに従って実施することになろう。例えば，覚醒剤依存症に対する治療プログラムとして世界中で活用されているものとしてマトリックス・モデルがあり，日本版も開発されている（原田，2012）。

iii）認知行動療法のエビデンス

　認知行動療法の効果については，数多くの実証研究が行われており，着実にエビデンスが集積されている。認知行動療法のアルコールおよび薬物使用障害への効果を検証したメタアナリシスでは，有意な効果があることが見い出されている（Magill & Ray, 2009）。一方，覚醒剤使用障害に対する認知行動療法の効果については，現時点で研究の数が少なくその質も低いため，確実なエビデンスは見い出すことができなかった（Harada et al., 2018）。今後さらなる研究の蓄積が必要である。

B. 随伴性マネジメント

　依存症のクライエントは，治療に対する動機づけが欠如していることがしばしばである。そもそも本人は治療を求めないし，周囲の説得によってしぶしぶ治療を受けたとしても，治療に抵抗し脱落しやすい。このため，かつては「底つき」をしなければ治療をしても無駄だと考えられていた。「底つき」とは，心身の障害，逮捕，離婚などによって本人が心底，懲りることを指す。しかし，いうまでもなく底をついてからでは遅い。アルコールや薬物で認知機能に大きな障害が出れば，認知行動療法を行うことも難しいし，逮捕・離婚などによって社会的に孤立してしまえば，治療はむしろ困難になる。したがって，本人が心から懲りるのを受け身的に待つのではなく，適切な介入によって本人の動機づけを高めることが必要になる。

　外発的動機づけを高めるための技法として，**随伴性マネジメント**がある。これは治療への出席，断酒，断薬などの望ましい行動に対して，少額の金銭やバウチャーなどの目に見える報酬を与えるオペラント条件づけを用いた介入である。特に，治療直後にバウチャーが配布される場合や金銭的価値が大きい場合は，効果が大きい。とはいえ，1ドルに満たない少額のバウチャーや言語的な賞賛でも十分な効果を上げている場合もある（Lussier et al., 2006）。

C. ステージ変容モデルと動機づけ面接

i）ステージ変容モデル

　内発性動機づけを高める方法としては，**動機づけ面接**があるが，それを説明する前に，依存症のクライエントの動機づけを説明する理論モデルとして，ステージ変容モデルを理解しておく必要がある。プロチャスカとノークロスは，人間の行動変容は動機づけのレベルに対応して，無関心期・関心期・準備期・実行期・維持期の5つの段階があると主張した。そして，その各段階にはそれに応じた治療アプローチがあり，それを適切に組み合わせることが重要であると強調した（Prochaska & Norcross,

表11.4　変化のステージと介入

変化のステージ	適切な介入
無関心期	動機づけ面接，心理教育
関心期	動機づけ面接
準備期	認知行動療法
実行期	認知行動療法
維持期	自助グループ

2013）（**表11.4**）。例えば，いくらエビデンスがあるからといっても，動機づけのない者に認知行動療法を実施しても十分な効果は期待できないし，ドロップアウトしてしまうかもしれない。この段階のクライエントには，動機づけ面接によって変化への動機づけを高めるのが最適である。

ii）動機づけ面接

　動機づけ面接とは，クライエントの内発的動機づけを高めるために活用する一連のコミュニケーション技法のことである。その前提には，人間は説教，叱責，脅し，罰などでは変わらないというエビデンスがある。したがって，傾聴や是認を基盤としてさまざまな技法を用いることによって，本人の抱える矛盾（両価性）を拡大し，望ましい方向に少しずつ後押ししていこうとする（Miller & Rollnick, 2012）。これらは，治療初期に活用することはもちろんであるが，その後も治療全期間を通して活用すべき手法である。

D. コミュニティ強化アプローチ

　ハントとアズリンは，アルコール依存症の治療にオペラント条件づけを基にしたアプローチを導入した（Hunt & Azrin, 1973）。これは，家族，友人，コミュニティの支援を求め，断酒行動に対して，さまざまな報酬を提供するようにするものであり，随伴性マネジメントの拡大版だといえる。つまり，アルコールのない生活をもっと楽しく充実したものにするため，断酒行動に対して，より多くの社会的強化が提供されるようにアレンジする。このアプローチにおいては，家族の役割が非常に重要であり，コミュニティ強化アプローチと家族療法を組み合わせてCRAFT（Community Reinforcement And Family Therapy）とよばれており，他の依存症にも応用が可能である。

E. マインドフルネス認知療法

　マインドフルネス（p.24参照）を依存症治療に活用する動きも活発である。例えば，渇望が生じたときに，先述の思考ストップ法のように，それを無理に抑え込んだり気をそらせたりするのではなく，むしろそれをありのままに受容しようというアプローチである。例えば，深呼吸しながら波のように寄せては返す渇望を受容しつつ，「呼吸をサーフボードにして，渇望をあるがままに体験する」という渇望サーフィンという手法などがある。ただし，依存症へのマインドフルネスの効果についてメタアナリシスをみてみると，

現時点では見い出された研究の方法上の問題が大きく，結論を出すに至っていない（Zgierska et al., 2009）。

F. 自助グループ

　依存症は，かつては「本人の心がけの問題」として捉えられ，医療からは門前払いされることも少なくなかった。その中で発展したのが，自助グループである。アルコール依存症者の「**アルコホリック・アノニマス**」（**匿名断酒会**）から始まり，現在はさまざまな依存症に対する**自助グループ**が，世界中で活発に活動を展開している。わが国では，**ダルク**（Drug Addiction Recovery Center: DARC）が有名である。いずれも，当事者同士のミーティングや共同生活を通して，問題克服のためのスキルやピアサポートを提供するものである。依存症の克服には長い時間が必要であるが，医療や心理療法の期間が終了しても，自助グループに参加することによって長期的なサポート体制を維持することが必須である。

G. ハームリダクション

　従来の依存症治療では，完全な断薬，断酒，あるいは禁断（abstinence）が唯一のゴールであった。このような立場を「ゼロ・トレランス」（zero tolerance）という。その場合，たとえ治療によって物質摂取量や行動の頻度などが減少しても，それは治療の成功とはみなされなかった。たしかに完全な禁断が最も理想的なゴールであるとしても，現実にはそれはしばしば非常に困難である。その場合，まずは依存症に伴う害を少しでも抑制するというハームリダクション（harm reduction）のアプローチを模索してみることは有益である。例えば，完全な断酒ではなく節酒をゴールにするという方法が挙げられる。また，ヘロインの過剰摂取による死亡や，注射の回し打ちによる感染症拡大の問題が問題となっている欧米では，ヘロインの代わりにより害の小さいメサドンという薬物を医療機関で投与する薬物置換療法，清潔な注射器や注射針を無償で提供するプログラムなどがある。このようなハームリダクションには，死亡の抑制，健康の増進，犯罪の抑制などに関して確固としたエビデンスがある（Strang et al., 2012）。

　依存症の治療において，留意すべきことが4つある。

i）ライフスタイルの改善

　第1は，依存症はライフスタイルの病であり，ライフスタイル全体を標的にするような治療が必要であるということである。そのためには，司法，医療，福祉，教育，自助グループなど関係機関との連携が必須である。

ii）サブグループへの配慮

　第2として，若者，女性，妊婦，高齢者，LGBTなどの人々にとっては，特有の治療ニーズがあることにも配慮しなければならない。それぞれのニーズに合わせたきめ細かなサポートが必要となってくる。

iii）再発の際の対処

　第3は，問題が再発した際の対処である。リラプス・プリベンションの治療には二つの目的がある。それは，①ラプス（lapse）を防止する，②万一ラプスが生じたとしても，リラプス（relapse）への発展を防止するというものである。ラプスとは，一度再発してしまうことであり，リラプスとはそこから増悪して治療前の状態に後戻りし，ライフスタイルすべてが元に戻ってしまうような状態をいう。この二つの区別は非常に重要である。なぜなら，ラプスは依存症治療において，現実的には非常にしばしば生じるものであり，それは決して治療の失敗を意味するのではないからである。ラプスが生じないように全力を尽くすのは当然であるが，仮にラプスが生じたとしても，リラプスへと発展することを防止できれば，治療継続が可能である。そして，その失敗から学習することによって，今後同様の状況に陥ったとしても効果的な対処ができる可能性が高まる。治療者はこのことをしっかりと理解しておかねばならない。

iv）周囲の人々への介入

　第4は，家族や友人などクライエントの周囲の人々を巻き込んだ治療を検討してみることである。周囲の人々は，知らず知らずクライエントの依存行動を強化してしまっている場合がある。例えば，アルコール依存症のクライエントが断酒をしようと思っても，家族が家で飲酒をしたり，友人が飲み会に誘ったりする場合がある。また，ギャンブル依存症のクライエントの借金の肩代わりを家族がしてしまうこともある。

　こうしたことを防止するため，家族に対して心理教育を実施したり，望ま

しい対処方法やコミュニケーションの方法などを身につけてもらうことは，治療効果を大いに高めることが実証されている（p.192，D. コミュニティ強化アプローチを参照）。さらに，家族自身もクライエントの依存行動に巻き込まれ，心身の問題を抱えていることも少なくない。こうした場合のケアも忘れてはならない。

11.6節 | 依存症とわれわれの社会

わが国では，依存症の問題を抱えたクライエントに対する偏見や差別がいまだに根強い。また，依存症に対する心理師の関心が必ずしも高いとはいえず，心理学的な研究や実践もまだまだ乏しい現状にある。

国際社会に目を転じると，2016年，国連の特別総会で薬物問題が議論された。そこでは，主に二つの点が合意された。第1は，薬物使用者の人権と尊厳を尊重することの確認である。総会決議には，「薬物プログラム，対策，政策の文脈において，すべての個人の人権と尊厳の保護と尊重を促進すること」と述べられている（United Nations, 2016）。特に，受刑者，女性，社会的弱者への適切な治療サービスの提供が強調された。第2は，薬物問題に対する新たなアプローチの推進である。従来の「犯罪」としての見地から，「公衆衛生」（public health）としての見地が重視されるようになり，それは処罰による対処から，予防，治療，ハームリダクションなどの方法への転換を意味する。総会決議には「すべての人々，家族，社会の健康，福祉，ウェルビーイングを促進し，効果的，包括的，科学的なエビデンスに基づく治療，予防，ケア，回復，リハビリテーション，社会への再統合」に向けての努力の必要性が強調されている。

薬物問題をはじめとする依存症は，その病態ゆえに犯罪や社会問題との関わりが深く，エビデンスよりもイデオロギーや社会的慣習などによって対処が左右されることが多い。そのために，「薬物戦争」「厳罰化」など，世論には訴えるものの実際は効果のない対処が，長年の間行われてきた。そして，問題が一向に収束しないとみるや，さらに厳罰化を進めるという悪循環が生まれてきた。

こうしたことの反省に立ったうえで科学的エビデンスを重視した結果，国際社会は「処罰から治療へ」という方向に大きく舵を切ることになったのである。まさにこれがエビデンスの力である。残念ながら，わが国はまだこの

潮流に乗り切れているとはいえない。今後わが国における依存症に対する治療サービスを拡充し，社会の認識の変革を手動するために，心理師の役割は非常に大きいといえるだろう。

〈引用文献〉

American Psychiatric Association (2000). Diagnostic and Statistical Manual of Mental Disorders, 4th ed. Text Revision. Washington DC：American Psychiatric Association.（高橋三郎・大野 裕・染谷俊章（訳）(2003). DSM-IV-TR精神疾患の分類と診断の手引. 医学書院.）

American Psychiatric Association (2013). Diagnostic and Statistical Manual of Mental Disorders, 5th ed. Washington DC：American Psychiatric Association.（高橋三郎・大野 裕（監訳）(2014). DSM-5精神疾患の分類と診断の手引. 医学書院.）

Bevilacqua, L. & Goldman, D. (2009). Genes and Addictions. *Clinical Pharmacology & Therapeutics*, 85(4), 359-361.

Hunt, G. M. & Azrin, N. H. (1973). A community-reinforcement approach to alcoholism. *Behavior Research and Therapy*, 11, 91-104.

Harada, T., Tsutomi, H., Mori, R. & Wilson, D. (2018). Cognitive-behavioural treatment for amphetamine-type stimulants (ATS) -use disorders. *Cochrane Database of Systematic Reviews*, Issue 12. Art. No.: CD011315.

原田隆之 (2019). 痴漢外来：性犯罪と闘う科学. ちくま新書.

原田隆之 (2012). 覚せい剤受刑者に対する「日本版Matrixプログラム (J-MAT)」のランダム化比較試験. 日本アルコール・薬物医学会雑誌, 45(6), 557-568.

樋口進・松下幸生 (2017). 国内のギャンブル等依存に関する疫学調査（全国調査結果の中間とりまとめ）"ギャンブル障害の疫学調査，生物学的評価，医療・福祉・社会的支援のありかたについての研究". 障害者対策総合研究開発事業 国立研究開発法人日本医療研究開発機構.

厚生労働省 (2013). 健康日本21：21世紀における国民健康づくり運動.
http://www.kenkounippon21.gr.jp/index.html

厚生労働省 (2020a). 薬物事犯の推移.
https://www.mhlw.go.jp/content/11120000/000544241.pdf

厚生労働省 (2020b). 国民健康栄養調査.
https://www.mhlw.go.jp/content/10900000/000687163.pdf

Lussier, J. P., Heil, S. H., Mongeon, J. A., Badger, G. J. & Higgins, S. T. (2006). A meta-analysis of voucher-based reinforcement therapy for substance use disorders. *Addiction*, 101(2), 192-203.

Magill, M. & Ray, L. A. (2009). Cognitive-behavioral treatment with adult alcohol and illicit drug users: A Meta-analysis of randomized controlled trials. *Journal of Study on Alcohol and Drugs*, 70, 516-527.

Marlatt, G. A. & Witkiewitz, K. (2005). Relapse prevention for alcohol and drug problems. In: Marlatt G. A. & Donovan, D. M. (Eds.) (2005). Relapse Prevention: Maintenance Strategies in the Treatment of Addictive Behaviors. 2nd ed., 1-44. New York: Guilford Press.（原田隆之（訳）(2011). リラプス・プリベンション：依存症の新しい治療. 日本評論社.）

Miller, W. R. & Rollnick, S. (2012). Motivational Interviewing: Helping People Change. 3rd ed. New York: Guilford Press.

Nutt, D. J., King, L. & Phillips, L. D. (2010). Drug harms in the UK: A multi-criterion decision analysis. *Lancet*, 376, 1558-1565.

尾崎米厚（2016）．アルコールの疫学：わが国の飲酒行動の実態とアルコール関連問題による社会的損失．別冊・医学のあゆみ　アルコール医学・医療の最前線UPDATE, 43-47.

尾崎米厚・兼板佳孝・神田秀幸・樋口 進他（2018）．飲酒や喫煙等の実態調査と生活習慣病予防のための減酒の効果的な介入方法の開発に関する研究．平成29年度 厚生労働科学研究費補助金研究報告書.

Prochaska, J. O. & Norcross. J. C. (2013). Systems of Psychotherapy: A Transtheoretical Analysis (8th ed). New York: Brooks.

Saunders, J. B., Aasland, O. G., Babor, T. F., Fuente, J. R. & Grant, M. (1993). Development of the Alcohol Use Disorders Identification Test (AUDIT): WHO collaborative project on early detection of persons with harmful alcohol consumption-II. *Addiction*, 88, 791-804.

Strang, J., Babor, T., Caulkins, J., Fischer, B. et al. (2012). Drug policy and the public good: evidence for effective interventions. *Lancet*, 379, 71-83.

高橋英彦（2019）．依存症の脳画像解析．富田久嗣・高田孝二・池田和隆・廣中直行（編著）．アディクションサイエンス：依存・嗜癖の科学．朝倉書店.

United Nations (2016). Resolution adopted by the General Assembly on 19 April 2016. S-30/1. Our Joint Commitment to Effectively Addressing and Countering the World Drug Problem.
https://documents-dds-ny.un.org/doc/UNDOC/GEN/N16/110/24/PDF/N1611024.pdf?OpenElement

United Nations Office on Drugs and Crime (2019). World Drug Report 2019.
https://wdr.unodc.org/wdr2019/

Witkiewitz, K. & Marlatt, G. A. (2005). Emphasis on interpersonal factors in a dynamic model of relapse. *American Psychologist*, 60, 341-342.

World Health Organization (2019). International Classification of Diseases 11th Revision: The Global Standard for Diagnostic Health Information.
https://icd.who.int/en

Yi, R., Mitchell, S. H. & Bickel, W. K. (2010). Delay discounting and substance abuse - dependence. In: Madden, G. J. & Bickel, W. K. (Eds.) Impulsivity: The Behavioral and Neurological Science of Discounting. American Psychological Association, 191-211.

Zgierska, A., Rabago, D. & Chawla, N. (2009). Mindfulness meditation for substance use disorders: A systematic review. *Substance Abuse* 30, 266-294.

Zimbardo, P. G. & Boyd, J. N. (1999). Putting Time in Perspective: A Valid, Reliable Individual-Differences Metric. *Journal of Personality and Social Psychology*, 77, 1271-1288.

12.1節 | 認知症を取り巻く社会の現状と政策

　総務省統計局の報告によると，2020年9月15日現在の65歳以上の高齢者人口は3,617万人であり，総人口の28.7%を占める。2012年の65歳以上の認知症高齢者数は462万人（有病率推定値15%）であり，認知症の前駆段階とされる軽度認知障害（Mild Cognitive Impairment；MCI）の人は400万人（有病率推定値13%）と報告されている（朝田，2013）。この数値を基にすると，2020年時点ですでに500万人以上の認知症高齢者がおり，認知機能の低下に苦しむ人は1,000万人にも達すると推測される。

　認知症に関する国家戦略として，政府は2013年に認知症施策推進5か年計画（オレンジプラン）を策定した。その後，オレンジプランは2015年に見直され認知症施策推進総合戦略（新オレンジプラン）となり，2019年6月には認知症施策推進大綱が新たに策定された（厚生労働省，2019a）。認知症施策推進大綱では，認知症になっても希望をもって日常生活を過ごせる社会を目指すために，「**共生**」と「**予防**」の視点が重視されている。ここでいう「共生」とは，認知症により生活の困難が生じても，本人が尊厳と希望をもって社会の中で生活することを意味し，一方，「予防」とは，認知症になるのを遅らせることや，認知症になっても進行を緩やかにする，ということを指している。このような基本的考え方の下，1．普及啓発・本人発信支援，2．予防，3．医療・ケア・介護サービス・介護者への支援，4．認知症バリアフリーの推進・若年性認知症の人への支援・社会参加支援，5．研究開発・産業促進・国際展開，の5つの柱が掲げられている。

12.2節 | 認知症の中核症状と行動・心理症状

A. 認知症の中核症状

　アメリカ精神医学会（APA：American Psychiatric Association，

2013）が発行している精神疾患の診断・統計マニュアル第5版（Diagnostic and Statistical Manual of Mental Disorders 5th edition; DSM-5）では，認知症は「17. 神経認知障害群」に含まれている。診断基準として，①複雑性注意，実行機能，学習及び記憶，言語，知覚―運動，社会的認知のうち，一つ以上の認知領域に以前の水準に比べた有意な低下があり，②そのことにより自立した生活が阻害されていること，そして，③これらは軽度の意識障害であるせん妄や，他の精神疾患では症状の説明ができないことが挙げられている。第4版（DSM-Ⅳ）までは記憶障害があることが診断基準として必須であったが，認知症に関する研究や理解が進んだことで，後述するように初期には必ずしも記憶障害が目立たない認知症疾患も指摘されるようになった。そのため，DSM-5では記憶障害の有無は診断基準に係る認知領域の一つとして扱われている。認知症の心理支援を行うにあたっては，これらの認知領域の日常生活における役割や，機能を司る脳の部位といった神経心理学に関する知識が必要となる。

　また，認知症は認知機能が低下した「状態」を指す用語である。例えば，咳が出る場合，その原因は風邪によるものかもしれないし，インフルエンザによるものかもしれない。花粉症の場合もあるだろう。原因の違いによって治療方法は異なるはずである。認知症も同様であり，認知機能の低下を引き起こす原因となる疾患はさまざまである。そのため，認知症の原因疾患を理解し，疾患に応じた心理支援を実践する必要がある。

B. 認知症の行動・心理症状

　認知症では，しばしば暴力や暴言，弄便，異食，焦燥といった行動上の問題や，幻覚や妄想，うつといった精神上の問題を呈することがある。これらの問題は認知症の人すべてにみられるわけではないことから，中核症状である認知機能の低下に伴う環境への不適応や対人関係の困難さから生じると考えられている。以前は中核症状に対応する言葉として周辺症状とよばれていたが，1999年の国際老年精神医学会のコンセンサス会議で認知症の行動・心理症状（Behavioral and Psychological Symptoms of Dementia; BPSD）の名称が提案され，現在でも広く使用されている（Finkel & Burns, 1999）。また，近年では，これらの行動を症状として捉えるのではなく，認知症の人が自分の意思を伝えるための手段として用いているという考え方から，チャレンジング行動（Challenging Behavior）というよび

方も広まってきている。日常臨床ではBPSDというよび方がよく用いられるため，本章ではBPSDを使用する。

国際老年精神医学会のBPSDガイドライン（International Psychogeriatric Association, 2010）では，BPSDを説明する心理学的な理論として，不適応的な行動を学習してしまうことで引き起こされるという学習理論や，満たされない欲求の表現として現れるとするアンメット・ニーズ（Unmet Needs）理論，認知症に伴うストレス対処能力の低下に加え対処しきれない過剰なストレスがかかることにより不適切な行動が生じると考えるストレス閾値モデル（Stress threshold model）などが挙げられている。BPSDは介護者の負担感を増大させ，施設への入所を早める主要因とされるため，早期の介入を必要とする（**図12.1**）。

BPSDの改善のために向精神薬を用いた薬物療法が使用されることがあるが，高齢者は多くの薬が処方されている場合もあり，副作用の問題が懸念されることも少なくない。したがって，まずは関わり方の工夫によって改善を図ることが望ましい。薬物を用いない介入全般を総称して，認知症の非薬物的アプローチ（非薬物療法）とよぶ。効果的な非薬物的アプローチを実践するためには，当事者に対する生物心理社会モデルによるアセスメントに基づき，健康状態や置かれている環境，本人の感情，身体や社会活動時の行動観察，介護者からの報告，などの情報から生活の質をアセスメントすることが重要である。また，BPSDへの対応の原則としては，症状を引き起こす

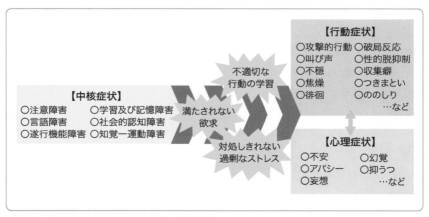

図12.1　認知症の中核症状と行動・心理症状

（International Psychogeriatric Association（2010）を基に作成）

原因の特定や各症状の詳細な記述が重要であり，先行状況と行動及びその結果を特定する応用行動分析による対応が推奨されている。

　認知症の疫学的な研究として，日本国内の9つの地域で行われた朝田（2013）の全国調査では，認知症の原因疾患は**アルツハイマー型認知症**（67.7％）が最も多く，続いて**血管性認知症**（19.5％），**レビー小体型認知症**（4.3％）と報告されている（**図12.2**）。ここでは，この三つに加え，代表的な認知症の原因疾患について説明する。アルツハイマー型認知症やレビー小体型認知症などの変性疾患は現在のところ根治薬が開発されていないため徐々に進行していくが，原因疾患によっては手術等の対応により改善が見込めるものもある。心理検査や行動観察によるアセスメントを通して，これらの治療可能な認知症を見逃さないことが重要である。

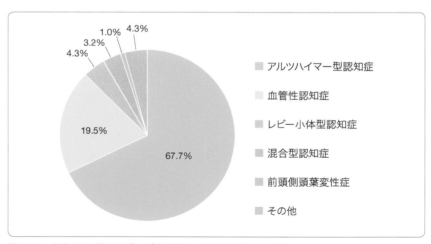

図12.2　認知症の原因疾患の内訳（朝田, 2013を基に作成）

A. アルツハイマー型認知症

　アルツハイマー型認知症は認知症の原因疾患として最も頻度が多く，世間的にも名前はよく知られている。認知機能の問題としては，主としてエピソード記憶の障害が共通してみられ，最近あった出来事を思い出せなかった

り，新しいことを覚えることが難しかったりする。例えば，多くの人は昨日の昼に何を食べたかという具体的なことまでは覚えていなかったとしても，「昼食を食べたかどうか」くらいは覚えていることがほとんどだが，アルツハイマー型認知症の人は食べたかどうかでさえ忘れてしまっている。このように，健常の人は出来事の記憶の一部が抜け落ちてしまうのに対し，アルツハイマー型認知症の人は出来事の記憶そのものが抜け落ちてしまうという点で違いがある。

　記憶障害が進行するにつれて，見当識障害も強くなる。**見当識**とは，時間の流れや空間の中に自分を定位する能力のことをいい，障害されると今自分が過ごしている時間や季節，場所などがわからなくなる。一般的には，時間に関する見当識から場所に関する見当識の順番で障害されることが多い。

　さらには，馴染みの言葉がうまく出てこず，「あれ，それ」といった代名詞を用いる頻度の増加や，進行に伴い相手の話している内容を理解することが難しくなるといった言語障害が強くなる。そのほかにも，道に迷ったり，自己と対象の距離感をうまく掴めなくなったりする視空間認知障害や，意思決定や問題解決に関わる遂行機能（実行機能ともいう）の障害もみられる。

B. 血管性認知症

　血管性認知症は脳梗塞や脳出血などの脳血管障害により脳が損傷されることで起こる。損傷された脳の位置や範囲によって症状が異なるが，身体症状としては歩行障害や麻痺，排尿障害，精神症状としては，抑うつやアパシー，感情失禁といったものがある。この中でも，抑うつとアパシーはいずれも低活動により似たような様子が観察されるが異なる病態である。鑑別は難しいが，抑うつでは気分の落ち込みや罪悪感などの感情の変化や意欲が低下していることについて本人が自覚し苦痛を感じることがあるのに対して，アパシーではそうした自覚もみられないという点で違いがある（植草・品川，2018）。アルツハイマー型認知症と血管性認知症はしばしば合併していることもあり，混合型認知症とよばれる。

　血管性認知症の危険因子としては，高血圧や高脂血症，糖尿病，喫煙などが示されており，生活習慣の改善によりある程度予防が可能である。そのため，行動変容を促す心理的介入は有効な方法である。

C. レビー小体型認知症／認知症を伴うパーキンソン病

　レビー小体型認知症は，近年注目を集めている認知症である。認知症はもの忘れの病気と一般的には捉えられがちであるが，初期には記憶障害が目立たない場合もある。疾患の特徴としては，1. 認知機能の変動，2. 幻視，3. パーキンソン症状，4. レム睡眠行動障害，などが主徴として挙げられる。

　①**認知機能の変動**とは，注意や覚醒のレベルが顕著に変動する症状をいう。例えば，お昼過ぎには問いかけに対して適切に答えることができていたのに，夕方前にはまったく意思の疎通がとれなくなるといった様子が観察されることがある。認知機能の変動は規則的に生じるわけではなく，数日単位のこともあれば，数時間単位のこともある。

　②**幻視**とは，実際には何もないにもかかわらず，何かが見えることをいう。幻視は，人や小動物，虫などが具体的でありありと見えることが多く，「知らない人が座敷に座っている」，「黒い猫が出てくる」といった訴えがみられる（小阪，2014）。また，幻視だけでなく「電気コードが蛇に見える」といった錯視もみられる。幻視は対象がない状況にもかかわらず知覚されるのに対して，錯視は対象を誤って知覚するという点で異なる。

　③**パーキンソン症状**が出現すると，振戦（ふるえ）や動きの鈍さ，筋肉のこわばりや姿勢のバランスの異常といった運動機能の症状が観察される。

　④**レム睡眠行動障害**とは，レム睡眠時に起こる異常行動のことである。レム睡眠は夢を見ている睡眠の段階と考えられている。レム睡眠時は覚醒時に似た脳波がみられるが，脳が骨格筋への運動指令を遮断し筋緊張を妨げるため，眼球や指先など一部を除いて身体は静止している（本堂・上田，2018）。しかし，レム睡眠行動障害があると，レム睡眠時の骨格筋への運動指令が遮断されず，夢で見ている行動を現実に行ってしまい，自身のケガやベッドパートナーを負傷させてしまうことがある。

　その他の特徴としては，薬剤に対する過敏性や，自律神経障害，うつ，くり返す転倒や失神といった，多様な症状を示す。特に，転倒による骨折に伴う移動をはじめとする生活上の制限はBPSDの発生や身体・精神機能の低下につながりやすいため，転倒予防は極めて重要である。なお，レビー小体型認知症と認知症を伴うパーキンソン病は，基本的に同じ疾患であると考えられている（小阪，2014）。

D. 前頭側頭葉変性症

　前頭側頭葉変性症は前頭葉と側頭葉の神経細胞に変性がみられる疾患であり，ニアリーら（Neary et al., 1998）の基準では，1．前頭側頭型認知症，2．進行性非流暢性失語，3．意味性認知症，の三つの疾患がある。また，ラスコフスキーら（Rascovsky et al., 2011）の基準では行動障害型前頭側頭型認知症が提唱されている。前頭側頭葉変性症は若年発症の多いことが特徴である。

　①行動障害型前頭側頭型認知症は，最も介護者を困らせる認知症疾患ともいえる。その理由として自身の感情や行動の抑制が難しいことや，社会的に不適切な行動をとりやすいこと，社会的関心や他者に対する共感性が欠如すること，などがある。

　②進行性非流暢性失語は，初期からの発話の障害を特徴とする疾患である。文法の誤りや，言い間違い，書字や音読の障害などの言語面の問題が現れる。

　③意味性認知症は，意味記憶の障害を主体とする認知症であり，初期から言葉の意味がわからなくなる語義失語が現れる。特徴的な行動としては，例えば，時計を見せてもわからず，『これは時計です』と伝えても，「トケイってなんですか？」と尋ねてくる。初期には物の名前がわからずに苦悶するが，物の概念そのものが喪失されると，使い方すらわからなくなる（小森ら，2015）。

E. 正常圧水頭症（Normal Pressure Hydrocephalus; NPH）

　正常圧水頭症は，脳室内に髄液が溜まってしまい，脳が内側から頭蓋骨側に圧迫されることによって認知症症状を呈する。クモ膜下出血や外傷などの先行疾患に続いて起こる二次性NPHと，先行疾患が明らかでない特発性NPH（Idiopathic NPH; iNPH）とに分けられる。歩行障害，尿失禁，認知機能障害の三つの症状を特徴とする。外科的な手術により，脳室内の髄液を排出すれば症状の改善が期待できるため，早期発見のためにも医療との連携が重要である。

F. 慢性硬膜下血腫

　転倒などで頭を打った際にできた血腫により，脳が圧迫されることによって認知症症状を呈する疾患である。転倒直後ではなく，数週間してから症状が現れるため，注意が必要である。頭痛や片麻痺などの身体症状や，失語や

注意障害などの高次脳機能に関連した症状，多弁，易刺激性，うつ状態，そう状態などの精神症状もみられる。正常圧水頭症と同じく，外科的な手術により血腫を除去することで症状の改善が見込める。

G. 薬剤性認知症

　疾患ではないが，薬の副作用により認知機能障害が引き起こされることがあり，薬剤性認知症とよばれる（杉山ら，2011）。高齢者は肝臓や腎臓の機能が低下しており薬の代謝や排泄に時間がかかることや，複数の薬を服用していることも多く，副作用が起こりやすい。一方で，進行性の認知症疾患の場合は，薬剤の副作用によりBPSDが引き起こされていても，認知症が進行したためと誤解されていることも少なくない。薬剤性認知症は服薬調整により改善が見込まれるため，服薬管理状況の把握や，医療福祉連携による服用前後の様子観察などが重要となる。

H. その他の認知症

　上記で挙げた以外にも，甲状腺機能低下症やビタミンB12欠乏症，アルコール関連脳症，薬物中毒など内分泌・代謝性中毒性疾患，クロイツフェルト・ヤコブ病のような感染性疾患，多発性硬化症など中枢免疫疾患によるものなど，数多くの原因疾患がある。

12.4節 | 認知症の心理アセスメント

　認知症のアセスメントでは，神経心理学的検査（認知機能検査）とよばれる，さまざまな課題を通して脳の機能について測定する心理検査が用いられる。頻繁に用いられるものではミニメンタルステート検査（Mini-Mental State Examination：MMSE）や改訂長谷川式簡易知能評価スケール（HDS-R）といった検査がある。MMSEやHDS-Rは認知症の疑いがあるかどうかを大まかに判断するスクリーニング目的で用いられることが多く，いずれも10分程度で施行できる。より詳細な評価が必要な場合は，認知機能のさまざまな側面について評価できるアルツハイマー病アセスメントスケール（Alzheimer's Disease Assessment Scale：ADAS）やウェクスラー式知能検査（Wechsler Adult Intelligence Scale; WAIS）などを用いる。また，記憶や遂行機能，言語など，特定の機能について詳細に

評価する必要がある時には，日常生活に必要な記憶に焦点をあてた**リバーミード行動記憶検査**（Rivermead Behavioural Memory Test; **RBMT**），遂行機能障害を評価する**遂行機能障害症候群の行動評価**（Behavioural Assessment of the Dysexecutive Syndrome; BADS），言語の問題について評価する**WAB失語症検査**（Western Aphasia Battery; WAB）などを用いる。日本臨床心理士会（2019）による高齢者領域における臨床心理士の活動実態に関するWEB調査では，神経心理学的検査を用いた心理アセスメントは高齢者臨床に携わる心理職の主要業務であることが示されている。また，神経心理学的検査の中でも，MMSEとHDS-Rが最も使用頻度が高いことが報告されているため，ここではこの二つの検査について詳しく説明する（**表12.1**）。

表12.1　MMSEとHDS-Rの検査課題

MMSE	HDS-R
1. 日時の見当識	1. 年齢
2. 場所の見当識	2. 日時の見当識
3. 記銘	3. 場所の見当識
4. 注意と計算	4. 言葉の記銘
5. 再生	5. 計算
6. 呼称	6. 数字の逆唱
7. 復唱	7. 言葉の遅延再生
8. 3段階命令	8. 物品記銘
9. 読字	9. 野菜の名前
10. 書字	
11. 構成行為	

(Folstein et al. (1975), 加藤ら(1991)を基に作成)

MMSE

MMSEはフォルスタインら（Folstein et al., 1975）によって開発された検査である。1. 日時の見当識，2. 場所の見当識，3. 記銘，4. 注意と計算，5. 再生，6. 呼称，7. 復唱，8. 3段階命令，9. 読字，10. 書字，11. 構成行為，という11個の質問から構成される。30点満点の検査であり，得点が低いほど認知症の疑いが強くなる。ちなみに，MMSEの"Mini"とは精神機能のうち，認知機能の側面にだけ焦点を当てており，気分や異常な思考などの他の精神機能に関する評価を除外していることに由来する。日本語版は，杉下ら（2016）によって信頼性や妥当性が検証されており，23点以下に認知症の疑いのある群の86％が，24点以上に認知症の疑いのない群の89％が含まれたことが報告されており，23点以下という得点が一つの目安となる。

HDS-R

　HDS-Rは元々精神科医の長谷川和夫氏によって開発された老人の痴呆診査スケールを，加藤ら（1991）が時代の変化や指摘されていた質問項目自体の課題を踏まえて改訂したものである。1．年齢，2．日時の見当識，3．場所の見当識，4．3つの言葉の記銘，5．計算，6．数字の逆唱，7．3つの言葉の遅延再生，8．5つの物品記銘，9．野菜の名前：言語の流暢性，の9つの質問により構成される。MMSE同様，30点満点の検査であり，得点が低いほど認知症の疑いが強くなる。検査の精度としては，認知症群の90％が20点以下の得点に含まれ，正常群の82％が21点以上に含まれたことが報告されている（加藤ら，1991）。

　MMSEとHDS-Rはいずれも似たような課題が含まれるが，MMSEは書字や図形の模写など動作を伴う課題があるのに対し，HDS-Rは言語で回答できる課題のみで構成される点で異なる。また，HDS-Rは聴覚性の記憶だけでなく，視覚性の記憶課題（5つの物品記銘）が含まれている点も特徴である。簡便な検査ではあるが，熟練した心理職が実施すると，これらの課題だけでも認知機能について多くの情報を得ることができる。一方で，簡便な故に検査に対する理解が乏しい場合，得点だけをみて判断するという稚拙なアセスメントが行われてしまうこともある。神経心理学的検査を有効に活用するためには，課題の誤り方や，検査時の覚醒状態，検査に対する意欲といった観察による情報も含めてアセスメントすることが大切である。

　実施にあたって注意すべき点として，MMSEやHDS-Rなど，認知機能を測定する検査の多くは，**健常者であればほぼ満点を取れる課題により構成されている**ことを理解しておくことである。検査を受ける際に「こんな簡単なことも答えられないなんて自分はもうボケちゃった」，と落ち込んでしまったり，「なんでこんな検査をやらないといけないんだ！」と怒ったりする高齢者もいる。このような状況が起こってしまう原因の一つとして，検査者と高齢者の信頼関係（**ラポール**）が築けていないことがある。いきなり検査を実施するのではなく，どのような検査をするのかを丁寧に説明し，納得してもらったうえで検査を受けてもらうという，**インフォームド・コンセント**は極めて重要な手続きである。また，検査の出来で自分が認知症と診断されるかどうかが決まると考えて来ている高齢者にとって，検査を受けるということは非日常的であり，不安や緊張が高まる状況である。緊張や不安の高

　2004年に従来から用いられていた「痴呆」に代わり，「認知症」の名称が用いられることになった。その背景には，「痴呆」という名称は，頭の働きが鈍い，愚か，といった意味が含まれた侮蔑的な表現であることや，疾病としての実態を適切に表しておらず，恐怖心や羞恥心を増してしまうことで早期発見や早期診断の支障となっていたことがある。名称変更にあたっては，①認知症，②認知障害，③もの忘れ症，④記憶症，⑤記憶障害，⑥アルツハイマー（症），の6つが提案され，国民や関係団体等からの意見も踏まえて，「『痴呆』に替わる用語に関する検討会」によって決定された。なお，認知症の英訳である "Dementia" も，語源であるラテン語の "de-mens" には「正気からはずれる」という意味がある。DSM-5 の改訂にあたって Dementia という名称が Neurocognitive disorder（神経認知障害）という表現に変更されたのも，痴呆から認知症への名称変更と同様の背景がある。

（参考資料　厚生労働省,「痴呆」に替わる用語に関する検討会報告書：https://www.mhlw.go.jp/shingi/2004/12/s1224-17.html）

さにより本来の能力を発揮できないことは，誤った結果の解釈につながりかねない。検査の導入前に軽く雑談を挟んで緊張をほぐすといった工夫も大切であろう。

12.5節 **認知症の心理的介入**

A. 当事者への介入

　認知症高齢者に対する心理的介入はBPSDのような認知症の人自身や介護者を困らせる問題の解決に焦点を当てるだけでなく，当事者の生活の質を高めることを目的としても行われる。心理職が行う介入の中でも，最も用いられているものは回想法であると思われる。回想法とは，精神科医のバトラー（Batler, R. N.）が開発した心理療法であり，エリクソンの心理社会的発達理論における老年期の課題である絶望を回避し，自我の統合を達成するための心理療法として用いられる（黒川，2017）。元々はうつ病の高齢者などを対象に用いられていたが，現在では認知症高齢者を対象としても適用範囲を広げている。1対1の個人回想法も行われるが，施設などで認知症高齢者を対象として行う場合はグループで行われることが多い。

　近年では，認知活性化療法（Cognitive Stimulation Therapy;

CST）にも注目が集まっている。CST はイギリスで開発された認知症の非薬物的アプローチであり，イギリスの国立医療技術評価機構（National Institute for Health and Care Excellence; NICE）のガイドラインにおいて，軽度から中等度の認知症に対する介入法として推奨されている。日本版は山中ら（2015）によって開発されたマニュアルが出版されている。イギリス版と日本版では若干やり方が異なるが，45 ～ 60 分程度のプログラムを週 2 回，14 回行うと定められている。基本的な原則として，「障害」ではなくその「人」そのものを見ることや，さまざまな感覚に働きかけることなどが示されている。

　また，病院や高齢者施設などに対象者が来るのではなく，専門職が地域に出ていくアウトリーチにおいて認知症高齢者の早期支援機能を担っているのが認知症初期集中支援チームである。これは，初動対応として認知症の人や家族を訪問し，アセスメントや家族支援を包括的・集中的に行い，その後に本来の医療等につなげていくものである。チームメンバーの要件は①保健師，看護師，作業療法士，精神保健福祉士，社会福祉士，介護福祉士等の医療・福祉に関する国家資格を保有していること，②認知症ケア又は在宅ケアの実務経験が 3 年以上あること，③必要な研修を受講し，試験に合格すること，の三つの条件を満たす者とされる（鷲見，2015）。2020 年 11 月現在において人員配置要件に心理職の記載はないが，臨床実践の中では関与している者も少なくない。公認心理師法の制定により，今後，認知症初期集中支援チームへの参画も期待される。

B．家族介護者や高齢者施設職員への介入

　認知症高齢者を支える家族介護者や施設の職員に対する心理支援も重要な役割である。家族介護者に対しては，カウンセリングや心理教育が行われる。特に家族介護者は，認知症に関する知識の不足により不適切な対応をしてしまっていたり，制度をはじめとする社会資源の知識がないことで必要な支援を受けられていなかったりする。認知症疾患に対する理解の向上や必要な社会資源へのアクセス方法などの情報提供による心理教育は，家族介護者の介護負担感を軽減させるうえで有効な手法である。介護者における心理的な問題は，被介護者との相互作用の中で現れる。そのため，介護者の心理支援を行うにあたっては，被介護者と介護者双方の視点に立った理解を心がけることが重要である。

高齢者施設の介護職員は，人材不足もあり国家資格保有者から無資格の者まで，専門職としての教育水準にばらつきが大きいという現状がある。専門知識の不足も伴いBPSDへの対応に自信がなく困っていることが多い。そのため，BPSDが発生する理由について心理アセスメントを実施し，対応法について助言することは施設の利用者の生活の質の改善につながるだけでなく，職員の専門職としてのトレーニング機会にもなる。心理職が直接施設利用者に関与することができなくても，職員の対応力を向上させるよう働きかけることで，間接的に心理支援を行うことは可能である。このような，他の職種に対する助言（コンサルテーション）は認知症高齢者に対する心理支援として重要な業務の一つである。加えて，介護職員は離職率も高く，メンタルヘルスが悪化した状態で業務に携わっている者も多い。認知症に関する知識・技術・教育の不足や，職員のストレス及び感情コントロールの問題は施設における虐待発生要因の1位，2位を占める（厚生労働省，2019b）。したがって，高齢者施設に勤める職員に対する心理教育や職場のメンタルヘルスの改善に向けた介入は，心理職の役割として重要性を増していくと思われる。特に，労働安全衛生法の改正により50人以上の従業員を雇用する事業所に義務づけられた**ストレスチェック制度**は，心理職の参画が期待されている領域として注目すべきである。

Column 認知症基本法案

　認知症施策推進大綱と同時期に，認知症基本法案が国会に提出された。本稿執筆時点（2020年11月）ではまだ審議中であるが，この法案では，認知症施策推進大綱と同様，認知症になっても尊厳をもって地域の中で生活を継続することができるようにするため，国や地方公共団体，国民の責務について定めている。基本理念として，1. 認知症の人やその家族の意向の尊重に配慮すること，2. 国民の認知症に関する理解を深め，認知症の人とその家族が居住する地域に関係なく日常生活や社会生活を円滑に営めること，認知症の人が尊厳を保持しながら他の人々と共生することが妨げられないこと，3. 認知症の人の意思決定支援と切れ目ない保健医療・福祉・その他のサービスが提供されること，4. 家族や認知症の人と関係をもつ人に適切な支援を行うこと，5. 認知症に関する予防，診断，治療等に関する研究開発成果を普及，活用，発展させること，6. 教育，地域づくり，雇用，保険，医療，福祉等の関連分野における総合的な取り組みとして行われること，の6つが提案されている。

（参考資料　衆議院，認知症基本法案：http://www.shugiin.go.jp/internet/itdb_gian.nsf/html/gian/honbun/houan/g19805030.htm）

〈引用文献〉

American Psychiatric Association (2013). Diagnostic and statistical manual of mental disorders 5th edition, American Psychiatric Publishing Inc.(日本精神神経学会(監修)(2014). DSM-5 精神疾患の診断・統計マニュアル. 医学書院.)

朝田 隆 (2013). 都市部における認知症有病率と認知症の生活機能障害への対応. 厚生労働省科学研究費補助金認知症対策総合研究事業平成23年度〜平成24年度総合研究報告書.

Finkel, S. I. & Burns, A. (1999). BPSD: Consensus Statement. International Psychogeriatric Association.

Folstein, M. F., Folstein, S. E. & McHugh, P. R. (1975). "Mini-mental state": A practical method for grading the cognitive state of patients for the clinician. Journal of Psychiatric Research, 12, 189-198.

International Psychogeriatric Association (2010). The IPA complete guide to behavioral and psychological symptoms of dementia.(日本老年精神医学会(監訳)(2013). 認知症の行動と心理症状BPSD第2版. アルタ出版.)

加藤伸司・下垣光・小野寺敦志・植田宏樹他 (1991). 改訂長谷川式簡易知能評価スケール(HDS-R)の作成. 老年精神医学雑誌, 2, 1339-1347.

厚生労働省 (2019a). 認知症施策推進大綱について.
https://www.mhlw.go.jp/stf/seisakunitsuite/bunya/0000076236_00002.html

厚生労働省 (2019b). 平成30年度「高齢者虐待の防止, 高齢者の養護者に対する支援等に関する法律」に基づく対応状況等に関する調査結果.
https://www.mhlw.go.jp/stf/houdou/0000196989_00002.html

小森憲治郎・原祥治・柴珠実 (2015). 前頭側頭型認知症のBPSDとその対応―意味性認知症の理解とその対応について―. 老年精神医学雑誌, 26, 1234-1245.

小阪憲司 (2014). レビー小体型認知症の幻覚・妄想. 老年精神医学雑誌, 25, 1131-1137.

黒川由紀子 (2017). 認知症高齢者に対する回想法. 老年精神医学雑誌, 28, 1348-1355.

本堂茉莉・上田壮誌 (2018). レム睡眠行動障害(RBD)のしくみ. 分子精神医学, 18, 230-237.

Neary, D., Snowden, J. S., Gustafson, L., Passant, U., et al. (1998). Frontotemporal lobar degeneration: a consensus on clinical diagnostic criteria. Neurology, 51, 1546-1554.

日本臨床心理士会 (2019). 高齢者領域における臨床心理士の活動実態に関するWEB調査報告書(2018). http://www.jsccp.jp/suggestion/sug/pdf/koureisya_WEBhoukoku.pdf

Rascovsky, K., et al. (2011). Sensitivity of revised diagnostic criteria for the behavioural variant of frontotemporal dementia. Brain, 134, 2456-2477.

杉下守弘・逸見 功・竹内具子 (2016). 精神状態短時間検査―日本版(MMSE-J)の妥当性と信頼性に関する再検討. 認知神経科学, 18, 168-183.

杉山博通・数井裕光・武田雅俊 (2011). Treatable dementia―正常圧水頭症, 慢性硬膜下血腫・薬剤性認知症の診断と治療. 綜合臨床, 60, 1869-1874.

植草朋子・品川俊一郎 (2018). うつ病とアルツハイマー型認知症. 老年精神医学雑誌, 29, 249-257.

山中克夫・河野禎之他 (2015). 認知症の人のための認知活性化療法マニュアル:エビデンスのある楽しい活動プログラム. 中央法規出版.

鷲見幸彦 (2015). 特集 認知症と地域連携 3. 認知症初期集中支援チームについて. 日本老年医学会誌, 52, 138-146.

第13章 ひきこもり

本章では，認知行動療法に基づくひきこもり支援について述べる。最初にひきこもりの定義と心理・社会的メカニズムについて解説する。そのうえで，ひきこもり本人（以下，本人）への支援として行動活性化，家族への支援としてCRAFTを応用した支援について紹介していく。また，ひきこもり支援において重要となる地域支援の意義についても取り上げている。本章を通じて，心理師としてひきこもりをどのように理解し，どのように支援するかについて理解を深めて頂きたい。

13.1節 ひきこもりとは

ひきこもりは以下のように定義されている（齋藤，2010，p.6）。

> 様々な原因の結果として社会的参加（義務教育を含む就学，非常勤職を含む就労，家庭外での交遊など）を回避し，原則的には6ヶ月以上にわたって概ね家庭にとどまり続けている状態（他者と交わらない形での外出をしていてもよい）を指す現象概念である。なお，ひきこもりは原則として統合失調症の陽性あるいは陰性症状に基づくひきこもり状態とは一線を画した非精神病性の現象とするが，実際には確定診断がなされる前の統合失調症が含まれている可能性は低くないことに留意すべきである。

この定義のポイントは，①社会的参加を回避している，②6ヶ月以上継続している，③統合失調症をはじめとした精神疾患を有している未診断者が含まれているという点である。

「①社会的参加の回避」に関しては，特に回避という心性について心理師としては注目する必要がある。回避とは，苦手な状況から逃げている状態である。この回避心性は，さまざまな心理療法における中心的テーマとして扱われているが，本稿では認知行動療法に基づく理解と支援について紹介する。

「②6ヶ月以上継続している」に関しては，ひきこもり状態自体は問題で

はなく，その持続，慢性化がさまざまな問題を引き起こすということである。週末に家でゆっくりするのもある種のひきこもりであるが，この状態はまったく問題にならない。また，昨今のコロナウイルスの蔓延禍では，自粛という名のひきこもり状態が推奨される事態にもなっている。支援の対象になるひきこもり状態とは，長期化，慢性化によって，本人の心身の健康，家庭不和，社会・経済生活上の困難を抱える状態を指している。

「③精神疾患を有している未診断者が含まれている」という点は，心理師は特に留意する必要がある。ひきこもりと関連のある精神疾患としては，統合失調症，発達障害，パーソナリティ障害，不安症，うつ病があることが示されている（Kondo, et al., 2013）。ひきこもり事例は，医療，教育，福祉，産業，司法のあらゆる領域で遭遇するが，そうした領域に精神疾患のアセスメントができる職種がいるわけではない。そのため，背景にある精神疾患を見過ごしたまま，試行錯誤の支援を行っている事例が無数に存在する。医療以外の領域で活動する心理師がひきこもり事例に対応する際の一つの役割は，背景にある精神疾患のアセスメントを行うことである[1]。

次節からは，心理師がひきこもり状態をどのように理解し，どのように対応していくことができるかについて解説していく。

13.2節　ひきこもりの心理的メカニズム

ひきこもりは回避心性から生じている。オペラント条件づけの基本的な考え方は，先行条件において行動が生起する確率が結果事象から影響を受けるというものである。結果事象には，オペラント行動を増加させる強化と減少させる弱化がある（**図13.1**）。

i）ひきこもりの初期

図13.2に示したように，ひきこもり状態の始まりは不快状況を回避することである。不快状況を回避することは，短期的には不快感を減少させる行動として強化される。しかし，回避は長期的結果として危機を克服できないという否定的な結果をもたらすことになる。つまり，回避行動は短期的には強化を伴うが，長期的には弱化を伴うことになる。しかし，短期的結果と長期的結果では，短期的結果の方が行動に与える影響が大きいため，不快状況

1　当然のことであるが，心理師は精神疾患の診断をできないことは確認しておきたい。

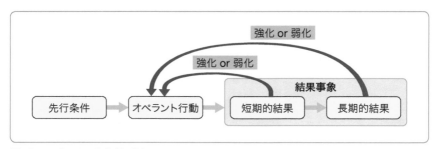

図13.1　オペラント条件づけ

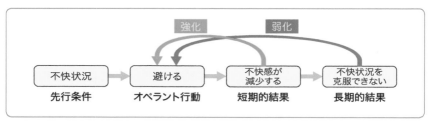

図13.2　ひきこもりの初期

を回避するひきこもりが維持される。

ii）ひきこもりの中期

　ひきこもりが長期化するにつれ，ひきこもっていることに対する葛藤が強くなる。例えば，時間が経つほどに元の所属に戻れなくなるのではないかという不安が増幅してくる。ひきこもり状態が長期化することに対する葛藤から，ひきこもり状態から抜け出そうとする行動を示すのが中期である。

　長期化するひきこもり状態に至る人は，この時期に試みたさまざまな行動が奏功しなかった人たちである。**図13.3**に示すように，ひきこもり状態から抜け出そうとする行動に短期的結果として「弱化」が伴う。そのため，ひきこもりから抜け出そうとする行動が生じなくなってしまい慢性期に至ってしまう。

iii）ひきこもりの慢性期

　ひきこもり状態が長期化する中で，抜け出そうとする行動が奏功しなかった結果，家にいるしかなくなってしまったのが長期化事例の経過である。慢性期においては，**図13.4**に示すように，家にいればひきこもりから抜け出そうとする時に経験する弱化は生じない。家にいることで弱化の出現が防が

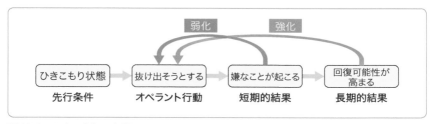

図13.3　ひきこもりの中期

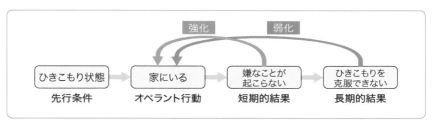

図13.4　ひきこもりの慢性期

れている状態になる。

　弱化の出現を防ぐことによってひきこもり状態が維持されるようになると，嫌なことが起こらないように家にいる，家にいるから嫌なことが起こらないという半永久的に持続可能な悪循環に陥ってしまう。長期化したひきこもり状態からの回復の困難さの一つは，長期にわたる強固な悪循環の学習である。

13.3節 ｜｜ ひきこもりの家族関係

　ひきこもり事例のほとんどでは，家族からの相談が主となるため，ひきこもりの心理的メカニズムを理解するうえでは，家族の心理についても理解する必要がある。また，家庭での生活が中心となっているひきこもり事例においては，家族の関わり方を変えることが有効であることも，その理由の一つである。

i）慢性期に至る家族関係

　慢性期に至るまでのひきこもりの家族関係には主に二つある。一つは過保護タイプ，もう一つ叱咤激励タイプである。

　過保護タイプでは，登校や外出，社会参加への刺激を与えてはいけないと

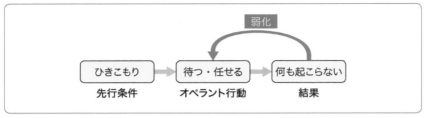

図13.5　ひきこもりの慢性期に至る家族関係—過保護タイプ—

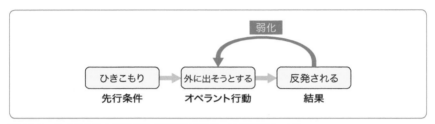

図13.6　ひきこもりの慢性期に至る家族関係—叱咤激励タイプ—

いう誤った理解から待つタイプと，ひきこもりは成長の一過程でそのうち自分で解決するだろうと任せるタイプがある。いずれにしても，過保護タイプにおいては，ひきこもりから抜け出すきっかけでもない限り，何も変化が起こらないため，家族の「待つ」や「任せる」という行動は弱化されることになる（**図13.5**）。

　叱咤激励タイプの家族は，焦りや不安から親の意見を一方的に押しつけ，一刻も早く外に出て自立することを求める。しかし，そのようなやり方に子どもから反発されることで，家族の叱咤激励は弱化されることになる（**図13.6**）。

　慢性期に至る家族においては，叱咤激励と過保護という関わり方が入れ替わりながら出現する。多くの場合は，最初に過保護タイプの関わりが先行するが，状況が改善しないことによって叱咤激励タイプに移行する。そして，叱咤激励に対する反発を受けて，再度，過保護タイプに移行する。状況が改善しない限り，過保護タイプと叱咤激励タイプが入れ替わりながら出現することとなる。何回繰り返されるかにかかわらず，結果としてどちらの方法もうまくいかず慢性期に至ってしまう。

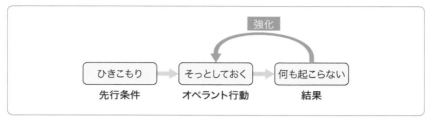

図13.7　ひきこもり慢性期の家族関係

ii）ひきこもりの慢性期

　慢性期の家族関係は，「あきらめ」「放任」といった，家族が本人に対して働きかけを行わない，そっとしておくという状態に落ち着いていく。**図13.7**に示すように，そっとしておくという状態は，何も起こらないという結果によって強化されてしまう。慢性化したひきこもりにおいては，家族が何もしないから，本人に何も起こらないという状態が長期にわたって継続されてしまう。

13.4節 ひきこもりと社会

　ひきこもりを理解するうえで，社会的要因も無視できない。社会的要因の一つとして，失業率とひきこもり発生の関連について触れておきたい。**図13.8**は，KHJ全国ひきこもり家族会連合会が2019年度に行ったひきこもりの実態に関する調査（境・野中，2020）のデータを再解析したものである。この結果は，日本における失業率とひきこもりの発生数が正の相関関係にあることを示している。失業率という社会的要因は，ひきこもりのはじまりと関連していることを実証したデータであるといえる。

　失業率以外にも日本特有の文化がひきこもりと関連しているという指摘は多くなされている。中垣内（2004）は，ひきこもりを生む日本特有の文化について，集団主義と家制度の存在を指摘している。戦後の高度経済成長を支えた，新卒一括採用，終身雇用，年功序列といった雇用形態は，日本における「普通」のキャリア形成とみなされるようになった歴史がある。一億総中流に突き進む日本において醸造された「普通」のキャリア形成への囚われの背景には，日本特有の集団主義があったと考えられる。

　「普通」のキャリアは，バブル崩壊以前においては適応的な生き方であっ

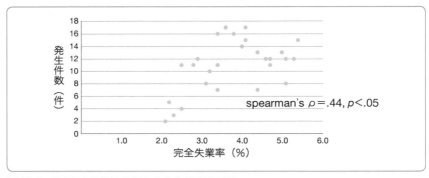

図13.8　ひきこもり発生件数と完全失業率の関連
家族会会員321名を対象（KHJ全国引きこもり家族会連合会, 2020）

たが，バブル崩壊以降，「普通」のキャリアを保証する雇用形態は崩壊してしまった。しかし，集団主義によって醸造された「普通」のキャリア形成への囚われだけは依然として残ってしまい，新たな雇用形態に適応した教育を受けていない若年の社会的自立を妨げるようになった。この中で起こった社会問題の一つが，ひきこもりであったと考えられる。

　ひきこもりをはじめとした社会的自立を妨げられた若者は，本来，社会の責任において支援されるべきである。しかし，バブル崩壊後の新たな雇用形態の激変に適応できない若年は，家族が保護するようになる。こうした社会的自立に行き詰まった若年を家族が保護する家族福祉は，家制度という日本特有の文化によって成立してきたといえる。

　社会的自立が達成できない若年の問題は，経済発展を遂げた先進国に共通する問題である。日本以外の欧米諸国では，若年の自立問題はホームレスや薬物問題，犯罪として表面化している。日本では家制度による家族福祉が家庭外での問題の顕在化を緩衝し，その代わりとして，ひきこもりという家庭内で潜在化する問題が生じたといえる。

　社会的要因の影響は極めて大きなものであり，本人や家族だけを支援していても，社会に受け皿がなければ，ひきこもり状態の遷延化を止めることはできない。次節に示すひきこもり支援においては，本人への支援，家族への支援，そして地域づくりの3本柱が重要になる。ひきこもり支援においては，地域づくりも極めて重要であることを理解しておく必要がある。

　ここからは，認知行動療法に基づくひきこもり支援について解説していく。ひきこもり支援においては，**家族支援**，**本人支援**，**地域支援の3本柱**が必要となる。この3本柱は必ずしも家族支援，本人支援，地域支援の順番で行われるわけではない。例えば，本人から相談に来ることもあるが，この場合でも，本人が地域につながる意欲を回復するために家族の協力が必要な時がある。また，地域支援に関しては，本人が地域につながる意欲をもってから始めるのでは遅きに失してしまう。そのため，ひきこもり支援の土台として，常に地域づくりに取り組んでおく必要がある。

A. ひきこもりの家族支援

　家族支援においては，コミュニティ強化と家族訓練（Community Re-inforcement and Family Training：以下，CRAFT；スミス・メイヤーズ，2012）プログラムを応用した支援（境・野中，2013）について紹介する。CRAFTプログラムは，本来，受療を拒否する物質乱用者の家族などの重要な関係者を対象とした介入プログラムである。ローゼンら（Roozen, et al., 2010）のメタ分析によって，受療を拒否する物質乱用者の治療参加率に関して高い効果を示すことが報告されている。CRAFTプログラムを応用したひきこもりの家族支援においても，本人の受療，社会参加が促進されることが報告されている（野中・境，2015）。

i）家族支援の目的

　家族支援においてまず重要となるのが，家族自身を支援することである。ひきこもり事例においては，家族自身が強い心理的負担を抱えていることが多い（植田ら，2004）。そのため，家族の心理的負担を和らげることを何よりも重視する必要がある。家族の抱える心理的負担感が，本人へのゆとりをもった関わりを阻害する大きな要因である。家族の心理的負担感を解消するだけでも，本人との関係が改善されることがある。

　二つ目は，家族関係の改善である。家族関係の健全さを図る一つの指標として，家族の関わりが本人にとって正の強化子（好子）になっているかという点がある。ひきこもり支援において遭遇する家族は，家族の関わりが負の強化子（嫌子）になっている場合が多い。家族が褒めることが本人にとって褒められたことになるには，家族の関わりが少なくとも負の強化子（嫌子）

ではなくなる必要がある。

　三つ目は，本人を動きやすい環境につなげることである。支援を受けることは，本人が動きやすい環境につながる手段の一つにすぎないため，相談機関につなげることだけに囚われないことが重要である。本人が動きやすい環境につながるには，家族の適切なサポートも有効であるが，何よりもそうした環境が家の外に存在する必要がある。そうした意味でも，地域支援は家族支援，本人支援の進展に関係なく，常に取り組んでおく必要がある。

ii）家族関係の基盤整備

　ひきこもりの事例においては，家族の関わりが本人にとって負の強化子（嫌子）になっていることが多い。このプロセスは，**図13.9**に示したようにレスポンデント条件づけで説明することができる。本人にとって，

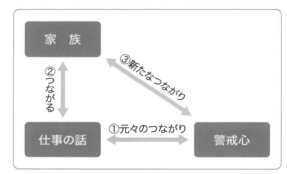

図13.9　警戒心を生むメカニズム

仕事の話は最も警戒すべき話題である。この関係は，レスポンデント条件づけの無条件刺激と無条件反応の関係に近い。仕事の話を本人が最も避けているのに対して，家族は仕事の話を最もしたいと考えている。そのため，家族は本人と遭遇する度に，仕事の話をしようとする。このやりとりは，条件刺激である家族と無条件刺激である仕事の話を対提示していることになる。こうしたやりとりがレスポンデント条件づけとなり，家族に対する警戒心が条件づけられることになる。

　家族関係の基盤整備として，レスポンデント条件づけの消去を実施していくことになる。レスポンデント条件づけを消去するには，本人が嫌がること（無条件刺激）を家族がしない「レスポンデント条件づけの消去」，本人が安心することをする「逆制止」が効果的である。レスポンデント条件づけの消去は徐々に進んでいくため，根気強く続ける必要がある。本人が安心することを家族が実践する逆制止も有効である。こうした手続きを行うことで，家族の関わりが本人にとって負の強化子（嫌子）ではない状態にすることがまずは重要となる。逆制止の例としては，家族が本人の気持ちに理解を示すこ

とで安心感がもたらされ，家族に対する警戒心が弱まることが考えられる。

iii）本人の活動性を高める

　家族支援において最も重要となるのが，本人の活動性を高めることである。そのためのポイントは主に三つある。一つ目は，本人の望ましい行動を家族が見つけられること。二つ目が，本人が望ましい行動をしやすい状況を作ること。三つ目は，本人が望ましい行動をして良かったと思えるような関わり方を家族がすることである。

　本人の望ましい行動を家族が見つけられるようになるには，家族自身に気持ちのゆとりを取り戻し，本人の現状を受け入れることが効果的である。家族自身が気持ちのゆとりがないと，些細な問題行動ばかりが気になってしまう。そうならないためにも，家族が気持ちにゆとりを取り戻すことは有効である。また，ゆとりをもてれば，本人の現状を受け入れる余地ができるようになる。そうなることで，本人なりの望ましい行動に気づけるようになる。

　本人が望ましい行動をしやすい状況をつくるには，家庭内の雰囲気を穏やかにするとともに，望ましい行動がなぜ起こるのかを考えることが重要となる。これは認知行動療法では，機能分析とよぶものである。機能分析の主な問いは4つある。

---

①どんなことがきっかけでその行動をしたのか？
②本人はどんな気持ちからその行動をしたのか？
③その行動をすることで，本人にどんなデメリットが生じているだろうか？
④その行動をすることで，本人にどんなメリットがあるだろうか？

　これら4つの問いから得られる情報を踏まえて，本人が望ましい行動をしやすい状況を作り，望ましい行動をして良かったと思えるような家族の関わり方について検討し，実践していくことになる。例えば，あまりリビングに降りてこない本人が，鍋料理をする日だけは一緒に食事をすることがある場合，意図的に鍋料理をする日を作ることがきっかけづくりとして考えられる。そのうえで，一緒に食事をしているときは本人が楽しめる話，リラックスできる関わりをすることで，一緒にご飯を食べてよかったなと思ってもらえるように関わることが効果的である。

iv）本人の問題行動に対応する

　本人が問題行動をする場合も少なくない。問題行動を減らすポイントは主に三つある。一つ目は，何が問題行動かを見極める。二つ目は，困った行動が起こりにくい状況作りを心がける。三つ目はそうした行動をしない方がいいなと本人が思うような関わり方をすることである。

　何が問題行動かを見極めるには，「○○しない」と表現される問題行動は，行動ではないことを理解することである。例えば，本人の問題行動として，「働かない」「家族と話をしない」といったことを家族が挙げたとしよう。この場合，○○しないという表現になっているため，これは問題行動とはよばないということである。○○しないと表現されるものは，○○するという望ましい行動をしていない状態として理解する必要がある。このように理解すると，○○しないという状態を改善するには，○○するという望ましい行動を増やす工夫が効果的であることが理解できるだろう。

　○○しないという状態以外に，家族が挙げる代表的な問題行動としては，ゲーム依存，暴力などがある。ゲームが問題行動であるかも慎重な判断が必要である。ゲームに関しては，ゲーム自体よりも，そのやり方で依存かどうかを判断する必要がある。ゲームのように本人が楽しめる行動は，ひきこもりから回復するための原動力にもなりうる。ゲームのやり方に問題がある場合，やり方のルールを設定するのが効果的である。ただ，ルールを設定するには家族と本人との話し合いが必要となる。話し合いを行うには，良好な関係性がなければならないが，そうした関係性がない場合は，先述した家族関係の基盤整備を行うことが有効である。

　望ましくない行動が何かを絞り込んだうえで，望ましい行動の時と同じように，困った行動がなぜ起こるのかについて機能分析を行う。機能分析をもとに，困った行動が起こらない状況を作り，困った行動をしない方がいいなと本人が思うような関わり方について検討し，実践していくことになる。

v）本人に相談機関等の利用を勧める

　相談機関等の利用を勧める際には，勧めるタイミングが重要となる。利用を勧める良いタイミングの例には，次の4パターンがあるとされている（スミス・メイヤーズ，2012）。

　①重大な問題を起こして後悔しているとき。

　②自身のひきこもりについて，まったく予想していなかった意見・発言を言われて，本人が動揺しているとき。

③家族が受けている支援について，本人から尋ねられたとき。

④家族の行動が変化した理由を尋ねられたとき。

これらのタイミングが来たら，本人と相談機関の利用について話し合えるように地域支援と連携した事前の準備をしておくことが重要となる。

タイミングの捉え方については注意すべき点がある。それは，上記に示したタイミングをピンチと誤解している家族が多いという点である。特に，家族の変化について本人から尋ねられたときにピンチと誤解する家族が多い。この誤解をする家族の多くは，本人に相談に行っていることを秘密にしている。そのため，家族の変化に気づかれることを，相談に行っていることがばれてしまうピンチと誤解してしまうのである。こうした誤解をしている家族には，4つのパターンはピンチではなくチャンスであることを明確に伝える必要がある。

B. 本人への心理的支援

ひきこもり状態の支援の難しさは，回避し続けることによって誤った学習が強化され続け，適切な学習への書き換えが困難になっている点にある。回避から抜け出し新たな学習を開始するには，オペラント条件づけの前提となる多様なオペラント行動の出現が必要となる。

ひきこもり状態からの回復の兆候は，多様なオペラント行動が出現するようになることである。ただし，ひきこもり状態からの回復の兆候としてのオペラント行動は，就職面接に行く，アルバイトに行くというような明らかな改善といえる行動だけではない。散歩をする，散髪に行く，服を買いに行く，部屋の掃除をする，家族に話しかけるといった些細な変化が回復の兆候として認められる行動である。こうした回復に向かおうとするオペラント行動を強化することがひきこもりからの回復につながるのである。

回復の兆候が認められはじめた初期には，**図13.10**のような短期的にも長期的にも強化が得られるような行動を選択的にとることが有効である。純粋に楽しい行動を誘発するのである。行動に強化が伴うことで，活動性が上昇し，多様なオペラント行動が出現するようになる。この状態が，いわゆる「元気になってきた」とよばれる状態である。

ただし，この時期において短期的には強化を得られても，長期的に弱化が与えられるような行動を誘発することは望ましくない。こうした行動は，いわゆる「依存行動」といえるものである。依存行動の例としては，ゲームな

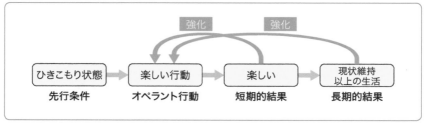

図13.10　ひきこもりからの回復（初期）

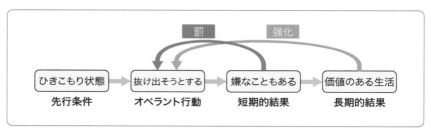

図13.11　ひきこもりからの回復（後期）

どへの依存があるが，多様な行動の中でも依存行動の誘発は避けるべきである。

図13.11に示すような，ひきこもりから抜け出す行動をとれるようになるには，長期的観点から行動を選択し，短期的結果として生じる不快刺激に耐える力が必要となる。不快刺激に耐えるには，本人が「元気になっている」ことが必須の条件である。そのため，最初に本人が元気になることを目指し，そのうえでひきこもりから抜け出す行動に挑戦していくことが効果的である。

こうした観点からの本人支援の手続きを解説するために，カンター（Kanter, J. W.）の行動活性化モデル（カンターら，2015）を応用した若者はばたけプログラム（境ら，2015）を紹介する。

i）本人支援の目的

本人支援の一つ目の目的は，本人の活動性を高めることである。活性化行動とは，図13.10で示したような短期的にも長期的にも強化によって維持される適応的行動のことである。活性化行動を重視するのは，失敗体験を繰り返してきた本人の多くは無気力になり，自立に向けた行動をすることに自信がもてずにいるため，まずはやる気と自信を回復してもらう必要があるか

らである。

　本人支援の二つ目の目的は，回避行動を減らし，図13.11で示したような自立に向けた行動を増やすことである。本人の中には，相談に来ても何も困っていないと話す人が少なくない。ひきこもり状態にあることによって，困難のない状態で生活しているため，本人の多くが何も困っていないと話すのである。しかし，困っていることがないという本人は，自立に向けた行動を回避している状態ともいえる。したがって，本人支援においては，自立に向けた行動からの回避を減らすことが一つの目的となる。

ii）単純活性化

　カンターの行動活性化モデルでは，最初に単純活性化を行い，その単純活性化がうまくいかなかった場合に，その要因を特定して対応をするという方針がとられている。

　単純活性化では，最初に本人の正の強化子（好子）のポイントを明確にし，正の強化子（好子）を獲得できる行動（活性化行動）の種類を増やしていく。活性化行動は，それを行うこと自体に正の強化子（好子）が伴うため，自動的に維持されることになる。

　単純活性化によって本人の活動性を高めていくが，その中で回避行動を減らす工夫が必要になる。例えば，単純活性化を行う際，行動を三つのレベルに分けてリストを作成する方法がある。レベル1では，すでに実行している行動の中から活性化行動をリストにする。レベル2では，今は実行していないが，確実に実行できる活性化行動をリストにする。レベル3では実行できるかどうかわからないが，挑戦するのに見合うだけの正の強化子（好子）が得られる活性化行動をリストにする。このレベル3に相当する，本人が回避していた行動を意図的に取り入れるようにし，本人の活性化とともに回避行動の減少も目指すのが効果的である。

iii）行動活性化を妨げる要因への対応

　本人支援においては，単純活性化で実行できなかった行動について対応することが重要となる。単純活性化でうまく実行できない理由には，次のような6つの理由が考えられる。

　①その行動ができたとしても正の強化子（好子）を得られない。

　②その行動を実行することを忘れていた。

　③その行動のやり方がわからない。

　④その行動をするために必要な社会的スキルが身についていない。

⑤その行動をすることで周囲から正の強化を得られていない。

⑥行動できない理由が本人の思考や感情にある。

これら6つの場合に応じた対策を練ることで，本人が回避してきた行動に取り組めるようになる。具体的には，その行動によって正の強化子（好子）が得られない場合は，正の強化子（好子）が得られる行動を選び直す。その行動を実行することを忘れていた場合は，忘れないために携帯のスケジュール機能を使うなどの工夫を行う。その行動のやり方を知らなかった場合，そのやり方をインターネットで調べたり，支援者が教えたりする。その行動をするために必要な社会的スキルが身についていない場合は社会的スキル訓練を実施する。その行動をすることで周囲から正の強化を得られていない場合は，周囲の協力を求めるなどの環境調整を行う。行動できない理由が本人の思考や感情にある場合は，認知再構成法，曝露反応妨害法，問題解決訓練などの認知行動療法を実施する（**コラム**）。

 Column 認知再構成法

　人の感情は状況をどのように捉えるかによって影響を受けるという認知モデルに基づいて，状況の捉え方（認知）を変容することで感情をコントロールする方法である。認知再構成法では，不快な感情を生じさせる状況，その状況における認知と感情を明確にしたうえで，認知を変容することで感情も変容するかを確認していく。

曝露反応妨害法

　不安，恐怖を生じさせる刺激に直面（曝露）したうえで，不安，恐怖を和らげる行動（安全確保行動）をしないことである。曝露反応妨害法は，直面し続けることで時間の経過により不安，恐怖が低下していく馴化のメカニズムに基づいている。安全確保行動をしないのは，安全確保行動によって馴化が妨げられるという考えに基づいている。

問題解決訓練

　問題解決訓練は5つのステップによって構成されている。①問題解決志向性，②問題の明確化と目標設定，③代替可能な問題解決策の算出，④問題解決策の決定，⑤問題解決策を行った結果の評価，である。これらの一連のステップを通じて，解決策が不明の状況においてもより適応的な解決策を実行できるようになる。また，衝動的に行動することを防ぐ手順としても効果的である。

単純活性化ではうまくいかなかった行動について具体的に取り組み，本人の活性化行動を増やしたうえで，回避行動を減らし自立に向けた行動を増やすことを目指していく。

C. ひきこもりの地域支援

地域支援においては，ひきこもり支援を通じて地域をつくるという視点をもてるとよい。ある地域で本人が，何の制度も利用せず，長期，高年齢化しているということは，その地域の制度に「穴」があるということを意味している。その地域に暮らし，その穴に落ち，いまだに出てこられない人たちが，ひきこもりの人たちなのである。ひきこもりが日本においてこれだけ多くみられるという現実は，日本の制度にたくさんの「穴」があいているということである。

こうした視点に立つと，ある地域でひきこもり事例を支えるノウハウを蓄積することは，その地域の「穴」の一つを確実に塞ぐことになる。そして「穴」が一つ塞がることによって，これまでその穴に落ちていた人がもう落ちなくなり，ひきこもりの予防にもつながる。こうした本人の支援を通じて，地域の「穴」を埋めていくことで，地域がつくられていくのである。

地域づくりの具体的な例として，近年，**居場所づくり**が進められている。この背景には，厚生労働省がひきこもりサポート事業において，関係機関とのネットワーク，ひきこもり支援の拠点として，相談窓口だけではなく，居場所の設置を推進していることがある（厚生労働省，2019）。

居場所のあり方について理解する際，当事者目線からみたひきこもり支援への批判について触れておきたい。当事者目線でみたときに，従来のひきこもり支援にはさまざまな欠点が指摘されている。その一つが，多くのひきこもり支援で前提とされている**図13.12**のような，ひきこもり状態から就労へ向かうステップ方式の考えである。この考え方の前提には，ひきこもり状態は就労よりも下という前提がある。そうした前提から生まれる，自室にいるひきこもりが最下層であり，継続就労が最高峰という見方は，ひきこもっていること，ひきこもっていたことを否定することになってしまう。この「ひきこもることの否定（以下，ひきこもり否定）」が，本人にとって大きな脅威となる。

従来のひきこもり支援の前提が，ひきこもり否定となっているならば，本人が支援につながらないのも当然の結果といえる。また家族は，社会からの

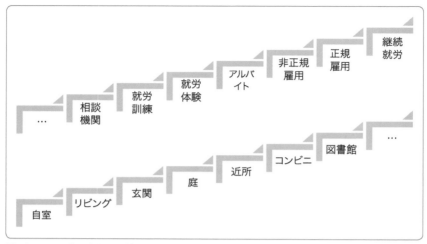

図13.12　ひきこもりから社会参加へ

ひきこもり否定のプレッシャーを感じ，自身がひきこもり否定を抱くことで，本人への効果的な接し方ができなくなってしまう。

　こうした当事者目線からの支援を実現する場として，近年推進されはじめているのが，**居場所**である。ひきこもりを対象とした居場所に関する調査（境・野中，2020）から，居場所においては，利用者同士の交流が重要であることが示されている。利用者同士の交流は，居場所の運営者，居場所を利用している本人，家族のいずれもが最も重視するとともに，最も効果的であると感じている要素であった。

　居場所において利用者同士の交流が重視されるのは，利用者同士の交流に自助効果があるからであろう。居場所における利用者同士の交流は，自助グループの機能（中田，2006）の一つである「仲間との出会い」を担っていると考えられる。居場所で同じ経験をした他者と交流する中で，仲間と出会い，否定されることなくその場に居られることで，居場所という場に居ていいと感じることができる。この「居ていい」という感覚が，利用者に治療効果をもたらしているものと考えられる。

おわりに

　本章では，認知行動療法に基づくひきこもりの心理・社会的メカニズムの理解と支援の概要について紹介した。ひきこもり支援への具体的技法として，

本章で紹介できていないものとして訪問支援がある。また，昨今の新型コロナウイルス感染症の流行禍において，遠隔カウンセリングも活用されるようになってきている。訪問支援や遠隔カウンセリングにおいても，本章で紹介した知識は適応可能である。支援の実施形式にとらわれず，安心できる環境の中で本人の活動性を高めることが，ひきこもり支援の本質であることを理解してもらえればと思う。

〈引用文献〉

カンター, J. W., ブッシュ, A. M., ラッシュ, R. C.（著）. 大野 裕（監修）. 西川美樹（訳）（2015）. 行動活性化（認知行動療法の新しい潮流）. 明石書店（Kanter, J. W., Busch, A. M. & Rusch, L. C.（2009）. Behavioral Activation: The CBT Distinctive Features Series. Routledge.）

Kondo, N., Sakai, M., Kuroda, Y., Kiyota, Y., et al（2013）. General condition of hikikomori（prolonged social withdrawal）in Japan: Psychiatric diagnosis and outcome in the mental health welfare center. *The International Journal of Social Psychiatry*, 59, 79-86.

厚生労働省（2019）. ひきこもり対策推進事業等について. https://www.mhlw.go.jp/stf/seisakunitsuite/bunya/hukushi_kaigo/seikatsuhogo/hikikomori/index.html

中垣内正和（2004）. ひきこもりを生む社会. アディクションと家族. 21, 17-26.

中田智恵海（2006）. 自助グループ. 植村勝彦ら（編）. よくわかるコミュニティ心理学. ミネルヴァ書房, 104-105.

野中俊介・境 泉洋（2015）. Community Reinforcement and Family Trainingの効果―メタ分析を用いた検討―. 行動療法研究, 41（3）, 179-191.

Roozen, H. G., de Waart, R., & van der Kroft, P.（2010）. Community reinforcement and family training: An effective option to engage treatment-resistant substance-abusing individuals in treatment. *Addiction*, 105, 1729-38.

齋藤万比古（2010）. ひきこもりの評価・支援に関するガイドライン. 厚生労働省, 6. http://www.pref.mie.lg.jp/common/content/000086118.pdf

境 泉洋・宮本真衣・渡部美晴（2015）. 若者はばたけプログラム　高知県教育委員会生涯学習課

境 泉洋・野中俊介（2013）. CRAFT　ひきこもりの家族支援ワークブック. 金剛出版.

境 泉洋・野中俊介（2020）. ひきこもりの居場所に関する実態調査報告書. NPO法人全国ひきこもりKHJ親の会（家族連合会）.

スミス, E. J. & メイヤーズ, J. R.（著）. 境 泉洋・原井宏明・杉山雅彦（監訳）（2012）. CRAFT 依存症患者への治療動機づけ―家族と治療者のためのプログラムとマニュアル―. 金剛出版（Smith, J. E. & Meyers, R. J.（2004）. Motivating substance abusers to enter treatment: Working with family members. New York: Guilford Press.）

植田健太・境 泉洋・佐藤 寛・石川信一他（2004）. ひきこもり状態にある人を持つ親のストレス反応. 早稲田大学臨床心理学研究, 3（1）, 93-100.

第4部 | 災害時における心理的支援

第14章 | 心理的応急処置と心のケア

A. 災害時の心のケア

　一般に，我々が「災害時の心のケア」とよぶ活動には，精神疾患の治療・保護を目的とした精神保健活動に加え，個人や地域のウェルビーイングを保護・改善することを目的とした心理社会的支援の2つの支援要素が含まれる。前者は疾病モデル（ill-beingモデル）に基づくメンタルヘルス上の治療介入であり，後者はウェルビーイングモデル（well-beingモデル）に基づいて，被災後の物理的，心理的，社会的ニーズに対応することで被災者の心理的安全性を高め，自然な回復力（レジリエンス（「ばねの回復する力」の意））を促進していくプロセスを指す（**図14.1**）。国際ガイドラインでは，両者を「精神保健・心理社会的支援（Mental Health and Psychosocial Support：MHPSS）[1]」という相互補完的な一つの概念として捉え，多様な支援を多層的かつ同時並行的に提供していくことが肝要とされる(Inter-Agency Standing Committee：

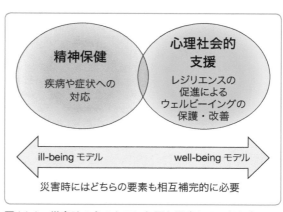

図14.1　災害時の心のケアに必要な要素とその考え方

IASC, 2007）。

　WHOによると，災害を体験した住民の大多数に異常な事態に対する正常な反応としてのストレス反応が生じ，約20％の人には軽度～中等度のストレス症状が生じるが，その多くは時間の経過とともに自然に減少するといわれている（van Ommeren & Saxena, 2005）。このように，人々には被災後の一時的機能低下からばねのように持ち直し，回復していく力（レジリエンス）があるといわれている。ただし，社会環境そのものが不安定化する災害後の生活においては，平時よりも自力で対処，回復していけるプロセスが困難になる場合も多く，適切なサポートを届けることによってより早く回復に向かうことが期待できる。したがって，災害後の心のケアにおいては，疾病や症状への医療的対応はもちろんのこと，被災者のレジリエンスを支え，ウェルビーイングへの影響を最小限にとどめる視点が必要となる。

B. 災害時の心理支援5原則

　では災害時にどのような要素を満たせば心理的回復を促進できるのか。ブルウェンら（2000）やビソンら（2009）によると，災害や事故後の心理的回復を阻害しPTSDの発症リスクを増加させる最大の要因は，危機的状況下で被災者が感じる周囲からの**ソーシャルサポート不足**であった。例えば，困りごとに取り組むことを手伝ってもらえたり，家族や友人などとの交流を維持できたりすると，危機的状況下では大きな支えとなる。また，2007年にはホブフォルらから実証的なエビデンスを集めた研究が発表され，緊急事態後の心理的回復には以下の5つの要素を促進することが不可欠であることが示された。それらは，①**安全・安心感**（Sense of safety），②**落ち着き**（Calming），③**周囲とのつながり**（Connectedness），④**自己効力感およびコミュニティの効力感**（Self-and community efficacy），⑤**希望**（Hope）の5要素である（**図14.2**）。つまり，安心し，人やサービスとつながっていて，落ち着いて希望がもてると感じる人，個人としても集団としても自分の力で自分を支えられると感じている人は，痛ましい体験をしても自然な回復力を発揮させ，その人本来の機能を取り戻せる可能性が高い。これらは緊急時の心理支援5原則ともいえるもので，多様で混乱しがちな災害

1　災害・紛争など緊急時における精神保健・心理社会的支援に関するIASCガイドラインにおいては，「心理社会的ウェルビーイングを守り，より良い状態にし，または精神疾患を予防・治療することを目的として実施される各種のコミュニティ内外からの支援」と定義される。

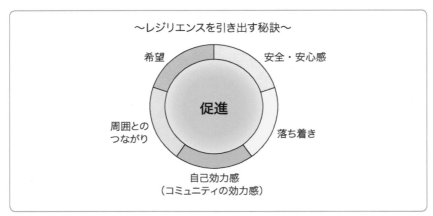

図14.2　緊急時に心の回復を促進する5要素（Hobfoll et al.（2007）を参考に作成）

支援現場において，何を目指して支援活動を組み立てればよいかの道しるべを与えてくれる。

　ホブフォルらの5原則の知見を踏まえ，世界の災害や難民等の人道的支援の現場でのより簡便な普及性を目指して開発されたのが，サイコロジカル・ファーストエイド（Psychological First Aid：PFA，心理的応急処置）である。

C. サイコロジカル・ファーストエイド（PFA，心理的応急処置）

i）PFAとは

　PFAとは，災害・事件・事故などの極端なストレスにさらされ，助けが必要かもしれない人に対して行う，効果の認められた対応方法をまとめたものである。その目的は，さらなる心理的被害を防ぎ，被災者のレジリエンスを促進することにある。PFAはしばしば臨床的介入と混同されやすいが，その名の通り，身体のファーストエイドと同軸でとらえるとわかりやすい。PFAは，困っている人を見かけたときに少しの知識があれば誰でも行うことのできる応急処置的なスキルをまとめたものであり，立場や専門性を超えてあらゆる災害支援者が身につけておくべき緊急支援活動のスタンダードとされている。このPFAの簡便さとあらゆる属性の人に開かれている点は，多様な職種・立場の人間が活動する災害支援において極めて有益に働く。PFAの原則を知っていると支援者間の連携がスムーズになる「潤滑油」としての効果もあり，日頃から地域住民や関係者に普及をしていくことで，地

表14.1　PFAのコンセプト（WHO・戦争トラウマ財団・ワールド・ビジョン・インターナショナル, 2011）

PFAに含まれること	PFAに含まれないこと
被災した人びとに対して， ・おしつけがましくない，実際に役立つケアや支援を提供 ・ニーズや心配事の確認 ・水や食料，住居など，基本的ニーズの援助 ・無理強いをせず，傾聴する ・安心させ，落ち着けるよう手助けをする ・被災者を，情報や公共サービス，社会的支援につなぐ ・さらなる危害からの保護	・専門家にしかできないものではない ・専門家が行うカウンセリングではない ・無理に話を聞き出すものではない ・「心理的ディブリーフィング[2]」ではない ・つらい出来事について詳しく話しをしていくものではない ・何が起こったのかを分析させたり，起きた事を時系列に並べさせたりするものではない ・被災者が語るのを聞くことはあっても，感情や反応を聞き出すものではない

域における連携基盤を強化することができる。**表14.1**に，PFAのコンセプトをより理解しやすくするために，PFAに含まれること・含まれないことを対比して示した。前述Bのような研究知見を踏まえて開発・改良されてきたPFAには，基本的ニーズを満たすための具体的かつ現実的な支援が強調され，人と資源をつなぐ社会的支援がふんだんに含まれていることがわかる。

ii）PFAの行動原則

　現在，PFAにはさまざまなマニュアルが存在するが，ここではわが国で普及しているWHO版および米国版のPFAを紹介する（**表14.2**）。WHO版PFAは「**見る・聞く・つなぐ**」モデルとよばれ，その行動原則が極めてシンプルで初学者にもわかりやすいことが特徴である。支援者の専門性や立場を超えて普及がしやすいことから，支援者間の共通言語として現場の現実的な連携を強化しやすい内容となっている（**コラム**）。また，米国版PFAは，対象ごとの心理教育の具体例，リラクセーション方法，支援者のセルフケア等が付録的に掲載されており，必要な部分を支援者が取り出して活用できることが利点である。これらPFAに共通するのは，治療ではなく極端なストレスにさらされた人に実際に役立つ支援を提供することで，被災者の自然な

2　災害急性期に行う構造化されたグループ介入であり，起きた出来事を系統的に語るよう求めることで感情の表出を促す手法のこと。かつてPTSDの予防効果があると主張されたが，自然な回復過程を阻害する場合もあり，現在では推奨されていない。なお，組織で任務終了時に支援者たちが習慣的に行う業務報告（業務上のディブリーフィング）とは異なる。

回復力を支えるためのスキルを教え，広めるものである（**コラム**）。

表14.2　PFAの行動原則

WHO版PFAの3つの行動原則	米国版PFAの8つの活動内容
・見る 　安全／急を要するニーズ／ストレス反応 ・聞く 　耳を傾ける／落ち着かせる手助け／ニーズや困り事 ・つなぐ 　基本的ニーズの充足とサービス／問題への対処／情報提供／大切な人や社会的支援	・被災者に近づき，活動を始める ・安全と安心感 ・安定化（必要に応じて） ・情報を集める−いま必要なこと，困っていること ・現実的な問題の解決を助ける ・周囲の人々との関わりを促進する ・対処に役立つ情報 ・紹介と引き継ぎ

（WHO版PFAおよび米国版PFAマニュアルより抜粋）

🐻 Column　支援者を助けるPFA

　PFA は被災者支援のスタンダードであると同時に，支援者を助け，そこに留まりつづける人々の相互援助を促進する効果があることも知られている（Cheung, 2014）。令和元年台風 19 号水害で被害を受けた長野県では，多数の小学校とその校区が広域浸水し，避難生活を続けながら学校に通う子どもたちの継続支援が課題であった。そこで，水害発生 2 ヶ月半後，子ども支援に関わる地元支援者を対象にPFA の一日講座が開催された。参加した小学校教諭，養護教諭，社会福祉士，看護師，臨床心理士，大学生ボランティアたちからは，講座終了後「これから子どもたちにどう関わり何をすればよいかが明確になった」「支援者同士のつながりができてありがたかった」との声がきかれた。このように，PFA にはその活動原則を知ることで支援者の自信が向上したり，支援の軸が定まることで役割葛藤が減ったりする側面があり，さらに PFA を共通言語に支援者同士がつながることで被災コミュニティをエンパワメントする効果が期待できる。

国際救援における心理社会的支援

　海外で発生した災害に赴いて被災地支援を行う際，心理支援を行うにあたってはその土地の社会文化的背景に適した形で支援を行うことが求められる。文化や慣習への無理解がさらなる「害」を生まないように，必ず現地の支援者と協働しながら文化に配慮した支援を行う。一例として，国際赤十字と協働した日本赤十字社の海外における心理支援を紹介する。

　2003年イランバム地震ではジェンダーと信仰に配慮し，公の場で行動が制限され

孤立しがちなムスリム女性たちのために，女性専用の礼拝テントが開設された。テントは女性たちが毎日安全に集える場を提供し，祈りの後はお茶を飲みながら談笑するピアサポートの拠点となった。また，2013年のフィリピン台風災害では，クリスマスという地元の慣習行事を活かし，現地支援者のためのクリスマス慰労会が開催された。「フィリピン流」での開催にこだわった本クリスマス会には，準備段階から多くの現地住民が参画し，自らの手で日常の楽しみを取り戻すというポジティブな目標に向かって住民同士の豊かな対人交流が生まれた。また，開催当日は支援者同士がこれまでの苦労を共有し，連帯感を強める慰労の場となった。

このように，海外被災地における心理支援は，現地の文化的背景に即した形でその土地にとっての「当たり前」を支援していく姿勢が求められる。文化的活動，慣習，地域行事などの参加型の社会的活動は，人と人とを**接着剤**のようにつなぎ合わせ，連帯感を高める上で有用であり，災害後の心理的回復には**社会的支援（ソーシャルサポート）**が必須であるという認識は，国内災害での活動にも有益だろう。

14.2節 ┃ 被災者への支援

A. 心のケアチーム

日本はその自然的条件から，地震，津波，暴風，竜巻，豪雨，火山噴火等，多種の自然災害が発生しやすい特性を有している。こうした過去の災害の教訓を生かし，現在では多様な支援の形が存在する（**コラム**）。例えば「がれきの下の医療」を提供するために発災後の概ね48時間以内に活動する**災害派遣医療チーム**（Disaster Medical Assistance Team：**DMAT**）や，災害派遣精神医療チーム（Disaster Psychiatric Assistance Team：DPAT）が挙げられる。

そして，精神科医療チームや心理社会的支援のチームは総称して心のケアチームと呼ばれ，こうしたチームが展開する支援を通称「心のケア」とよぶ。具体的には，精神科医療チームは精神科医がリーダーとなり，精神科疾患の既往がある被災者や，新たに不眠，抑うつなどを呈する被災者を精神科医療につなぎ直すことが活動の主となる。加えて，心理社会的支援チームは前出のPFAを活動の軸とし，会話や交流，心理教育を通して，被災者の心理的安全性やレジリエンスを高める活動を行う。前者と後者のチームは活動領域が重なるが，より良い支援を提供するため，災害現場では情報共有と連携のもと，多職種協働で支援が展開されている（**図14.3**）。

🐻 Column　CBRNE 災害

　災害とは，地震や豪雨などの自然災害を指すことが多いが，2011 年に起きた東日本大震災では原子力発電所の事故により放射性物質が放出される事態となった。このような放射性物質や爆発による大規模な事故や事件も災害に含めることがある。例えば，2019 年から発生した新型コロナウイルス感染症の世界的大流行も生物的災害と考えられている。

　このような特殊災害を CBRNE（シーバーン）災害とよぶ。CBRNE とは災害の原因となる要因の頭文字をとったもので，それぞれ，"Chemical：化学"，"Biological：生物"，"Radiological：放射性物質"，"Nuclear：核"，"Explosive：爆発物" となる。

　東日本大震災の際，日本赤十字社の医療救護班は放射線災害に対応する防護具や放射線量計などの装備をしていなかったため，被災地から離れざるを得なかった。その後悔の思いから，近年では原子力災害拠点病院を中心に，放射線災害時に安全に活動できるよう救護体制を整えている。

　CBRNE 災害対応には専門性や準備が必要になる場合があるが，すぐに取り組めることも多い。例えば，放射線災害が生じた時には「どこで何をしていたか」などの行動記録を書き残すと，被ばく線量の把握につながり，身体への影響を理解することができる。とっさに行動することは難しい。日々の防災教育や防災訓練の積み重ねが個人の準備性を高め，安全の確保につながるだろう。

図14.3　災害時の多職種連携（会議の様子）

B. 災害時の心理過程

i）一般的なストレス反応

　災害時のストレス反応は，生物学的反応であり誰しもが経験しうる。ストレス反応は時間の経過とともに変化し，通常3つの反応段階を経るため，支援者は，活動の時期により反応が異なることを理解しておく必要がある。

①急性期（発災直後から数日）：生命の危機に瀕した時，人は呼吸数や脈拍，血圧が上がり，闘争・逃走反応（fight-or-flight reaction）（Cannon，1915）がしばしば引き起こされる。茫然自失の状態となり，恐怖感や怒り，悲しみ等の感情が生じたりする。

②反応期（発災1週間から6週間）：少しずつ自分の身に起きた状況を理解しはじめ，混乱が収まっていくために，抑えていた感情や疲労が実感できるようになる。辛い出来事の記憶がよみがえったり，「自分が生き残ってしまった」という罪悪感（サバイバーズ・ギルト；survivor's guilt）を感じることもままある。この時期には，コミュニティが一致団結し多幸感を覚えることもあるが，苛立ちや抑うつを感じ，絶望や孤独を抱きやすくもなる。

③修復期（発災1ヶ月から数ヶ月）：辛さや寂しさを感じながらも少しずつ日常生活を取り戻しはじめる時期である。通勤や通学，日常生活の習慣を再開・再構築しはじめるが，被災現場を避けたり，思い出さないように行動することもある。さらに時間が経過すると復興期を迎えるが，生活への適応状況には個人差が大きく，回復過程は人それぞれである。特に，うつ病，飲酒によるアルコール依存などの発生，悪化が目立つようになる時期でもあるため，支援者は被災者の生活リズムが保たれているか，食事・睡眠・清潔などの基本的行動が保たれているかなどの生活全体を見守る視点が求められる。

C. 注意が必要なストレス反応・症状

　災害によって新たに生じたストレス反応性の症状の多くは一過性で，数日から数週間で軽快するといわれている。しかし，一部は症状が長引き，重症化する場合がある。

①急性ストレス障害（Acute Stress Disorder）：自分自身や他者の生死に関わるような強い恐怖や喪失（心的外傷体験；Traumatic Experience）を契機とし，不安や混乱，気分の落ち込みなどのほか，過覚

醒，回避などがみられる。心的外傷体験から4週間以内にはじまり，1ヶ月以上持続することはない。

②**心的外傷後ストレス障害**（Post Traumatic Stress Disorder : PTSD）：急性ストレス障害の症状が1ヶ月以上持続する場合には外傷後ストレス障害が疑われる。繰り返し外傷体験を想起したり，突如その瞬間を再体験するフラッシュバックや解離などの侵入症状，記憶や記憶と結びつく人や場所を避ける回避症状，自責感や喜びを持続的に感じることが困難になる認知と気分の陰性の変化，微々たる刺激への攻撃性や苛立ち，驚愕反応，睡眠障害などの覚醒度と反応性の著しい変化などを診断基準とする。

③**死別と悲嘆反応**（Bereavement and Grief）：家族や友人との死別を経験した時に，悲しみ，気分が落ち込むのは自然な反応である。しかし，悲嘆が重度かつ持続し，日常生活が立ち行かなくなるような場合は複雑性悲嘆反応とよばれる。うつや自殺念慮などの精神面や，高血圧，心疾患などの身体面に影響することがあることから，適切な支援が必要と考えられている。

D. とくに配慮を要する対象

子ども，高齢者，健康状態に配慮が必要な方，心身に障害がある方などは，災害の衝撃や環境変化のストレスを受けやすく，とくに配慮を必要とする。

①**子ども**：十分な言語発達が獲得されていない年齢では特に，身体症状や行動でストレス反応を表出することがある。支援者は対象となる子どもの日頃の様子を親や関係者から聞き，遊びの様子や他者との関わりを観察する。また，養育者への支援が子どもの生活環境を整え，心身の安全・安心を確保することにつながる。子供への心理社会的支援の形態としては「子どもに優しい空間（Child Friendly Space）」（ストレス・災害時こころの情報支援センター，2012）などを展開することもある。

②**高齢者**：災害を契機に生活のリズムが崩れ，基礎疾患の悪化や医療から疎遠になったり，他者を頼らざるを得ない状況に恥の感覚をもつことがある。孤立感を強めないよう他者との関係づくりを支援し，見通しが立つように情報提供を行う。保たれている体力や能力を失わないように，自立や尊厳を尊重した対応が必要である。

③**特にケアを要する人**：心身に障害がある場合，基礎疾患を抱えている場

合，妊婦や小さな子どもを抱えている場合，大きな喪失・死別を経験した場合や，日本の生活に不慣れな外国籍の方や差別・中傷を受けやすい背景のある方が特にケアを要する対象として挙げられる。地域の医療機関やかかりつけ医，保健師や社会的支援の専門職員（児童相談所職員・精神保健福祉士・ケースワーカーなど）と連携し，正確な情報を伝えるといった対応が求められる。

E. ストレスへの対処

災害時の支援活動はPFAが原則としてあり，支援対象者に対して被災体験をあえて聞くような試みはせず，「現在心配なこと」や「うまく対処できていること」を共有し，具体的な対策へとつなぐ必要がある。また，心理支援の方法としては，ストレスに対する心理教育や呼吸法，筋弛緩法などのリラクセーションがしばしば活用されている。これらの方法は侵襲性が低く，避難所などで集団に対しても実施可能であり，コミュニティを支援するためにも有用である。

14.3節 │ 支援者への支援

A. 支援者のストレス

災害時にストレスを受けるのは被災者だけではなく，支援者もまたストレスを受ける。緊急に災害現場に派遣された支援者は，混乱した状況の中，迅速な対応を求められるほか，課題が無数にある中で容易に過重労働に至りやすい。そして，支援者自身が被災者の場合，被災者としてのストレスがここに加わる。過去の災害においても，自分の家族の安否確認ができないまま支援活動に奮闘した例は枚挙にいとまがない。

こうした災害現場の惨状の目撃や生命の危機を伴う救護活動に従事することで，支援者に生じる反応は**惨事ストレス**（Critical Incident Stress：CIS）ともよばれる。いわば惨事に直面したり目撃したりしたときやその後になって起こる外傷性ストレス反応である。中でも，下記に挙げた状況下では特に生じやすいとされる。

・惨事ストレス（CIS）の生じやすい状況（加藤，2006，p.123）
①悲惨な状況の遺体を扱う：損傷の激しい遺体，自殺者など

②子どもの遺体を扱う：とくに自分の子どもと同じ年齢の場合

③被害者が肉親や知り合いの場合

④本人あるいは同僚が活動中にケガをする，あるいは殉職者が出る

⑤十分な成果が得られない場合

⑥これまで経験したことがない状況

　また，悲惨な体験をした被災者の話を聞いたり現場を目撃したりすることで，自らは体験していなくても，支援者が被害者と同様のストレス反応（**二次受傷**）を示すことがある。二次受傷の症状としては，PTSD症状（再体験，回避，覚醒亢進）やバーンアウト，世界観の変容等がある。具体的には，被災者が描写した体験がフラッシュバックや悪夢として体験される，体験を想起させるような場所や物を避ける，常に緊張状態にあり不眠や苛立ちが出現するといったことが挙げられる。また，支援活動を通してエネルギーを使い果たした結果，心身の疲労や感情の消耗・枯渇した状態となり，休職や離職に至った事例もある。

　こうした二次受傷を負う可能性のある者は，公認心理師に限らず，消防士，レスキュー隊員，医療職者，救急隊員，警察官，救援にあたるボランティア等，職業上，悲惨な場面に曝される職種に多いとされている。過去の専門家を対象とした調査によると，次に当てはまる場合は二次受傷を負うリスクが高まるとの報告もある。

・**二次受傷を負うリスクが高まる要因**（大澤，2010，p.94）

①若い女性

②臨床経験が少ない

③人的トラウマを扱う

④組織や同僚からのサポートがない

⑤トラウマに特化したトレーニングを受けていない

⑥過去のトラウマ体験（体験の有無ではなく，その体験と向き合い，その影響を含めて自分の一部として受け入れ，対処しているか否か）

　加藤（2006，p.121）は，「救援活動に従事する者は，大きな心理的影響を受ける。これは，少し考えれば容易に理解されることであるのに，通常は直視されることのない問題である」と指摘する。災害時にストレス反応が

出ること自体は「異常事態に対する正常な反応」であり，誰にでも起こりうるものである。しかし，こと災害時においては，支援者は使命感から疲労を訴えにくい，あるいは職務によって受ける精神的な負担は自分で乗り越えるのが当然であるとの考えから，しばしば自身のケアを後回しにしてしまいやすい。その結果，自覚もないままにストレスが溜まり，心身的・社会的に深刻な症状をきたす可能性があるということに留意しておかなければならない。したがって，支援者は業務を通じて惨事ストレスを経験しうることをよく理解するとともに，「ケアを提供する自分自身にもケアが必要である」ということを常に意識しておく必要がある。

B. 支援者のケア

　支援者のケアを考えるうえで，災害時において支援者に求められる心構えを**表14.3**にまとめた。ストレスによる反応はストレスの大きさだけで決まるものではなく，ストレスを受ける個人や人間関係，周囲の環境によっても変化する。一般的には，支援者自身の家族の理解と協力があり，支援チーム内の人間関係が良好であると，ストレスは軽減される。また，支援チーム内にしっかりしたリーダーシップがあり，明確な業務の目的，優先順位，活動計画などがあるとストレスは少なくなるともいわれている。

　支援者は常に自身のストレス反応をモニタリングし，ストレス反応がみられる場合は休憩や気分転換の工夫を行い，一人でため込まないことが肝要である。心身の不調は早めにリーダー・仲間に相談するほか，家族・友人などのソーシャルサポートを上手く活用していくことが望ましい。

表14.3　支援者に求められる心構え

こころがけたいこと	好ましくないこと
・支援者個人として，できることには限界があることを認識する ・2人以上のチームで行動する ・各メンバーの役割を打ち合わせる ・作業のローテーションを組み，休息時間は必ず休む ・心身の不調は早めにリーダーに伝える ・抱え込まず，リーダー・仲間に相談する ・家族との連絡方法を定めておく	・休憩を取ることが自分勝手だと思い込む ・単独で行動する ・自分にはその能力がないのでうまくできなかったと思い込む ・もっとできるはずだと思い込み，無理をする ・他の人はもっとうまくやるはずと考える ・被災者のニーズは，何があってもかなえるべきであると考える

（長野県精神保健福祉センター（2015）を基に作成）

加えて，支援者個人でできるセルフケアとは別に，支援者の所属する職場でも組織としてのサポート体制を整えることが重要である。災害後，何もないところから支援者のケア対策を講じるのには大変な困難を伴う。したがって，平時からの組織的メンタルヘルス対策を整えておくことが望まれる。

　しかしながら，形式だけ整えられたサポート体制ではあまり効果がない。まずは，災害支援者が業務を通じて惨事ストレスを経験しうることについて，組織自体が十分に理解する必要がある。その上で，組織的対策として，セルフケアの重要性，過重労働対策，遺体関連業務への注意，お互いの支えあい・敬意・ねぎらい，殉職例への配慮，継続的なケア体制と士気の維持といった取り組みが求められる（重村ら，2012）。支援者が各自の疲労の蓄積やストレス反応について自然に話すことができるような風土を作るためにも，さまざまな職種と連携し，災害支援者のケアを行うことは公認心理師の重要な役割である（**コラム**）。

🐻 **Column** 新型コロナウイルス感染拡大状況下での支援者支援

　2020年の新型コロナウイルス感染拡大を受け，日本赤十字社医療センターでは，陽性あるいは疑い患者に一般病棟および集中治療室の数十のベッドを割り当て，多くの患者を受け入れてきた。対応にあたる職員は，感染の不安を抱えながらも，通常業務と並行して新型コロナウイルス対応に奮闘する日々が続いている。またその影響は，直接患者に接するスタッフに限らない。感染者の急増による勤務変更や部署移動に応じる医師・看護師，患者・家族からの問い合わせ対応や，マスク・個人用防護具の手配に追われる事務職員，感染リスクを考慮して家族とは隔離した生活を送るため育児・介護を他者に頼まざるを得なくなった職員など，一人ひとりの負担は枚挙にいとまがない。また，「目には見えないウイルス」に対する人々の不安は時に差別や偏見を生み出し，医療従事者であるというだけで避けられる，感染のリスクが高いと思われて保育園への登園を拒否されるといったことを経験し，傷つきを感じた職員もいた。

　国内外で医療従事者のメンタルヘルスの悪化は懸念されており，ケアの必要性が提唱されている。当センターにおいても2020年4月22日から5月15日にかけて，848名（医師104名，看護職員461名，コメディカル184名，事務職員99名）を対象に調査した結果，10%が不安症状を，27.9%が抑うつ症状を呈していた（Awano et al., 2020）。

　こうした職員のストレスを踏まえて，当センターでは，職員の心身の健康を支援することを目的に，院内の医師・看護師・保健師・公認心理師からなるスタッフサポートチームおよびその専用窓口を設置している。その活動内容としては，1）職員のセルフケアを促すことを目的とした心理教育ポスターの掲示，2）ハイリスクな職員の

ストレスケアを目的とした個人面談およびグループミーティングの実施，3）精神的・身体的不調者の早期発見・早期対応を目的としたラウンド活動（各部署への訪問活動）などが挙げられる。ことラウンドにおいては，院内の全部署にサポートチームメンバーが直接訪問することで，職員の心身の不調だけでなく，現場スタッフの日々の困りごとやニーズを拾い上げ，組織的対応に役立てる場としても機能している。こうした支援活動はいずれも PFA の行動原則に従い，「見る」「聞く」「つなぐ」を実践している。そして，職員一人ひとりがもつレジリエンスを信じ，支えていくための支援活動を継続している。

〈引用文献〉

アメリカ国立子どもトラウマティックストレス・ネットワーク, アメリカ国立 PTSD センター（2011）. 災害時のこころのケア—サイコロジカル・ファーストエイド実施の手引き（米国版 PFA マニュアル）. 医学書院.

Awano, N., Oyama, N., Akiyama, K., Inomura, M. et al. (2020). Anxiety, depression, and resilience of healthcare workers in Japan during the Coronavirus disease 2019 Outbreak. *Internal medicine*, 59(21), 2693-99.

Bisson, J. I. & Lewis, C. (2009). Systematic review of psychological first aid. Commissioned by the World Health Organization.

Brewin, C. R., Andrews, B. & Valentine, J. D. (2000). Meta-analysis of risk factors for posttraumatic stress disorder in trauma-exposed adults. *Journal of consulting and clinical psychology*, 68(5), 748-766.

Cannon, W. B. (1915). Bodily changes in pain, hunger, hear and rage, New York and London. D. Appleton and Company.

Cheung, Y. L. (2014). Psychological first aid as a public health disaster response preparedness strategy for responders in critical incidents and disasters, The Chinese University of Hong Kong, *ProQuest Dissertations Publishing*, 3707483.

Hobfoll, S. E., Watson, P., Bell, C. C., Bryant, R. A. et al. (2007). Five essential elements of immediate and mid-term mass trauma intervention: Empirical evidence. *Psychiatry*, 70(4), 283-315.

Inter-Agency Standing Committee (IASC)(2007). 災害・紛争等緊急時における精神 保健・心理社会的支援に関する IASC ガイドライン. ジュネーブ.

加藤 寛（2006）. 災害救援者. 金吉晴（編）. 心的トラウマの理解とケア第2版. pp121-123, じほう.

ストレス・災害時こころの情報支援センター. 子どもにやさしい空間（2012）
https://saigai-kokoro.ncnp.go.jp/cfs2.html

長野県精神保健福祉センター（2015）. 災害時のこころのケア2015〜支援者マニュアル〜, pp31-32.
https://www.pref.nagano.lg.jp/seishin/tosho/documents/dcare2015_allpage.pdf

大澤智子（2010）. 二次受傷. トラウマティック・ストレス, 8(2), 94.

重村 淳・谷川 武・佐野信也・佐藤 豊他（2012）. 災害支援者はなぜ傷つきやすいのか？—東日本大震災後に考える支援者のメンタルヘルス—. 精神神経学雑誌, 114(11), 1267-1273.

van Ommeren, M. & Saxena, S. (2005). Aid after disasters, *BMJ* (online), 330(7501), 1160.

WHO・戦争トラウマ財団・ワールド・ビジョン・インターナショナル（2011）. 心理的応急処置（サイコロジカル・ファーストエイド：PFA）フィールドガイド（WHO 版 PFA マニュアル）. WHO. ジュネーブ.

索引

編著者紹介

金沢　吉展
かなざわ　よしのぶ

明治学院大学心理学部 教授。米国テンプル大学大学院博士課程修了。

Ph.D.（Counseling Psychology）

NDC 140　　255 p　　21cm

公認心理師ベーシック講座　健康・医療心理学
こうにんしんりし　　　　　　　こうざ　　けんこう　いりょうしんりがく

2021 年 3 月 8 日　　第 1 刷発行
2024 年 1 月23日　　第 3 刷発行

編著者	金沢吉展 かなざわよしのぶ	
発行者	森田浩章	
発行所	株式会社　講談社	KODANSHA

　　　　　〒112-8001　東京都文京区音羽 2-12-21
　　　　　　　　販　売　（03）5395-4415
　　　　　　　　業　務　（03）5395-3615
編　集　　株式会社　講談社サイエンティフィク
　　　　　代表　堀越俊一
　　　　　〒162-0825 東京都新宿区神楽坂 2-14　ノービィビル
　　　　　　　　編　集　（03）3235-3701

本文データ制作　**株式会社双文社印刷**
印刷・製本　**株式会社ＫＰＳプロダクツ**

Printed in Japan
ISBN 978-4-06-522377-2